Norbert Rose

Fremd und doch vertraut

Über den Autor

Norbert Rose, Jg. 1960, war nach seinem Theologiestudium 30 Jahre Pastor einer evangelischen Freikirche, davon zehn Jahre als Seelsorger in einem Diakoniewerk mit mehreren Seniorenzentren. Schwerpunkt dieser Arbeit waren Gottesdienste für demente Menschen und seelsorgerliche Angebote für Angehörige und Pflegepersonal.

Berufsbegleitend absolvierte er diverse Fortbildungen, unter anderem in Biblisch-Therapeutischer Seelsorge und bei EduKation Demenz©, sowie ein Masterstudium (M.A.) in Religion & Psychotherapie.

Seit zehn Jahren lebt und arbeitet er im Raum Karlsruhe als Pastor und Seelsorgeleiter im Bibelkonferenzzentrum Langensteinbacher Höhe und bietet u.a. regelmäßig Seminare über seelsorgerliche Themen sowie über Demenz und Sterbebegleitung an.

Der Autor ist verheiratet und Vater von sechs erwachsenen Kindern.

Norbert Rose

FREMD *und doch* VERTRAUT

Demenziell Erkrankte verstehen und im Glauben begleiten

GerthMedien

Vorbemerkung

Die in diesem Buch verwendeten Personenbezeichnungen beziehen sich immer gleichermaßen auf weibliche und männliche Personen. Auf eine Doppelnennung wird zugunsten einer besseren Lesbarkeit verzichtet.

INHALT

In den Tiefen, die kein Trost erreicht,
lass doch deine Treue mich erreichen.
In den Nächten, da der Glaube weicht,
lass nicht deine Gnade von mir weichen.

Auf dem Weg, den keiner mit mir geht,
wenn zum Beten die Gedanken schwinden,
wenn mich kalt die Finsternis umweht,
wollest du in meiner Not mich finden.

Wenn die Seele wie ein irres Licht
flackert zwischen Werden und Vergehen,
wenn es mir an Trost und Rat gebricht,
wollest du an meinem Lager stehen.

Wenn ich deine Hand nicht fassen kann,
nimm die meine du in deine Hände,
nimm dich meiner Seele gnädig an,
führe mich zu einem guten Ende.
Amen.

Justus Delbrück (1902–1945)

Vorwort

Als ich im Jahr 2007 auf dem Anmeldeformular für mein Train-The-Trainer-Basisseminar „EduKation demenz" entdeckte, dass Herr Rose, der an meiner Fortbildung teilnehmen wollte, Seelsorger in einem Seniorenheim sei, habe ich mich sehr gefreut. Denn ich selbst hatte viele Jahre zuvor eine lange Zeit als Aushilfskraft in einem Seniorenheim gearbeitet, um mein Studium zu finanzieren. Dort hatte ich nicht selten erlebt, dass Bewohner Trost und Halt in den dort angebotenen Gottesdiensten und Seelsorgegesprächen suchten – aber nicht immer fanden. Nicht alle Seelsorger und Pfarrer verstanden es, Zugang zu der Welt der Menschen mit Demenz zu finden und ihren Schmerz zu verstehen. Nicht allen gelang eine angemessene Kommunikation oder ein Beziehungsaufbau zu den kognitiv beeinträchtigten Menschen.

Schon damals, als junge Studentin, dachte ich, wie gut es doch wäre, wenn sich auch Seelsorge-Fachkräfte mit dem Krankheitsbild der Demenz auseinandersetzen würden. Wie viel besser könnte einfühlsame Kommunikation und Beziehungsgestaltung mit demenziell erkrankten Menschen gelingen, wenn Seelsorger sich in diesem Bereich fortbilden würden.

Einige Jahre später hatte sich also ein Norbert Rose zu meinem Demenz-Fortbildungskurs für Fachkräfte angemeldet und in der Zeile „berufliche Tätigkeit" stand: Seelsorger in einem Seniorenheim. Wie schön!

Damals schenkte man in der Fachdiskussion dem Thema „Schmerz bei Menschen mit Demenz" noch wenig Aufmerksamkeit. Es gab noch kaum ein Verständnis davon, dass unruhiges und herausforderndes Verhalten bei Menschen mit Demenz möglicherweise Ausdruck von Schmerz sein könnte, den sie auf andere Weise nicht mehr zum Ausdruck bringen können. Noch weniger war es im Bewusstsein der Mitarbeitenden in Senioren- und Pflegeeinrichtungen, dass Schmerz ein komplexes Erleben ist, das sich aus unterschiedlichen Dimensionen zusammensetzt. Zwar hatte die britische Ärztin und Pionierin der Palliativmedizin Ciceley Saunders das „Total Pain"-Konzept schon in den

1960er-Jahren beschrieben, das die körperliche, psychische, soziale und spirituelle Komponente eines allumfassenden Schmerzerlebens betont. Doch wurde das Konzept lange Zeit nur auf sterbende Menschen in Hospiz- oder Palliativstationen angewandt.

Die Einsicht, dass auch Menschen mit Demenz nicht selten unter sehr unterschiedlichen Schmerzdimensionen leiden, wurde lange Zeit nicht beachtet. Es ist der österreichischen Psychologin und Ärztin Marina Kojer zu verdanken, dass unser fachliches Bewusstsein für die Schmerzfacetten von Menschen mit Demenz erweitert wurde. Mit größerer Sensibilität erkennen wir heute den sozialen Schmerz von Menschen mit Demenz, der aus ihrem Erleben resultiert, nicht verstanden zu werden, nicht mehr ernst genommen zu werden und nicht mehr dazuzugehören. Inzwischen nehmen wir auch ihren psychischen Schmerz wahr, wenn sie sich würdelos behandelt fühlen, und erahnen den spirituellen Schmerz, den sie empfinden, wenn sie ihre demenziellen Veränderungen als existenzielle Bedrohung erleben und sich nicht mehr gehalten fühlen in ihrer fremd und unverstehbar gewordenen Welt.

Es ist gut, wenn immer mehr Fachkräfte diese subjektive Innenwelt von Menschen mit Demenz nachvollziehen und verstehen lernen. Dieses Buch von Norbert Rose hilft dabei und ist daher so wichtig.

Seit Herrn Roses Teilnahme an meinen Train-The-Trainer-Seminaren haben über 600 Fachkräfte diese Fortbildungen besucht, aber nur sehr wenige von ihnen arbeiten im Bereich der Seelsorge. Daher wünsche ich Herrn Rose, dass er mit seinem Buch viele interessierte Kolleginnen und Kollegen erreicht – insbesondere die seelsorgerisch Tätigen – und dass „Fremd und doch vertraut“ dazu beitragen kann, die Schmerzfacetten von Menschen mit Demenzen besser wahrzunehmen und erfolgreicher zu lindern.

Prof. Dr. habil Sabine Engel
Professorin für Gerontologie und Entwicklungspsychologie
an der Katholischen Hochschule NRW
Dipl. Psychogerontologin, Klinische Neuropsychologin (GNP)

1. Einleitung des Verfassers

Ist es vorstellbar (zumindest für einige Momente), dass wir an einem ganz normalen Morgen im Halbdunkel aus dem Schlaf erwachen und nach einigen Augenblicken der Orientierung plötzlich den Eindruck haben, dass wir uns an einem völlig unbekannten Ort befinden? Der Anblick der Zimmerdecke, der Wände, der Zimmertür und weiterer Einrichtungsgegenstände im Raum ist uns absolut fremd. Der Versuch, irgendetwas Bekanntes zu erkennen, gelingt nicht. Persönliches Inventar, Bilder, Gegenstände, die immer auf dem Nachttisch neben uns ihren Platz haben, sind nicht zu sehen. Das einfallende Licht, die Schatten und die von außen eindringenden Geräusche bestätigen uns: Wir befinden uns in einem Raum, in dem wir noch niemals zuvor gewesen sind.

Nach der ersten Irritation begeben wir uns ans Fenster, um uns zumindest anhand der Aussicht zu orientieren. Doch auch dieser Blick bestätigt nur, dass wir uns in einer unbekannten Umgebung befinden. Noch beunruhigender wird es, nachdem wir eine zweite Person im Zimmer entdecken, die sich noch im Halbschlaf befindet und nun langsam zu sich kommt. Auch diese Person haben wir noch nie zuvor gesehen. Wir empfinden einen starken Drang, den Raum fluchtartig zu verlassen. Zum Glück ist eine Tür in der Nähe. Mit wenigen Schritten ist sie erreicht, aber der Raum dahinter ist uns ebenfalls fremd. Es gibt eine weitere Tür, die wie eine Wohnungstür aussieht. Der Versuch, die Wohnung zu verlassen, scheitert allerdings an dieser Stelle: Die Tür ist abgeschlossen. Ein Schlüssel ist nicht zu sehen.

Inzwischen ist der fremde Mensch, der gerade noch neben uns lag, vollends erwacht und steht mit wirrem Haar und spärlich bekleidet neben uns. Er versucht, uns mit sonderbaren Erklärungen ins Zimmer zurückzubewegen. Uns gegen sein entschlossenes Einschreiten zu wehren, scheitert an unserer körperlichen Schwäche. Unsere Frage, wer er sei und was er hier tue, beantwortet er mit einer hilflosen Geste und den Worten, wir seien doch miteinander verheiratet und befänden uns in unserer gemeinsamen Wohnung. Und diese Wohnung zu verlassen, sei leider nicht möglich.

Spätestens hier würde sich vermutlich jeder wünschen, aus diesem schlechten Traum aufzuwachen. Wäre es tatsächlich „nur" ein Albtraum, wäre es auch nur eine Frage der Zeit, wie lange er dauern würde. Für eine immer größer werdende Zahl von Menschen jedoch hat dieser Albtraum kein baldiges Ende. Dieser Albtraum hat einen Namen – er heißt „Demenz".

Nicht nur der an dieser Demenz Erkrankte befindet sich in einer solchen oder vergleichbaren, albtraumähnlichen Dauerschleife, sondern auch die Personen, die als gesunde Menschen mit einem dementen Angehörigen zusammenleben. Sie erleben diese Situation häufig als einen nicht enden wollenden Zustand ohne Unterbrechung. Ein Mensch, mit dem sie über Jahre und Jahrzehnte vertraut zusammengelebt haben, entfernt sich zusehends. Immer mehr verliert er sich in einer eigenen, einsamen, in sich geschlossenen Welt, zu der andere nur noch einen sehr begrenzten Zutritt haben. Seine Stimmung wechselt häufig, sein Charakter verändert sich. Seine Sprache, seine Formulierungen, sein Verhalten, seine Interessen und vieles, was bisher seine Persönlichkeit ausgemacht hat, wird abgelöst von einer launischen und unberechenbaren, misstrauischen und gelegentlich auch aggressiven Haltung, die ihm bisher vollkommen fern lag.

So, so ähnlich oder auch vollkommen anders ließen sich die möglichen Veränderungen beschreiben, die sich durch eine demenzielle Erkrankung eines geliebten Menschen innerhalb der eigenen Familie (oder im Freundes- und Bekanntenkreis) beobachten lassen.

Als ich vor 35 Jahren nach dem Theologiestudium die Arbeit in meiner ersten Gemeinde aufnahm, hatte ich von einer Krankheit namens „Alzheimer" oder „Demenz" noch nie etwas gehört. Doch bereits in den ersten Monaten meines Gemeindedienstes besuchte ich eine alte Dame, die ganz offensichtlich sehr vergesslich und verwirrt war. Ich erlebte das Verhalten dieser Frau als verstörend und war sehr überfordert, da ich nicht wusste, wie ich die Situation einzuschätzen (und zu bewältigen) hatte. Für mich blieb die besuchte Dame zunächst einfach eine verwirrte und vergessliche alte Frau.

Erst einige Jahre später, nachdem ich aufgrund meines erkennbaren Mangels an Erfahrung in psychopathologischer Symptomatik schon eine Reihe von Seminaren über Grundlagen in Psychotherapie und therapeutischer Interventionen besucht hatte, nahm das Thema „Demenz" in der Öffentlichkeit immer mehr Raum ein. Besonders, als ich eine Stelle als Pastor und Seelsorger in einem Diakoniewerk mit einer angeschlossenen Pflegeeinrichtung für Senioren antrat, wurde eine gezielte Fortbildung im Bereich geriatrischer Erkrankungen zwingend notwendig. Ein großer Teil der Bewohner litt – wie in vielen Pflegeeinrichtungen – an mittelschwerer bis schwerer Demenz. Anfangs löste diese Symptomatik noch viel Unbehagen und Hilflosigkeit bei mir aus. Im Laufe der Zeit und nach mehreren fachspezifischen Fortbildungen wuchs jedoch meine Freude im Umgang mit dementen Menschen immer mehr. Die Frage, wie unser Gehirn eigentlich funktioniert – und damit verbunden: was passiert, wenn (und warum) dieses Wunderwerk der Schöpfung *nicht mehr* gut funktioniert –, nahm immer mehr Raum in meinem Leben ein und begeistert mich bis heute.

Diese und ähnliche Erfahrungen haben dazu geführt, dass ich die Vielfalt und die Möglichkeiten der Seelsorge, die ich anfangs eher als selbstverständliche Begleiterscheinung im Gemeindedienst empfand, zunehmend schätzen lernte. Das Staunen über die Natur des Menschen ist dabei immer größer geworden. Trotz aller Schwachheit und aller Einschränkungen, trotz des Wissens, dass der Mensch ein Sünder ist und Wesentliches von der „Herrlichkeit" eingebüßt hat, „die er bei Gott haben sollte" (Römer 3,23), ist er doch „wunderbar gemacht" (Psalm 139)!

Zehn Jahre lang hatte ich in dieser Einrichtung neben der Begleitung von Menschen mit unterschiedlichen Formen der Demenz und deren Angehörigen auch einen wöchentlichen Gottesdienst speziell für demente Menschen zu halten. Unterstützt wurde ich dabei durch den unschätzbaren Dienst von Helferinnen, welche die Bewohnerinnen und Bewohner zum Gottesdienst abholten, sie begleiteten und auch wieder in ihre Zimmer und Wohneinheiten zurückbrachten. Meine Erfahrungen in dieser Arbeit habe ich oft in verschiedenen Umgebungen weitergeben dürfen: in Fortbildungen für Pflegekräfte und Angehörige, in Einrichtungen, bei Pfarrkonventen, in Kirchengemeinden oder einfach für Interessierte und Betroffene. Und immer wieder habe ich dabei *einen* Satz, *eine* Aussage von Teilnehmern gehört: „Wenn ich das doch nur früher gewusst hätte! Ich hätte alles ganz anders gemacht!"

Für wen ist dieses Buch geschrieben?

Manche Leserinnen und Leser mögen schon sehr intensive Erfahrungen in der Begleitung von dementen Menschen gemacht haben oder sie haben möglicherweise auch bereits spezifische Fortbildungen absolviert. Sie werden schnell merken, dass in diesem Buch viele Erkenntnisse gesammelt sind, die für Fachkräfte längst zum Standard gehören. Wenn Sie zu dieser Personengruppe gehören, müssen Sie nicht alles lesen, sondern können getrost vieles überspringen und direkt den Teil mit den konkreten Andachtsentwürfen und liturgischen Abläufen aufschlagen. Denn die Durchführung von gottesdienstlichen Feiern war und ist das eigentliche Ziel, das ich mit diesem Buch unterstützen möchte.

Für Leserinnen und Leser, die sich interessehalber zunächst mit der Thematik befassen wollen, um die Möglichkeit solch eines – meist ehrenamtlichen – Engagements zu bedenken, könnten die Erklärungen und Hintergrundinformationen in diesem Buch von großem Nutzen sein. Auch Pfarrer, Prediger, Gemeindereferenten und andere Mitarbeiter, zu deren Dienst häufig auch der Bereich der Seniorenarbeit in der Gemeinde oder der Seelsorge in Pflegeeinrichtungen gehört, werden manch wichtige Verständnishilfe für schwierige Situationen mit dementen Menschen finden. Da die Thematik „Demenz" bis heute in der seelsorgerlichen Ausbildung kaum vorkommt, in der Praxis jedoch unausweichlich ist, lässt sich hier zumindest ein hilfreicher „roter Faden" für diese Arbeit finden.

Mein Wunsch wäre, dass es in jeder Gemeinde mindestens einen Menschen gibt, der sich gründlich in dieses Thema einarbeitet und damit zu einem geeigneten Ansprechpartner wird. Denn in nahezu jeder Gemeinde gibt es Menschen und Angehörige, die rund um die Uhr mit der Herausforderung „Demenz" zu tun haben und die dankbar sind für jede noch so kleine Entlastung.

Norbert Rose

2. Diagnose Demenz – und dann?!

Demenz – eine meist unvorhergesehene Herausforderung

Tatsächlich – man kann im Umgang mit dementen Menschen sehr vieles falsch machen! In der Regel erkennt man dies leider oft erst viel zu spät. Denn kaum jemand befasst sich mit dem Thema „Demenz“, bevor er nicht direkt davon betroffen ist. Als „betroffen“ gilt dabei nicht nur der Erkrankte selbst, sondern oft im selben Maß (oder noch viel mehr!) diejenigen, die sich nun um einen Erkrankten kümmern wollen oder müssen. Die meisten, die plötzlich einen dementen Angehörigen zu pflegen und zu begleiten haben, verfügen allerdings häufig gerade dann weder über die Zeit noch über die Möglichkeit, sich ausreichend auf diese Herausforderung vorzubereiten. Sie finden sich unvermittelt im Dauereinsatz für ihren kranken Angehörigen wieder. Und wenn sie doch mal ein paar Stunden Freizeit herausschinden können, verbringen sie diese kurzen Zeiten nicht unbedingt mit Fortbildungen und Seminaren, sondern um sich dringend ein wenig Luft zu verschaffen. Atem holen für die nächste Etappe.

Erst wenn der dement gewordene Mensch nicht mehr da ist, versuchen manche noch einmal eine Klärung dieses Themas und sind erstaunt, wie viele erleichternde Möglichkeiten ihnen entgangen sind. Wie tragisch ist es, wenn nach einer langen, hingebungsvollen und kräftezehrenden Pflege eines lieben Angehörigen obendrein noch der Eindruck zurückbleibt, ziemlich viel falsch gemacht zu haben!

Oder, um es mal umgekehrt und noch drastischer zu formulieren: Im Umgang mit einem dementen Menschen kann man kaum etwas richtig machen. Das gilt vor allem am Anfang einer unvorhergesehenen Begleitung. Es bleibt ein tägliches Experimentieren mit Versuch und Irrtum, bei dem man nur langsam klüger wird. Und auch dazu braucht es Bereitschaft vonseiten der Pflegenden. Manch einem bleibt da nur der kleine Trost, dass der Demente auch die Fehler ziemlich schnell wieder vergisst.

Eine wichtige Klärung: Traue ich mir einen Dienst an dementen Menschen zu?

Wer sich erstmalig mit dem Thema „Demenz“ beschäftigt, wird die Frage, ob er sich diesen Dienst zutraut, an dieser Stelle wohl noch gar nicht beantworten können. Er wird merken, dass es eine komplizierte Aufgabe ist. Er wird hoffentlich aber auch erkennen, dass es ein spannender, wunderschöner und bereichernder Dienst ist. Bestenfalls wird er vielleicht den Impuls verspüren, sich näher an demente Menschen heranzutrauen.

Doch selbst, wenn diese Frage am Ende verneint werden sollte, könnte dieses Buch zumindest ein Verständnis für die Symptomatik und Problematik der Krankheit wecken.

Wer schon mit dementen Menschen zu tun hatte und die folgenden Ausführungen trotzdem liest, wird beim Lesen möglicherweise häufig schmunzeln und denken: Genauso habe ich es auch erlebt! Manche Situationen werden wieder aus der Erinnerung auftauchen – und dann würde ich mir sehr wünschen, dass diese Erinnerungen nicht in Anklagen, Vorwürfen oder Bitterkeit über eigenes Versagen enden, sondern in der Gewissheit, dass die Begleitung von Dementen *immer* eine Überforderung bleibt! Wir machen unzählige Fehler und merken es meistens erst dann, wenn die Falle bereits zugeschnappt ist. Es ist tatsächlich so: Der Demente vergisst auch unser ungeschicktes Verhalten und unsere falschen Worte höchstwahrscheinlich wieder. Die schlechte Stimmung und die angespannte Atmosphäre, die wir durch unbedachte Worte oder unsensibles Verhalten ausgelöst haben, lässt sich meist wieder überwinden. Ein wenig offene Selbstkritik des Begleiters hilft auch dem dementen Menschen, wenn sie oder er von seiner Begleitperson hört: „Es tut mir leid! Ich glaube, ich habe da etwas ganz Dummes gesagt.“ Wie schön, dass es nicht immer nur der Demente ist, der dumme Dinge sagt. Auf diese Weise können manchmal beide herzlich lachen. Begleiter dürfen und sollten also auch einen situativen Humor behalten und müssen unbedingt barmherzig mit sich selbst sein.

Im Verlauf des Lesens wird hoffentlich immer klarer werden, wie stark wir uns auf die Auseinandersetzung mit diesem Thema auf demente Menschen, auf deren Angehörige und auf einen einfühlsamen „Tanz auf dünnem Eis" einlassen wollen und können. Und selbst ein wenig Unterstützung kann – wenn sie gut ist – für Angehörige dementer Menschen zu einem großen Geschenk werden.

Es könnte auch passieren, dass die Beschäftigung mit dem Thema „Demenz" ein neues Verständnis nicht nur für die Kranken, sondern auch für die Gesunden mit sich bringt. Die Frage: „Sind wir nicht alle ein wenig dement?" ist zwar selten ernst gemeint, enthält aber doch eine Kernwahrheit: Wir sind bei Weitem nicht so vernünftig, logisch und rational, wie wir denken! Vor allem in Lebenskrisen verhalten wir uns mitunter genauso, wie manch ein demenziell Erkrankter: als hätten wir „den Verstand verloren". Und dann ist es sehr hilfreich, wenn da einer ist, der weiß, wie sich das anfühlt – und wie man diesen Zustand verstehen und dann auch entsprechend helfen kann.

Demenz – eine abenteuerliche Reise in eine unbekannte Welt

Doch dieses Buch ist nicht nur für unmittelbare Angehörige gedacht, die ohnehin „24 / 7" unter Druck stehen, sondern auch für Menschen, die offene Augen und ein weites Herz haben – ein Herz sowohl für demente Menschen als auch für deren pflegende Angehörige, die ab und zu dringend ein wenig Entlastung brauchen, und sei es nur für ein, zwei oder drei Stunden pro Woche.

Ich habe immer wieder Menschen in Gemeinden getroffen, die durch die Pflege von Angehörigen mehr und mehr in Isolation gelandet sind. Sie haben lange Zeit mit einem dementen Ehepartner oder Elternteil zusammengelebt und waren dadurch rund um die

Uhr eingespannt. Häufig war es so, dass sowohl diese demenziell Erkrankten als auch ihre pflegenden Angehörigen einmal sehr aktiv in ihrer Gemeinde oder Glaubensgemeinschaft engagiert waren. Sie haben zum Teil das Gemeindeleben mitgeprägt, haben Zeit, Kraft und finanzielle Mittel investiert. Um es kurz zu sagen: Sie haben in ihrem Glauben „gelebt". Die Gemeinde war ihr Zuhause. Manchmal wurde das Familienleben dem Gemeindeleben sogar untergeordnet (was meiner Beobachtung nach besonders in Freikirchen nicht selten vorkommt).

Wenn aber die demenziellen Veränderungen bei ehemals aktiven Gemeindegliedern immer auffälliger werden, wird ihren Angehörigen häufig „durch die Blume" vermittelt: Euer Vater oder Ehemann, eure Mutter oder Ehefrau stört in der Gemeinde! Sie sind zu unruhig und tun Dinge, die Unbehagen auslösen. Bleibt doch bitte vorläufig zu Hause, bis es wieder besser geht!

Das ist zum Teil natürlich zutreffend: Demente Menschen fallen tatsächlich häufig unangenehm auf. Sie können die meist wohlgeordneten und liturgischen Abläufe eines Gottesdienstes durch ihr Verhalten erheblich stören, wenn sie nicht mehr so „funktionieren" wie gewohnt oder sich nicht mehr so angepasst verhalten wie gesunde Menschen.

Aber – und das ist *nicht* zutreffend an dieser Aussage von wohlmeinenden Glaubensgeschwistern –: Es wird nicht wieder „besser" mit der Erkrankung, sondern es wird zunehmend anstrengender und schwieriger, und es kann sehr lange dauern. Bis an Demenz erkrankte Menschen endlich in Frieden sterben dürfen, können unter Umständen Jahre vergehen. Und was sie bis dahin vielleicht am meisten gebraucht hätten, wäre ein möglichst langer Verbleib in ihrem gewohnten „Zuhause". Und damit sind nicht nur die „eigenen vier Wände" gemeint, sondern auch ein inneres Zuhause, eine geistliche Heimat mit bekannten Formen, Ritualen, Texten, Worten und Liedern, die Sicherheit und Trost vermitteln.

Was demente Menschen brauchen, ist Sympathie, was übersetzt eigentlich nichts anderes als „Mitleid" bedeutet. Das meint in diesem Fall aber nicht allein ein mitleidiges Anteilnehmen am Ergehen des Erkrankten. Es ist vielmehr ein echtes Eintreten in die geheimnisvolle, verborgene, verwirrende, innere Welt eines Menschen, den man gekannt zu haben glaubte. Und es braucht auch ein wenig „kriminalistischen Spürsinn“, um zu entdecken, dass es neben der vertrauten Innenwelt des „Bekannten“ noch manche weitere, unentdeckte innere Welt gibt. Außerdem ist echte Bereitschaft nötig, sich auf eine Entdeckungsreise in diese neuen Innenwelten zu begeben und dieses „Parallel-Universum“ mit Liebe, Empathie, Hochachtung, großer Ehrlichkeit und bedingungsloser Wertschätzung zu betreten. Es ist nicht weniger als der Beginn eines aufregenden, gemeinsamen Abenteuers! Wer dazu bereit ist, wird in diesem Buch einen kleinen Reiseführer finden.

Um eine Demenzerkrankung auch als Chance wahrnehmen zu können, wäre es eine Hilfe von sehr großem Wert, wenn möglichst viele Menschen (auch in christlichen Gemeinden und Gemeinschaften) sich rechtzeitig und intensiv mit diesem Krankheitsbild befassen würden. Damit verbunden ist die große Bitte, sich auf Begegnungen mit dementen Menschen einzulassen, sich auf ihre Verhaltensweisen und Besonderheiten einzustellen, um sie stundenweise zu begleiten und eine sinnvolle Zeit mit ihnen zu verbringen. Auf diese Weise verschaffen Sie den Angehörigen eine kleine Verschnaufpause. Denn für pflegende Angehörige von Dementen ist „Zeit für sich“ oft das allergrößte Geschenk – und sei es nur für einige Stunden in der Woche.

Übrigens: Auch die Pflegekräfte und die Sozialen Dienste in Altenpflegeheimen freuen sich über jede Unterstützung bei der Betreuung alter und dementer Menschen. Die Türen sind in der Regel weit offen für ehrenamtliche Helfer, die nicht auf Lohn aus sind, sondern sich an den dankbaren Reaktionen der dementen Bewohner und deren Pflegenden freuen.

Dieses Buch richtet sich damit ganz allgemein an Menschen, die ein weites Herz für die Schwächsten haben. Besonders aber richtet es sich an Christen, die um die Bedeutung eines lebendigen und persönlichen Glaubens an Jesus Christus wissen und sich vielleicht vorstellen können, wie sich das Leben von bekennenden Christen plötzlich drastisch verändert, die vielleicht schon in einer schweren Demenz angekommen sind und nicht mehr viel von dem wissen, was sie einmal geglaubt haben.

Demenz – ein Angriff auf Glaubensgewissheiten

Bei diesem Aspekt muss ich etwas vorausschicken, denn ich vermute, dass es bei etlichen Christen manches Missverständnis gibt, was den „aktiven Teil" unseres Glaubens angeht. Selbstverständlich sind *wir* es, die glauben. Und wir legen großen Wert darauf, dass unser Glaube ein sehr persönlicher ist und auf einer lebendigen Beziehung zu Jesus Christus und zum himmlischen Vater beruht. Und doch ist unser Glaube viel mehr als eine „aktive Haltung", denn uns wird in der Heiligen Schrift immer wieder gesagt, dass es nicht auf uns allein ankommt, sondern auf das, was uns *durch die Gnade Gottes* geschenkt und was *an uns* geschehen ist!

Etwa in Jesaja 43,1 heißt es: *Und nun spricht der Herr, der dich geschaffen hat, Jakob, und dich gemacht hat, Israel: Fürchte dich nicht, denn ich habe dich erlöst; ich habe dich bei deinem Namen gerufen; du bist mein!*

Unzählige Menschen haben diesen Vers als ihren Taufspruch erhalten – als eine unverlierbare Zusage Gottes, dass wir zu ihm gehören und er sich an uns gebunden hat. Gilt das nur, solange wir klar denken können? Gilt das nur, solange unser Verstand wach ist und funktioniert?

Wie ist es mit den Worten von Jesus, wenn er sagt: *Meine Schafe hören meine Stimme, und ich kenne sie und sie folgen mir; und ich gebe ihnen das ewige Leben, und sie werden nimmermehr umkommen, und niemand wird sie aus meiner Hand reißen* (Johannes 10, 27+28)?

Wer kennt nicht die Worte des Apostels Paulus aus Römer 8, wo es heißt: *Denn ich bin gewiss, dass weder Tod noch Leben, weder Engel noch Fürstentümer noch Gewalten, weder Gegenwärtiges noch Zukünftiges, weder Hohes noch Tiefes noch eine andere Kreatur mag uns scheiden von der Liebe Gottes, die in Christo Jesu ist, unserm Herrn.*

Sollte etwa eine Krankheit wie eine Alzheimer-Demenz diese bedeutenden Zusagen aufheben können? Sollte all das nicht mehr gelten, weil unser Gehirn, unser Denken, unser Wollen nicht mehr reibungslos funktioniert, sondern alles zu einem undurchdringlichen Nebel geworden ist? Diese Frage können wir mit einem klaren Nein beantworten.

Doch im Zusammenhang mit dem Glauben schließen sich weitere, drängende Fragen an: Kann man einen dementen Menschen in diesem „Nebelzustand" überhaupt noch mental erreichen? Wie lässt sich sein früherer Glaube erhalten, stärken oder neu „aktivieren"? Wie kann man die Gewissheit und Geborgenheit des Glaubens für ihn wieder erlebbar machen? Wie kann der alte Trost des Glaubens, der manchen über viele Jahre das Leben erträglich gemacht hat, auch in der Demenz seine tragende Kraft behalten, wenn die Gedanken schon vollkommen aufgelöst zu sein scheinen? *Kann man überhaupt noch glauben*, wenn man schon *alles* vergessen hat – sogar den Namen des Ehepartners und die der eigenen Kinder?

Ich bin ganz gewiss: Gott, unser Vater, und unser Herr Jesus Christus lassen niemanden los, der sich im Leben an sie gehalten hat – weder im Leiden noch im Sterben, noch in irgendeinem Dämmerzustand! Wir sind sein Eigentum, versiegelt mit dem Heiligen Geist, besiegelt durch die Taufe und durch sein Wort und durch unser Bekenntnis. Sein Eigentum lässt Jesus sich nicht einfach nehmen!

Schließlich und in der Hauptsache soll dieses Buch mit seinen Ergänzungen und Anhängen noch etwas ermöglichen: nämlich, dass es gelingt, auch mit dementen Menschen in einem sehr bescheidenen und überschaubaren Rahmen mit geringem Aufwand einen Gottesdienst, eine gottesdienstliche Feier oder eine Andacht zu gestalten. Ob in einer Pflegeeinrichtung mit einer kleinen Gruppe oder zu Hause mit wenigen Angehörigen oder auch nur zu zweit. Als Begleiter des dementen Menschen, der ja auch Schwester oder Bruder im Glauben an Jesus Christus ist, dürfen wir diesen besonderen Dienst tun. Solche gottesdienstlichen Angebote können nach eigener Planung in Eigenregie gestaltet werden oder nach den Vorlagen, die in diesem Buch enthalten sind.

Demenzielle Erkrankungen in Deutschland

Laut Statistik[1] gab es in Deutschland im Jahr 2021 etwa 1,7 Millionen Menschen im Alter über 65 Jahre, die an einer demenziellen Veränderung erkrankt waren. Die Zahl der unter 65-jährigen ist noch relativ gering (ca. 100.000 Erkrankte, was 0,12% der Gesamtbevölkerung in der Bundesrepublik Deutschland entspricht); die Rate aller Demenzkranken liegt über 2% der Bevölkerung in Deutschland, Tendenz steigend.

Grob lässt sich sagen, dass sich die Häufigkeit der Erkrankung mit zunehmendem Alter etwa alle 5 Jahre verdoppelt. Da in der Regel Frauen eine im Durchschnitt um 5 Jahre höhere Lebenserwartung als Männer haben, zeigt sich hier folglich eine Verdoppelung der weiblichen Erkrankten gegenüber den Männern. Frauen erkranken also nicht leichter an demenziellen Veränderungen als Männer, sondern erleben hier die Schattenseite einer höheren Lebenserwartung um ziemlich genau diese kritischen 5 Jahre. Hinzu kommt, dass die *allgemeine* Lebenszeit-Erwartung für beide Geschlechter immer noch steigend ist. Man kann davon ausgehen: steigt diese um weitere 5 Jahre an, verdoppelt sich statistisch betrachtet noch einmal die Gesamtzahl der an Demenz Erkrankten[2].

Perspektiven der Pflegesituation

Demgegenüber steht eine deutlich abnehmende Zahl von Menschen, die für die Pflege und soziale Betreuung dieser Erkrankten zur Verfügung stehen. Nicht nur haben die fachspezifischen Pflegeberufe in den vergangenen Jahren an Zulauf verloren, auch die Zahl der pflegenden Angehörigen geht deutlich zurück. Immer weniger alte Menschen können zu Hause gepflegt werden, da die Kinderzahl in den Familien seit etwa 60 Jahren stark rückläufig ist und die meisten

---

1 Zahlen laut www.statista.com

2 1925 lag die allgemeine Lebenserwartung etwa 20 Jahre, 1960 ca. um 10 Jahre niedriger als momentan. Statistisch hat die Zahl der Dementen damit seit 1925 um das 8-fache, seit 1960 um das Vierfache zugenommen. Damals wusste man fast noch nichts von einer „Demenz“, und auch die Zahlen waren relativ unauffällig. Demente galten allgemein als „vergesslich“ oder „verkalkt“. Auch der zeitliche Verlauf einer Demenz war eher kurz, da ein vergleichbar hohes Alter wie heute grundsätzlich nicht von vielen erreicht wurde.

berufsfähigen Männer und Frauen einer eigenen Erwerbstätigkeit nachgehen. Frühere Familienkonstellationen, in denen meist eine Frau und Mutter – nachdem die eigenen Kinder groß genug waren und irgendwann das Elternhaus verlassen haben – sich wie selbstverständlich um die alten Eltern oder Schwiegereltern kümmerte, gehören definitiv der Vergangenheit an. Die gesellschaftlichen Strukturen mit ihren Herausforderungen (Gleichberechtigung, Chancengleichheit, Notwendigkeit mehrerer Einkommen pro Familie, eine je eigene soziale Absicherung im Alter für Männer und Frauen) lassen wenig Spielraum für dieses traditionelle private „Pflegemodell".

Ein Blick in die Zukunft ist besorgniserregend, wenn wir uns die soziologische Entwicklung der Bevölkerung unter dem Aspekt der Rentenentwicklung anschauen. Haben im Jahr 1957 noch 8,5 Beitragszahler einen Rentner durch ihre Sozialabgaben finanziert und für eine durchschnittliche Rentendauer von 10 Jahren noch 50 Jahre gearbeitet, liegt das Verhältnis heute bei etwa 2,3 Beitragszahlern für einen Rentenempfänger bei 40 Jahren Arbeit gegenüber 17 Jahre Rentenzeit. Im Jahr 2030 wird voraussichtlich ein Beitragszahler einen Rentner finanzieren. Die Arbeitszeit wird sich vermutlich trotz eines gestiegenen Renteneinstiegsalters noch weiter reduzieren, da das Einstiegsalter in eine sozialversicherungspflichtige Erwerbstätigkeit immer später erfolgt. Die Dauer des Rentenbezuges wird sich voraussichtlich trotz späterem Rentenbeginn auf etwa 20 Jahre erhöhen.

Schon heute kann ein einzelner Angehöriger es kaum bewältigen, einen demenziell erkrankten Ehemann, eine Ehefrau oder ein Elternteil (nicht selten gleich beide Eltern) zu pflegen. In der Regel wird ein ganzes Netzwerk von Pflegenden und Begleitenden sowie von externen Diensten und Einrichtungen benötigt, um die Betreuung leisten zu können. Zur Pflege kommt also auch noch Pflegeplanung und Koordination hinzu. Und obendrein muss bedacht werden, wie der Pflegende auch noch *seine eigene* Familie und *seine eigene* Gesundheit im Blick behalten kann.

Auch die sog. „Zivildienstleistenden“ früherer Jahre gibt es nicht mehr. Junge Menschen, die ein „Freiwilliges Soziales Jahr“ (FSJ) oder einen „Bundesfreiwilligendienst“ (BFD) leisten, haben heute eine große Auswahl an verschiedenen und zum Teil sehr attraktiven Einsatzstellen, unter denen sie auswählen können. Es ist also nicht schwer zu erkennen, dass der absehbare Pflege-Notstand nach anderen Lösungen ruft. Das gilt insbesondere für die pflegebedürftigen Menschen, die neben einer medizinisch-pflegerischen Grundversorgung eine erhöhte persönliche und soziale Betreuung und Begleitung benötigen, unter denen demenzkranke Menschen mit an vorderster Stelle stehen. Hier spielen vor allem ehrenamtliche Kräfte eine enorm wichtige Rolle: Frauen und Männer unterschiedlichen Alters, die einen Teil ihrer freien Zeit in „freiwillige soziale Leistungen“ investieren.

Wie „dement“ kann man werden?

Für eine große Zahl von Menschen spielt beziehungsweise spielte der christliche Glaube eine sehr zentrale Rolle. Ob dieser Glaube mehr eine bürgerlich-kulturelle oder traditionell-volkskirchliche Prägung, oder eine Glaubensweise war, die mit einer ausgeprägten persönlichen Glaubensbindung, einer charismatischen Frömmigkeit, einer evangelikalen Prägung oder einer „pietistischen“[3] Haltung verbunden war, mag unterschiedlich sein. Besonders für Menschen, die sich gezielt einer christlichen Gemeinschaft oder einer „Freikirche“[4] angeschlossen haben, hat diese Zugehörigkeit und diese Art der „Frömmigkeit“ eine meist lebenslange, zentrale und auch persönlichkeitsbildende Bedeutung.

3 Von „Pietas“ = Frömmigkeit

4 Unter Freikirchen verstehen sich in der Regel Kirchen und Gemeinschaften, die sich dem Apostolischen Glaubensbekenntnis verpflichtet sehen, aber nicht zu einer der großen Volkskirchen zählen. In aller Regel positionieren sie sich im Umfeld der „Arbeitsgemeinschaft Christlicher Kirchen“ und / oder der „Evangelischen Allianz“. Freikirchen und Gemeinschaften (Gemeinschaftsverbände) verstehen sich als vollwertige Kirchen und Einrichtungen neben oder in der Gesamtkirche und legen großen Wert auf einen individuellen bewussten Entschluss zum Eintritt in die Gemeinschaft aufgrund eines persönlichen Bekenntnisses zum christlichen Glauben, meist verbunden mit einem aufwendigen persönlichen und zeitlichen Engagement innerhalb der Gemeinschaft. Sie betonen die Freiwilligkeit der Zugehörigkeit, ohne dabei eine vom Apostolischen Glaubensbekenntnis abweichende Sonderlehre zu verfolgen.

Was geschieht nun mit einem Menschen, der zum Ende seines Lebens nicht mehr so leben und glauben kann, wie er das den größten Teil seines Lebens getan hat, und der nun zunehmend vergisst, was das Zentrum seines Lebens und Glaubens einmal ausgemacht hat? Was passiert, wenn er somit die Mitte seines Lebensinhaltes verliert? Was macht es mit einem Menschen, der ein halbes Leben oder mehr in einer intensiv gelebten Glaubensgemeinschaft integriert war? Der seine Zeit, Kraft und sein Geld investiert hat und nun aufgrund seiner demenziellen Veränderungen von seiner Gemeinde als „Störfaktor" wahrgenommen und nicht selten darum gebeten wird, er möge nicht mehr „mitgebracht werden"?

Umgekehrt ist die Frage zu stellen, ob diese Mitte seines Lebensinhaltes wirklich „verloren" oder nur „verschüttet" ist – die Frage also, ob einiges oder sogar vieles aus seinem Lebenszentrum, wenn nicht anhaltend, so doch zumindest punktuell re-aktiviert oder gar „re-animiert" (= wiederbelebt) werden kann – und sei es auch nur für einen kurzen Zeitraum!? Was wäre, wenn zumindest ein Tag unter anderen Tagen sich deutlich abheben würde von einem zunehmenden Dämmerzustand? Was wäre, wenn der Eintritt in diesen letzten Dämmerzustand sogar hinausgezögert werden könnte, indem das persönliche Lebenszentrum so oft wie möglich aktiviert und „erlebbar" würde?

Und tatsächlich gilt bis zum jetzigen Zeitpunkt: Es lässt sich nicht verhindern, dass eine Demenz (besonders die Demenz vom Typ „Alzheimer") am Ende noch immer einen tödlichen Verlauf nimmt, da es noch keine Heilung für diese Krankheit gibt. Was sich aber verhindern lässt, ist ein progredienter (= gleichmäßig zunehmender) Verfall von Fähigkeiten, der begünstigt wird durch einen immer stärkeren Mangel an körperlichen, geistigen, mentalen, sinnlichen und auch spirituellen Anregungen und Aktivierungen.

Dieses Buch lädt darum nicht nur zu einer Art „Besuchsdienst“ ein, sondern zu einem aufregenden Eintauchen in die geheimnisvolle Innenwelt von Menschen, die sich zunehmend vor unseren Augen verändern und trotzdem noch „dieselben“ sind, die sie immer waren.

Ich möchte Menschen einladen, die sich aus beruflichen Gründen oder aus privater Notwendigkeit oder als Ehrenamtliche ganz freiwillig mit dem Phänomen „Demenz“ auseinandersetzen müssen oder möchten, und dazu ermutigen, ihre Scheu gegenüber dieser Krankheit beziehungsweise das Gefühl der Überforderung in der Begegnung mit Dementen zu überwinden. Nur eines sollten Begleiter dabei unbedingt wissen: Demente verhalten sich nicht logisch, nicht vernünftig, nicht rational. Sie können unberechenbar sein. Sie können sich sehr in ihrer Persönlichkeit verändern. Sie können uns immer fremder werden. Und nichts kann diesen Prozess verhindern.

Trotzdem folgen Demente sehr stringent einer bestimmten, individuellen und verborgenen, einer *anderen* Logik als die Gesunden. Diese Logik ist ihr persönliches Geheimnis! Sie selbst kennen es kaum. Und sie können uns auch nur wenig Auskunft darüber geben, aber es lohnt sich, nach einem Schlüssel zu suchen, mit dem sich dieses Geheimnis ein wenig öffnen lässt.

Dabei hilft ein sehr wichtiger Grundsatz: „Der Demente hat immer recht“ – was immer er sagt, was immer er will, was immer er tut! Für ihn ist sein Verhalten zwingend und logisch, mag es von außen gesehen noch so „verrückt“ erscheinen.

Keine Angst vor dementen Menschen!

Es geht hier also nicht um Hinweise für die richtige Pflege eines dementen Menschen, nicht um medizinische Ratschläge oder um Empfehlungen für eine medikamentöse Behandlung. Dafür gibt es andere sehr kompetente Quellen.

Ich möchte hier gerne einladen, das zu tun, wofür in unserem Gesundheitssystem weder die Mittel noch die Zeit noch die Geduld vorhanden sind: Für Menschen da zu sein, die sich langsam aber sicher selbst verlieren, und sie an das zu erinnern, was ihren Glauben ausgemacht hat und das mit großer Wahrscheinlichkeit immer noch vorhanden ist, auch wenn es nicht mehr „sichtbar“ ist. Es ist noch immer möglich, das zu aktivieren, was zu den Grundbedürfnissen eines Lebens gehört: Sicherheit, Geborgenheit, Schutz, Stabilität, Beziehung, Identität, Liebe, Wertschätzung, soziale Bindung, Bedeutung, Schönheit, Erfüllung, Sinn, eine geistlich-spirituelle Wirklichkeit; oder kurz gesagt: lauter Aspekte, die fast das gesamte Spektrum der menschlichen Bedürfnispyramide nach Maslow betreffen.

Und auch *das* gehört zu unserem sozialen und pädagogischen und pflegerischen „Glaubensbekenntnis“: Der geistige (und langfristig möglicherweise auch der physiologische) Verfall in der demenziellen Veränderung lässt sich erstaunlich lange hinauszögern. Mag das Sterben am Ende dieses Verfalls trotzdem nicht zu verhindern sein und dann umso plötzlicher geschehen, meine Absicht ist dennoch, das Leben auch für alte und demenziell veränderte Menschen so lange wie möglich lebenswert zu erhalten.

Ich würde mich sogar zu der Behauptung hinreißen lassen, dass wir durch die innere Haltung, in der wir demente Menschen zu begleiten und zu „leiten“ lernen, nützliche Kompetenzen entwickeln, mit denen wir auch andere Menschen (zum Beispiel sterbende, depressive, ängstliche Menschen oder jene mit unterschiedlichen psychischen Störungen) zwar nicht heilen, aber ihnen wesentlich helfen können.

Keine Angst vor dem Pflegeheim

Für viele alte Menschen klingt der Begriff Pflegeheim wie eine Drohung. Manche erbitten sogar ein Versprechen, dass sie von ihren Angehörigen niemals in ein Pflegeheim „abgeschoben“ werden. Ist ein Pflegeheim aber tatsächlich so schrecklich? Nein – selbstverständlich nicht! Das Pflegeheim *an sich* ist ein großer Segen. Das gilt besonders für demente Menschen, da sie hier nach hohen Pflegestandards versorgt werden und ein ganzes Team von pflegenden Fachkräften „24 / 7“ (also 24 Stunden am Tag, sieben Tage in der Woche = rund um die Uhr) für sie da ist. In den Medien wird in der Regel nicht über die vielen Einrichtungen berichtet, die hervorragende Pflege leisten, sondern eher über die wenigen, in denen es zu skandalträchtigen Abweichungen kommt und durch die alle anderen in Verruf gebracht werden.

Das Bedrohliche ist nicht das Pflegeheim, sondern die nicht umkehrbare Veränderung im Leben des Dementen: Im eigenen Haus oder in der eigenen Wohnung fand er sich zurecht. Er kannte dort möglicherweise jeden Winkel, jeden Gegenstand, jeden Nachbarn und Mitbewohner und wusste, wo was zu finden war; er befand sich in vertrauter Umgebung. Nach einem Umzug in eine Pflegeeinrichtung (oder einen beliebigen anderen unbekannten Ort) ist jedoch nichts mehr, wie es war. Möglicherweise wird der Betroffene jeden Tag oder sogar stündlich neu über der Frage grübeln, *wo* und *warum* er sich an diesem fremden Ort befindet und wie er dorthin gekommen ist. Er erinnert sich sehr genau an seine Wohnung, an sein Zuhause, an seine vertraute Umgebung. Viele Bilder und Erinnerungen und Details sind in seinem Kopf. Diese mögen noch lange lebendig bleiben, während ihm die neue Situation am neuen Ort permanent fremd, neu und unheimlich bleibt. Selbst wenn man ihm erklärt, wo er sich befindet und warum er an diesem Ort ist, wird er auch diese Erklärungen wieder vergessen. Er wird immer wieder dieselben Fragen stellen. Und er wird jede Antwort nach einigen Minuten wieder vergessen haben.

Aus diesem Grund haben demente Menschen häufig die Neigung, ständig „auf dem Sprung“ zu sein, solange es ihr jeweiliger körperlicher Zustand zulässt. Sie wollen häufig „weg“. Sie wollen heim. Sie suchen nach einem Weg, wie sie nach Hause gelangen können. Sie wollen möglicherweise sogar an einen Ort zurück, an dem sie viel früher einmal gelebt haben – egal, ob das Leben dort schön oder schwer war; egal auch, ob es in Königsberg, in Kasachstan oder in Rumänien war; egal, ob es vor zwei oder vor zwanzig oder vor sechzig Jahren war. Oft haben sie kein Zeitgefühl und keine zeitliche Orientierung mehr. Nur „nach Hause“. Sie wissen nur: Hier gehöre ich nicht hin! Hier wohne ich nicht! Und sie lassen sich nur schwer bis gar nicht davon überzeugen, dass ein „Zurück“ meistens so gut wie ausgeschlossen ist.

Beispiel 1:

Eine alte Frau, die in einem Pflegeheim lebte und bereits deutlich über 100 Jahre alt war, sprach fast ununterbrochen von ihrer „Stube". Dahin wollte sie zurück. Gemeint war laut der Angehörigen ein kleines, düsteres Zimmer in einem baufälligen Häuschen in Siebenbürgen (Rumänien), das sie 25 Jahre zuvor verlassen hatte, um mit ihren Kindern in die Bundesrepublik Deutschland auszureisen. Von hier aus unternahm sie mit ihrer Tochter noch im hohen Alter wunderschöne Reisen nach Spanien, Florida, Kanada. Sie hatte unbedingt noch etwas von der Welt sehen wollen, und ihre dankbare Familie tat alles, um ihr diesen „Luxus" zu ermöglichen.

Jetzt sprach sie nur noch von ihrer „Stube". Ihre Tochter wurde zunehmend zornig und konnte ihre Fassungslosigkeit nicht mehr zurückhalten, da sie ihr doch so viel Schönes geboten hatten, sie täglich besuchten und ihr jeden Wunsch von den Augen ablasen. Aber alles, was für die alte Mutter noch zählte, war ihre „Stube". Es war nicht schwer zu sehen, dass sie nach etwas Vertrautem suchte, nach Bekanntem, nach dem Eigenen, nach *ihrem* Zuhause. Für sie spielte es keine Rolle mehr, wie schlicht und armselig es dort gewesen war. Dort hatte sie mit ihrem Mann gelebt, dort hatte sie ihre Kinder geboren, dort hatte sich ihr ganzes Leben mit Höhen und Tiefen, mit Freud und Leid und vielen Entbehrungen abgespielt. Dort war sie in jeder Hinsicht lebendig und sie selbst gewesen. In ihren inneren Bildern gab es nichts anderes mehr als eine sehr erfüllte Zeit, die weit in der Vergangenheit lag. Die tiefe Sehnsucht nach dem eigenen Leben mit Ehemann und Kindern und einem kleinen Garten mit Haustieren war unverkennbar. Erst nachdem ihre Tochter verstanden hatte, dass die Gegenwart mit ihren Vorzügen keine Rolle mehr spielte und sie sich mit ihrer Mutter in die „schöne alte Zeit" hinein-"träumte", wurde diese völlig ruhig und bekam leuchtende Augen. Zwei Wochen später starb sie friedlich. Allein die Akzeptanz und Wertschätzung[5] ihrer emotionalen Bindung hatte gereicht. Sie musste nicht noch einmal physisch zurück in ihre „Stube", aber sie brauchte die „Erlaubnis" und die Wertschätzung ihrer Umgebung das auszudrücken, was sie erfüllte und woran sie am meisten hing: an einer sehr schweren und trotzdem sehr glücklichen und sinnerfüllten Zeit ihres Lebens.

5 Naomi Feil, die sich mit ihrem Konzept der „Validation" (übersetzt etwa „Wertschätzung", „Wertgebung") weit über den US-amerikanischen Raum einen Namen gemacht hat, betont in ihren Büchern und Seminaren, wie wichtig die Wertschätzung der Gefühle und ein einfühlsames, suchendes Eingehen auf die emotionalen Äußerungen bei dementen Menschen ist. Die Gefühle sind gewissermaßen der Schlüssel zum inneren Erleben und damit auch zum Verhalten des Erkrankten. Die emotionalen Regungen bringen ans Licht, was im „Wissen" des Dementen nicht mehr greifbar ist.

3. Verschiedene Formen der Demenz – eine Begriffsklärung

Es gibt nicht einfach *die* Demenz. Einige demenzielle Formen sind die Folge von unterschiedlichen Hirnschädigungen. Grundsätzlich werden die primären und die sekundären Demenzen unterschieden.

Primäre Demenzen sind solche, bei denen es zu einem fortschreitenden degenerativen Prozess im Gehirn kommt. Ursachen können vaskuläre Veränderungen sein, bei denen die Sauerstoffversorgung des Gehirns aufgrund von Schädigungen der Blutgefäße nicht ausreichend ist (kleinere Infarkte im Gehirn, oft auf bestimmte Bereiche und Fähigkeiten eingrenzbar).

Bei der Demenz vom Typ Alzheimer (55% aller Erkrankten) wird bisher davon ausgegangen, dass bestimmte Ablagerungen zwischen den Nervenzellen zunächst die Reizweiterleitung zwischen den Neuronen (Hirnnerven) zunehmend einschränken und in der Folge Gehirngewebe langsam abstirbt.

Andere Erkrankungen gehen möglicherweise ebenfalls mit einer demenziellen Symptomatik einher (etwa die Parkinson-Krankheit, Morbus-Pick, Binswanger-Krankheit, Chorea-Huntington, Aids, anhaltender Alkohol- und Drogenkonsum u.a.). Diese machen etwa 15% aller demenziellen Erkrankungen aus. Bei den primären Demenzen also liegt eine Erkrankung im Gehirn selbst vor, die nur zum Teil erfolgreich therapierbar ist, etwa wenn es zu einer frühzeitigen Diagnose und Behandlung kommt. Die Demenz vom Typ Alzheimer gilt, wie bereits angedeutet, bis heute als unheilbar.

Bei den **sekundären** Demenzen liegen andere Ursachen vor, die sich ebenfalls auf die Gehirnfunktionen auswirken. Das Gehirn selbst ist bei diesen Formen nicht krank, sondern wird durch andere Faktoren in Mitleidenschaft gezogen (Vergiftungen, Stoffwechselstörungen, Entzündungen, Austrocknung). Je nach Ursache lassen sich sekundäre Demenzen unter Umständen sehr kurzfristig und erfolgreich behandeln und überwinden. Alte Menschen etwa verlieren möglicherweise das Gespür dafür, auf eine ausreichende Flüssigkeitszufuhr zu achten, und entwickeln dadurch kurzfristig eine starke demenzielle Symptomatik. Eine zügige Flüssigkeitsversorgung durch ausreichend Wasser oder Tee, notfalls auch eine intravenöse Flüssigkeitsgabe, kann diese demenzielle Form zügig überwinden.

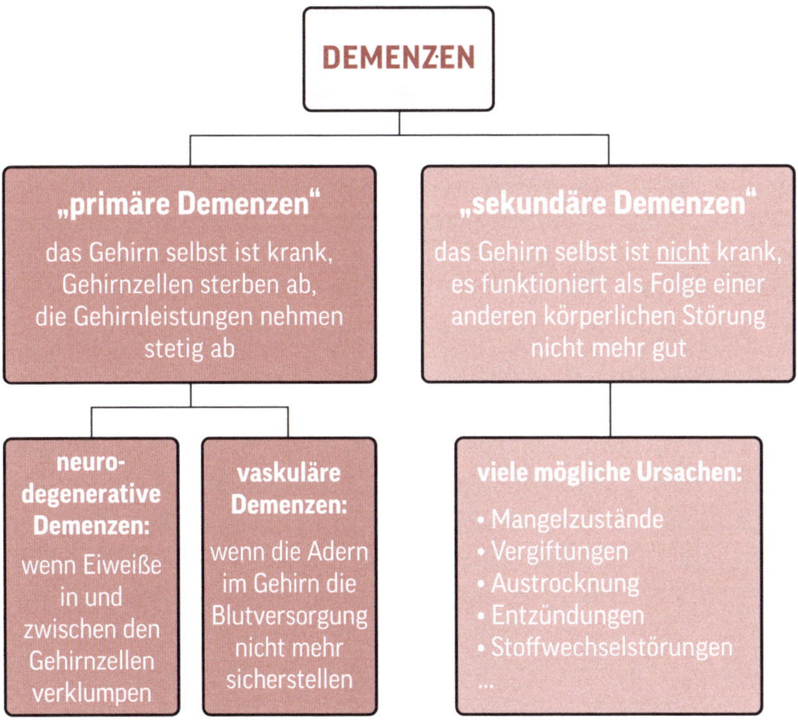

In diesem Buch geht es vor allem um die demenzielle Erkrankungsform vom Typ Alzheimer. Andere Formen der Demenz werden nicht ausdrücklich erwähnt – die Symptomatik ist vielfach jedoch ähnlich, und die Art der *sozialen* Begleitung wie auch die verschiedenen Hilfsmöglichkeiten für Pflegende und Angehörige von Alzheimer-Patienten wird auch für die meisten anderen Formen von Demenz keine großen Unterschiede aufweisen.

Demenz ist mehr als Vergesslichkeit

Im Anfangsstadium ist eine demenzielle Erkrankung nicht wesentlich von einer ganz normalen Vergesslichkeit (Alterssenilität) zu unterscheiden. Ein gewisses Maß an Vergesslichkeit erleben die meisten Menschen schon, während sie noch mitten im Leben stehen. Eine Demenz vom Typ Alzheimer jedoch geht weit darüber hinaus und nimmt einen progredienten Verlauf; das heißt: Die Erkrankung lässt sich nicht mehr verhindern, auch nicht wesentlich aufhalten, sondern bestenfalls durch eine gute Begleitung erleichtern (wenn auch in einem erheblichen Maß!). Die Progressionsgeschwindigkeit einer Demenz nimmt in der Regel erkennbar zu, und im weiteren Verlauf der Erkrankung geht es um weit mehr als nur um einen Verlust der Erinnerungen.

Der Begriff „Demenz" lässt sich übersetzen als „ohne Verstand" oder „ent-geistert" (lat. wörtlich: de-mens). Die geistigen, kognitiven – einschließlich der emotionalen und sozialen – Fähigkeiten gehen nach und nach verloren. Das Gehirn als Zentrum allen Denkens, Lernens, Wissens, Verhaltens und der Orientierung verliert zunehmend an Leistung. Der Geist, die Vernunft, die Rationalität eines Menschen sind „weg". Zumindest entsteht dieser Eindruck. Im Endstadium mag diese Beschreibung tatsächlich auch einem annähernd realen Zustand entsprechen. Dennoch wird man immer wieder feststellen können, dass der Geist nicht einfach „verschwunden" ist, sondern nur ganz bestimmte Kompetenzen abnehmen. Leider sind es aber gerade jene Kompetenzen, die für eine klare und logische Kommunikation im Vordergrund stehen.

Dazu gehört vor allem eine zeitliche, räumliche und soziale Orientierung. Das bedeutet, dass ein gesunder Mensch seine eigene Biografie kennt und sich einigermaßen präzise darin orientieren kann (Kontinuum der Zeit, Orientierung im Heute, klare zeitliche Einordnungen vergangener Erlebnisse). Auch ein Erkennen des Ortes gehört bei einem gesunden Menschen zu den wichtigsten Kompetenzen (wo bin ich, woher komme ich, welches sind meine bisherigen Wohnorte?). Und selbstverständlich weiß der gesunde Mensch, wer zu seinem Leben gehört und in welcher sozialen Beziehung diese Menschen zueinander stehen: der Ehemann, die Ehefrau, Kinder, Enkelkinder, Freunde, Kollegen, Nachbarn.

Einfache Zusammenhänge gehen verloren

Bei einem dementen Menschen gehen diese Orientierungen immer mehr verloren. Er weiß nicht, wo er ist (außer vielleicht dann, wenn er nie an einem anderen Ort gelebt hat, was aber für viele Menschen nicht zutrifft). Er erkennt seine Kinder nicht mehr und weiß möglicherweise nicht einmal, ob er jemals verheiratet war oder nicht.

Mehr und mehr gehen auch ganz alltägliche Kompetenzen verloren: Wie funktionieren bestimmte Haushaltsgeräte, wie lässt sich eine Uhrzeit lesen, welche Bedeutung haben Zahlen und Datumsangaben wie zum Beispiel „12.10.2022", wie benutzt man eine Toilette? Alles wird immer rätselhafter, und zugleich spürt ein demenziell Erkrankter, wie ihm bisher selbstverständliche Fähigkeiten langsam abhandenkommen. Er weiß bestimmte Dinge nicht mehr, aber es ist ihm bei beginnender Demenz durchaus noch bewusst, dass er sie eigentlich wissen „müsste". Besonders im Anfangsstadium führt das manche Betroffene in eine große Verzweiflung.

Ein Schlüssel zur Innenwelt dementer Menschen

Wenn die gesunden Menschen im Umfeld nicht verstehen, wie dramatisch dieser Verlauf auch im eigenen Empfinden und für den Selbstwert des Betroffenen ist, und wenn sie all den Symptomen und Verhaltensweisen mit Belehrung, Kritik oder gar Beschuldigung begegnen, kommt neben den kognitiven, mentalen und sozialen Verlusten häufig noch eine depressive und / oder aggressive Haltung hinzu – sowohl bei dem Erkrankten als auch in seinem gesunden Umfeld. Und so, wie es eingangs bereits hieß: „Der Demente hat immer recht", lässt sich nun ein zweiter Satz hinzufügen: Das Problem sind häufig nicht die Dementen, sondern die Gesunden!

Das ist selbstverständlich nicht korrekt und auch nicht ganz fair. Korrekt ist lediglich, dass der Demente sich nicht mehr an die sich verändernden Zustände anpassen kann, sie auch nicht durchschaut, sondern in seiner Hilflosigkeit nur daran verzweifeln kann. Die Gesunden dagegen können noch lernen, sich an die völlig veränderte Innenwelt des Dementen anzupassen, seine individuellen Denk-, Erlebens- und Verhaltensmuster zu erspüren und „in seinen Schuhen zu gehen"! Dafür ist es allerdings notwendig, eine Art „Generalschlüssel" für das Verhalten des Erkrankten zu finden.

Ein sehr hilfreicher „Generalschlüssel" findet sich zum Beispiel in einem Erklärungsmodell des Niederländers Huub Buijssen[6], der sich aus privaten wie aus beruflichen Gründen intensiv mit dem Phänomen der Demenz vom Typ „Alzheimer" auseinandergesetzt und zwei „Demenz-Gesetze" formuliert hat, mit deren Hilfe sich sowohl der Verlauf und die Komplexität der Erkrankung als auch vielfache Interventionsmöglichkeiten ableiten lassen. Dafür ist es zunächst hilfreich zu verstehen, wie unser Lernen und Denken (und das Vergessen!) überhaupt funktionieren.

Ein hyper-intelligenter Mitbewohner im Gehirn: der Hippocampus

Der gesunde Mensch nimmt in jedem Augenblick unzählige Eindrücke wahr. Unser Gehirn ist in der Lage, in Sekundenbruchteilen zu erkennen, welche dieser Vielzahl an Eindrücken eine relevante Bedeutung haben und welche eher unwichtig sind. Aufgrund der eigenen Prägungen, Vorerfahrungen und Interessen wird in einem sehr zentral gelegenen Areal unseres Gehirns (im sog. „Hippocampus") in

6 Huub Buijssen, Demenz und Alzheimer verstehen

Bruchteilen einer Sekunde ausgewählt und bestimmt, was wir *bewusst* wahrnehmen sollten und was sofort wieder vergessen werden kann. Dieser Prozess im Hippocampus verläuft so schnell, dass der Mensch selbst diesen Vorgang nicht einmal wahrnimmt, obwohl es *sein eigenes* Gehirn und *sein eigener* Hippocampus ist, der dies tut. Dieses überaus geniale „Organ" arbeitet wie eine Schaltstelle zwischen Kurzzeit- und Langzeitgedächtnis und wird deswegen auch der „Wächter am Tor des Bewusstseins" genannt. Er hat eine Funktion, die dem eines Pförtners am Eingang eines Firmengeländes gleicht, der darüber wacht, wer den Raum oder das Gelände betreten darf und wer nicht. Dieser Pförtner kann auch eigenständig Signale nach innen geben, wenn eine gespeicherte, vorhandene Information gebraucht und gesucht wird. Unser gesundes Gehirn antwortet auf diese Signale, indem es die gesuchte Information sehr präzise preisgibt (zum Beispiel einen Namen, eine Telefonnummer, den Text eines Gedichtes oder eine komplexe mathematische Formel). Manchmal benötigt es dafür nur Sekunden oder einige Minuten, manchmal auch eine ganze Nacht, die wir „darüber geschlafen haben", aber in der Regel sind alte Gedächtnisinhalte auffindbar und abrufbar.

Vergesslichkeit – eine notwendige Einrichtung

Hermann Ebbinghaus[7] hat in seinem Werk über das Lernen und Vergessen wichtige Erkenntnisse entdeckt, die bis heute als gültig angesehen werden. So hat der Mensch bereits nach 20 Minuten 40% von bewusst gelernten Inhalten wieder vergessen. Nach 60 Minuten sind es bereits 55%, nach 6 Tagen 77%. Langfristig vergessen wir sogar 85% dessen, was wir einmal bewusst auswendig gelernt haben. Man könnte formulieren: Der Hippocampus tut seine Arbeit und „entschlackt" unser Gehirn, wenn er nicht von der Relevanz bestimmter Lerninhalte überzeugt ist!

Wenn das Erlernte allerdings wiederholt wird (erneutes Lernen, Üben oder auch durch Überprüfung des Gelernten), wird es weniger leicht vergessen. So gehen nach der ersten Wiederholung nur noch

7 1850-1909, deutscher Psychologe und Professor in Berlin, Breslau, Halle

30% verloren, nach der zweiten Wiederholung sogar nur etwa 10%. Situationen, Eindrücke und Erlebnisse, über die man häufig und intensiv nachdenkt, bleiben darum lange erhalten. Wer aus beruflichen Gründen über bestimmte Fragen nachdenkt, wird hier auch ein Leben lang viele Erinnerungen behalten, die einem anderen Menschen unbekannt oder unwichtig sind. Aber auch für persönliche, sehr schöne oder auch sehr schwere Erlebnisse gilt: Je häufiger wir darüber nachdenken, reflektieren oder von ihnen emotional überwältigt werden, desto stärker bleiben sie im Gedächtnis erhalten.

Vieles von dem, was wir erleben, scheint nach Meinung unseres Hippocampus unwichtig oder irrelevant für unser „Überleben" zu sein. Er sortiert es aus. Vieles entfällt uns. Wir sind von Natur aus „vergesslich". Der Hippocampus gilt somit als eine Hirnstruktur, die Erinnerungen ordnet und generiert und an die Großhirnrinde weiterleitet und dort in einer sehr präzisen und zugleich sehr individuellen Weise speichert. Das ist gut, denn wir würden sonst durch die Fülle von Informationen und Eindrücken irre werden. Dieses kleine Areal des Hippocampus mit Sitz in unserem Zwischenhirn ist also ein extrem kluges „Wesen", ohne dass unser Gehirn permanent jenseits der Leistungsgrenze arbeiten müsste. Und auch nur der Hippocampus „weiß", wie und wo die früheren Erinnerungen wiederzufinden sind.

So wird zum Beispiel der Hippocampus eines Raumausstatters auf Anhieb in jedem Raum den Bodenbelag und die Tapete wahrnehmen und daraufhin schon bald eine Überlegung auslösen, welche Veränderungen er vorschlagen könnte. Ein Elektroinstallateur wird vermutlich eher auf Geräte, Beleuchtung und Verteilung von Steckdosen achten. Eine Floristin wird sofort ein Auge für Pflanzen und Blumen haben, selbst wenn sie aus ganz privaten Gründen ohne berufliche Interessen einen Raum betritt. An den Bodenbelag und die Anzahl der Steckdosen wird die Floristin sich hinterher vermutlich nicht erinnern. Der „Pförtner" namens Hippocampus in ihrem Gehirn hat das Signal gegeben, dass nur bestimmte Informationen das „Gelände" des Gehirns betreten dürfen beziehungsweise sollen, und nur diesen gewährt er „Zutritt".

Wie das Gehirn sich selbst aufräumt

Eindrücke, die relevant erscheinen, werden (in der Regel nur für wenige Sekunden oder Minuten) ins Kurzzeitgedächtnis gelangen und – falls sie weiterhin interessant bleiben – ins Langzeitgedächtnis übernommen. Der Raumausstatter wird möglicherweise noch Wochen später den Teppichboden oder die Tapete vor Augen haben und gezielt Vorschläge machen können, wie eine Modernisierung gestaltet werden könnte. Da diese Erinnerungen für ihn (auch beruflich) eine Relevanz besitzen, hat der Hippocampus automatisch die richtigen Informationen als „erinnerungswürdig" eingeordnet und ins Langzeitgedächtnis übertragen. Selbstverständlich wird für unseren Raumausstatter auch diese Erinnerung irgendwann wieder verblassen, wenn die Arbeiten abgelehnt werden oder abgeschlossen sind und durch andere Erfahrungen überdeckt wurden – es sei denn, er wird gelegentlich an diesen Raum erinnert (zum Beispiel dann, wenn dieser Raum sich bei Freunden, Nachbarn, Kollegen oder Verwandten befindet). Die wiederholte Begegnung vertieft und verankert die Erinnerung – manchmal über viele Jahre und Jahrzehnte. Dieser Vorgang wird als „Lernen" bezeichnet. Lernen ist also nicht nur das Erlernen von Vokabeln, Formeln, Daten und Prozessen in Schule und Beruf, sondern die Fähigkeit, komplexe Erinnerungen zu generieren und später darauf zurückzugreifen.

Ordner, Unterordner und diverse Archive im Keller

Das menschliche Gehirn weiß also in jedem Fall viel mehr, als uns bewusst ist. Seine Arbeitsweise lässt sich mit Aktenordnern vergleichen: Bei den Ordnern, die aktuell auf unserem Schreibtisch liegen und zeitnah bearbeitet werden sollen, ist uns der Inhalt präsent. Andere Ordner stehen im Regal und wir greifen nur bei Bedarf auf sie zu. Und weitere Ordner befinden sich längst im Kellerarchiv – wohlregistriert, falls man sie doch noch einmal benötigen sollte – oder auch einfach nur irgendwo abgelegt und längst mit einer Staubschicht überzogen. So sind auch unsere Erinnerungen in verschiedenen Schichten gespeichert: sehr präsent, vorübergehend abgelegt oder dauerhaft eingelagert und manches so gut wie vergessen. Und durch einen einzigen spontanen Impuls, durch ein Bild, durch einen Eindruck oder Auslöser (auch „Trigger" genannt) können alte, erlernte Gedächtnisinhalte plötzlich lebendig werden und wieder aus dem Archiv auftauchen. Das können sehr banale und nur wenig bedeutsame Gedächtnisinhalte sein; es können aber auch sehr intensive und schöne Erinnerungen sein, die plötzlich wieder mit allen Sinnen spürbar sind. Und selbstverständlich können es auch starke Erinnerungen sein, die mit sehr traumatischen Erfahrungen verbunden sind, mit denen wir uns besonders häufig und intensiv wiederkehrend beschäftigt haben und die dadurch jedes Mal ein wenig stärker in unserem Gehirn vernetzt worden sind (sog. „Retraumatisierungen").

Vernetzung – keine Erfindung moderner Technologie

Als Auslöser beziehungsweise „Trigger" solcher Erinnerungen reicht schon ein bestimmter Geruch, ein Ton, eine atmosphärische Wahrnehmung, eine Stimmung, ein Lied, ein Musikstück, der Klang einer Stimme, ein lautes Geräusch, ein Gesicht oder ein wiederkehrendes diffuses altes Gefühl. Da unser Gehirn komplexe Momente auch in einer komplexen und vernetzten Struktur gleichzeitig an verschiedenen „Orten" speichert, ist es ausreichend, wenn nur einer dieser „Orte" erinnert wird. Und weil die Vernetztheit der gespeicherten Inhalte erhalten bleibt (in ihrer Struktur also unbewusst mitgespeichert wird), kann ein einziger, anscheinend beliebiger Impuls alte Gedächtnisinhalte mit hoher Komplexität und allen dazugehörigen Begleiterscheinungen plötzlich wieder zum Leben erwecken. Grundsätzlich ist das eine Vorsichtsmaßnahme unseres Gehirns: Es speichert alte Gefahrensituationen, damit wir zukünftig besser darauf reagieren können. Dies funktioniert allerdings nur, wenn wir diese Gefahrensituation tatsächlich bewältigen und eine funktionierende Bewältigungsstrategie gefunden haben. Haben wir keine Strategie entwickelt, fühlen wir uns jedes Mal wieder ohnmächtig der Gefahr ausgeliefert.

Wenn ein gesunder Mensch auf seine Biografie zurückschaut, kann er durch eine zeitliche, räumliche und soziale Orientierung aufgrund dieser Lern- und Erinnerungsfähigkeit ziemlich genau (wenn auch nicht absolut) beschreiben, wann er an welchen Orten ein bestimmtes Wissen erworben oder bestimmte Erfahrungen und Begegnungen erlebt hat. Er kann in chronologischer Folge detailliert beschreiben, was in seinem Leben geschehen ist, wie sein Zuhause in der Kindheit aussah (die Straße, das Haus, die Haustür, sein Kinderzimmer, die dazugehörigen Personen). Sogar Dinge aus der frühesten Kindheit, die ihm zwischenzeitlich völlig und für Jahre entfallen waren, können plötzlich wieder ins Bewusstsein gelangen. Sehr kleine Details – etwa aus der frühen Schulzeit – können auch nach Jahrzehnten plötzlich wieder lebendig werden. Über die Jahre sind auf diese Weise des Lernens ganze „Jahrbücher" entstanden – eine ganze Bibliothek von Erinnerungen oder „Tagebüchern", die sich zeitlich und räumlich und sozial sehr gut zuordnen lassen.

Selbst im hohen Alter, ja, sogar bei einer beginnenden Demenz sind alle „Tagebücher" vorhanden und abrufbar. Und es erscheint den Gesunden oft rätselhaft, wenn der demenziell Erkrankte zwar noch detailreich aus seinem ganzen Leben erzählen kann, es aber nicht mehr schafft, seine Kaffeemaschine korrekt zu bedienen, den Tisch richtig zu decken, oder nicht mehr weiß, ob er den Menschen, der seit Monaten nebenan wohnt, schon einmal gesehen hat, obwohl er ihm fast jeden Tag begegnet.

Wenn der Pförtner geht ...

Leider gehört der Hippocampus zu den ersten „Opfern" einer demenziellen Erkrankung. Das bedeutet: Die Kontrolle über die unzähligen Eindrücke und Impulse, die das Gelände unseres Gehirns betreten oder verlassen, geht verloren. Direkt mitbetroffen ist daneben leider auch unser Großhirn und die Großhirnrinde – dieser nahezu unendlich große Speicher an Daten, der auf die ordnende Wirkung des Hippocampus angewiesen ist. Es kommt zu einer unkontrollierten Informations- und Impulsflut, und weil die Masse und das Tempo der unsortierten Eindrücke das Fassungsvermögen des Gehirns übersteigt, wird immer weniger gespeichert – und am Ende wird nichts mehr gefunden.

Genauer müsste es eigentlich heißen: „Irgendwo" im Gehirn sind diese Erfahrungen möglicherweise zwar noch vorhanden, doch gelingt der bewusste Zugriff nicht mehr oder nur noch extrem langsam. Das hängt damit zusammen, dass diese geniale Komplexität, in der wir Gedächtnisinhalte in ihrer jeweiligen Vernetzungsstruktur in chronologischer Folge speichern, durch demenzielle Veränderungen in lauter Fragmente zerfällt. Die Vernetzung – die ja durch die unzähligen Nervenzellen und durch die Struktur ihrer Verbindungen im Gehirn entsteht – wird durch eine demenzielle Erkrankung beschädigt, verlangsamt und blockiert, bevor die Nerven schließlich unwiederbringlich in großer Zahl in den betroffenen erkrankten Hirnarealen absterben. Nervenzellen, die dauerhaft nicht (mehr) genutzt werden, quittieren ihren Dienst. Vernetzungen lösen sich teilweise auf. Gedächtnisinhalte *scheinen* für immer verloren zu sein.

Unser Gehirn verfügt über Sicherheitskopien

Das Problem der Demenz soll an dieser Stelle keinesfalls banalisiert werden durch Analogien zur Welt der Computer- und Datenverarbeitungstechnologie. Und doch lässt sich sagen, dass unser Gehirn ähnlich und zugleich noch wesentlich flexibler und kreativer mit gespeicherten Gedächtnisinhalten umzugehen weiß als die modernsten Datenverarbeitungstechniken unserer Tage. Durch eine Demenz (in allen ihren Stadien und Phasen) ist möglicherweise nur der „gewohnte" (bewusste oder logische) Zugang zu bestimmten Erinnerungen verloren oder blockiert. Durch die komplexe Vernetzung dieser Inhalte ist es jedoch immer noch möglich, diese zu reaktivieren, wenn andere Orte (Hirnareale) dieses spezifischen Erinnerungsnetzwerkes noch gesund und nicht von der Demenz betroffen sind. Der Grund dafür ist, dass Erlebnisse, die mit „allen Sinnen" erfahren wurden, auch mit allen oder wenigstens „mehreren" Sinnen gespeichert sind. Jeder dieser Sinne hat je für sich einen bestimmten Ort, ein bestimmtes Areal im Gehirn, wo sie in Verbindung mit anderen vernetzten Orten fast unverlierbar sind. Darüber hinaus gilt, dass jedes dieser einzelnen Netzwerke mit unzähligen anderen, ähnlichen Netzwerken verbunden (= assoziiert) ist und *ein* Netzwerk gleichzeitig mehrere *andere* Netzwerke zum Leben erweckt und – wenn der Impuls ausreichend stark ist – diese wiederum *weitere* Netzwerke aktivieren. Wir nennen das auch „assoziieren". Daher reicht es häufig, wenn nur einer dieser Areale im Gehirn „getriggert" wird, um ein bestimmtes Netzwerk von Gedächtnisinhalten zum Leben zu erwecken und dadurch im Gehirn sehr starke Aktivitäten auszulösen. Darum kann eine einzige „Assoziation", die jemand zufällig oder spontan erfährt, zugleich eine ganze Kaskade von Erinnerungen hervorrufen und zu sehr lebhaften Fantasien führen. Damit können auch sehr starke, unmittelbare, emotionale (positive wie negative) Reaktionen und Impulse ausgelöst werden, die schon bei gesunden Menschen zu Kontrollverlusten oder zu einer Euphorie der Begeisterung führen können. Um wie viel mehr gilt das bei Menschen, die durch eine Demenz kaum noch eine Kontrolle über ihr „Wissen" und dessen emotionale Vernetzungen haben! Und wie gut wäre es, ein Stück dieser Kontrolle zurückzugewinnen oder den passenden Schlüssel zu finden, denn auch ein krankes Gehirn ist noch immer ein geniales Gehirn.

Unser Gehirn – wunderbar gemacht!

Bei seiner Geburt hat der Mensch etwa 100-130 Milliarden Nervenzellen (Neuronen) in seinem Gehirn. Jede dieser Nervenzellen kann sich – theoretisch – mit bis zu 200.000 anderen Nervenzellen vernetzen (und diese wiederum mit bis zu 200.000 weiteren Nervenzellen usw.). Nicht alle sind so intensiv vernetzt, sondern nur solche, die häufig „gebraucht" und damit „aktiviert" werden. Jede einzelne dieser Zellen kann bis zu 500-mal pro Sekunde einen Reiz empfangen und weiterleiten. Ist genügend Reizpotenzial vorhanden, löst unser Gehirn eine Aktion aus (wobei „Aktion" nicht automatisch „Bewegung" bedeutet, sondern auch das „Ruhen" eine gezielte Aktion des Gehirns und damit ein aktiver Vorgang ist).

Alle menschlichen Fähigkeiten – angefangen beim Laufenlernen, dem Erwerb sprachlicher Kompetenz, sozialer Kompetenzen, Kenntnisse aus einer langjährigen Schulzeit, Ausbildung, Studium, Forschungstätigkeit bis hin zu Menschen, die am Höhepunkt ihrer

Fähigkeiten mit besonderen Preisen oder Medaillen bedacht werden – haben ihre Repräsentanz immer an einem Ort: in unserem Gehirn, dem wichtigsten Organ unseres Körpers. Dieses Organ ist so komplex, dass wir noch immer am Anfang der Erforschung seiner geheimnisvollen Natur und Funktionsweise stehen! Der Begriff „Repräsentanz" bedeutet, dass jede Regung, jede Wahrnehmung, jede Bewegung, jeder körperliche, geistige und psychische Vorgang mit einem eindeutigen und definierten Ort im Gehirn verbunden ist – das gilt auch dann, wenn dieser Ort in Wirklichkeit ein komplex vernetztes System von vielen verschiedenen beteiligten Orten ist.

Abteilungen unseres Gehirns

Das menschliche Gehirn lässt sich in unterschiedlichen Strukturen beschreiben. Neurobiologisch lassen sich grob Großhirn, Mittelhirn, Zwischenhirn und Stammhirn unterscheiden.

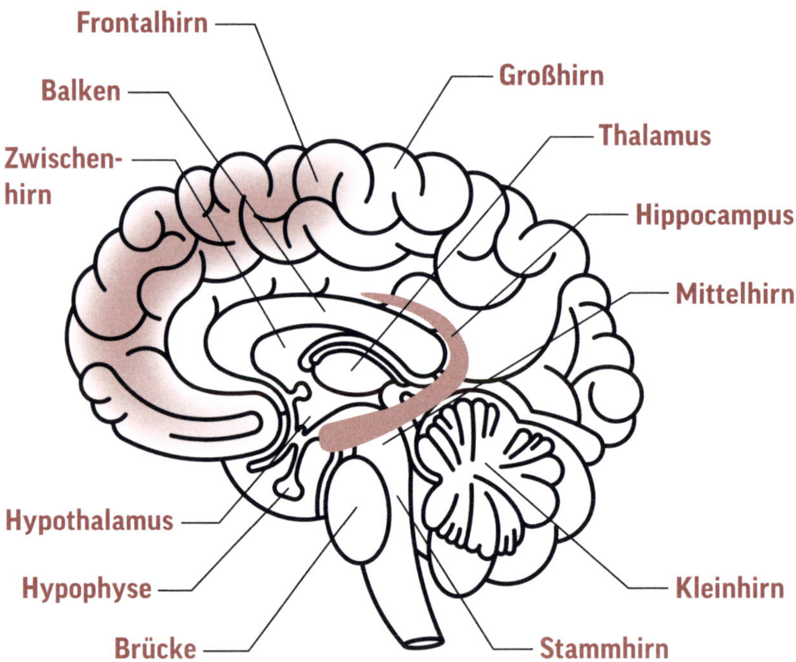

Funktionell wären Bewusstsein und Unterbewusstsein sowie vegetatives und somatisches Nervensystem zu nennen.

Man kann die Funktionsweise des menschlichen Gehirns auch in verschiedene „Zuständigkeiten" einteilen.

Da wären etwa die *körperlichen* Funktionen, die durch das vegetative Nervensystem weitgehend autonom – also ohne unser Zutun – gesteuert werden: Atmung, Puls und Blutdruck, Verdauungssystem, Schlaf- und Wachrhythmus und vieles andere wird hier überwacht und koordiniert. Diese Strukturen befinden sich überwiegend im hinteren, unteren Bereich des Kleinhirns im Übergang zur Wirbelsäule.

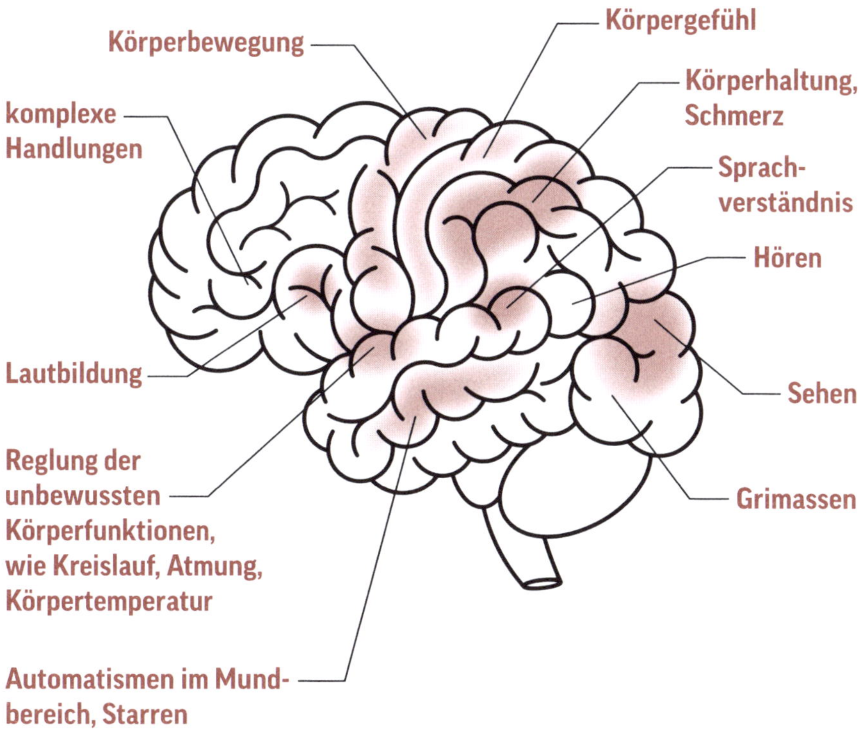

Da sind unsere *geistigen* Fähigkeiten, die aus Wissen und Erinnerungen bestehen sowie aus Fertigkeiten und Kompetenzen, die damit verbunden sind und sowohl rein kognitiver Natur sind als auch in Verbindung mit körperlichen Fähigkeiten stehen. Die geistigen Fähigkeiten haben ihren Ort vor allem an der Oberfläche des Großhirns (Großhirnrinde). Hier werden auch unsere bewussten Körperbewegungen koordiniert.

Ein wichtiger Bereich ist das Frontalhirn, in dem vor allem unser *erlerntes Verhalten* gespeichert ist. Wie verhält man sich in einer Kirche, in einem Theater, in einem Restaurant? Wie verhält man sich innerhalb einer sozialen Struktur (Freundeskreis, Gruppe, am Arbeitsplatz)? Welche Benimmregeln haben wir gelernt (der „innere Knigge“) usw.? Schon der Name Frontalhirn sagt, dass es sich im vorderen Bereich der Stirn befindet.

Die Koordination allerdings zwischen all den verschiedenen Aufgaben und Kompetenzen liegt im Zwischenhirn, im „limbischen System“, das mehr eine komplexe und vernetzte Struktur ist als ein einzelnes Organ. Der bereits mehrfach genannte Hippocampus gehört zu dieser Struktur, und genau hier befinden sich auch unsere psychischen Funktionen. Das ist nicht zufällig, denn unsere psychischen Funktionen sind mehr als beliebige oder zufällige Affekte und Emotionen. In diesem Bereich – sehr nahe am Hippocampus – befindet sich aus gutem Grund so etwas wie ein „Frühwarnsystem für alle Fälle“. Der Hippocampus, der sehr wachsam, sehr klug und sehr schnell ist, nimmt vor allem deutlich wahr, wenn etwas nicht in Ordnung ist, wenn etwas in uns oder um uns nicht stimmt, oder wenn eine unsichere Situation entsteht. Was wir sehen, hören, fühlen, riechen oder schmecken, wird vom Hippocampus und seinen benachbarten Strukturen sofort in ein Alarmsignal verwandelt, falls es uns unbekannt ist oder gefährlich erscheint.

Dieses System sichert uns das Überleben. Es alarmiert und versetzt unseren Körper augenblicklich in die Lage, Höchstleistungen zu vollbringen. Und damit der Körper (also wir) wirklich alle Ressourcen für die notwendigen Aktionen zur Verfügung haben, werden unnötige Bereiche vorübergehend auf ein Minimum heruntergefahren. Der Verstand – das logische Denken, die komplexe Planung, das bewusste Sondieren – setzt vorübergehend aus und überlässt dem limbischen System für eine kurze Zeit die Kontrolle und die Steuerung.

Dieses „Frühwarnsystem" besteht vor allem aus Emotionen und Affekten – all das, was wir die „psychischen Funktionen" nennen. Psychische Funktionen sind also keine unwichtigen oder störenden „Gefühle", sondern sorgen dafür, dass wir Situationen bereits wahrnehmen und darauf reagieren können, bevor wir sie kognitiv durchschaut und verstanden haben. Und dieses „Frühwarnsystem" ist mit allen anderen Systemen sehr eng vernetzt: mit den körperlichen Funktionen, den geistigen Funktionen und den erlernten Funktionen.

Gefühle und Emotionen sind also überlebensnotwendig! (Ganz nebenbei: Sie tun auch das Gegenteil: Sie motivieren, bestätigen und ermutigen uns, sie geben uns sozusagen eine „ausdrückliche Erlaubnis", einen bestimmten Weg sehr gezielt zu gehen – auch wenn wir diesen Weg noch nicht überschauen können und unser logischer Verstand eher das Signal geben würde, nicht weiterzugehen.)

Und wir ahnen es vielleicht: Wenn der Hippocampus seine Aufgabe nicht mehr erfüllen kann, wenn also dieses Alarmsystem nicht mehr funktioniert, die psychischen Funktionen dadurch irritiert sind und Fehlsignale geben, dann entstehen extreme Verunsicherungen und Störungen auf allen Ebenen: zuerst in der psychischen Struktur sowie im geordneten Wissen, im Verhalten, in der Fähigkeit zu schnellen Körperreaktionen und Bewegungen – und am Ende zunehmend auch in den vegetativen Körperfunktionen.

Zwei Hälften sind mehr als ein Ganzes

Wer einmal eine Darstellung oder eine Aufnahme von einem menschlichen Gehirn gesehen hat, erinnert sich vermutlich an seine walnussähnliche Gestalt mit ihren nahezu identisch aussehenden spiegelbildlichen Hälften. Beide Gehirnhälften (Hemisphären) arbeiten zu einem großen Teil eigenständig; beide haben eigene Funktionen. So ist die linke Hirnhälfte für die Steuerung der rechten Körperseite zuständig, sowohl was sensitive Wahrnehmungen als auch den Bewegungsapparat angeht, während die rechte Gehirnhälfte die linke Körperseite kontrolliert und steuert.

Ein weiterer wesentlicher Unterschied zwischen beiden Hemisphären besteht in ihren vorrangigen, schwerpunktmäßigen Aufgaben. Während die linke Hälfte vor allem für logisches, sachliches, analytisches Denken und Handeln zuständig ist, beschäftigt sich die rechte Hälfte mit dem, was eher in den Bereich des Kreativen und Emotionalen gehört. Die rechte Hemisphäre ist sehr intuitiv und spontan, die linke dagegen kontrolliert und achtet auf Sicherheit.

Man könnte auch sagen: Es sind zwei sehr verschiedene „Seelen" in unserem Gehirn. Das kann erklären, warum wir uns in manchen Entscheidungssituationen tatsächlich sehr "zerrissen" fühlen und es schwer ist, zu einem Entschluss zu gelangen. Das ist auch gut so, denn die eine Hälfte kontrolliert und korrigiert und bewahrt vor falschen oder zu spontanen Entscheidungen der anderen Hälfte. Im günstigsten Fall arbeiten beide Gehirnhälften ausgewogen zusammen und wägen in aller Ruhe ab, bevor es zu einer Entscheidung kommt.

Allerdings wird davon ausgegangen, dass bei den meisten Menschen eine Gehirnhälfte dominanter ist als die andere. Das mag genetisch bedingt sein oder durch die Art und Weise, wie wir biografisch geprägt sind.

Wichtig für uns ist im Blick auf demenzielle Veränderungen vor allem, dass auch die gespeicherten Gedächtnisinhalte sehr unterschiedlich „archiviert" sind – nicht nur vernetzt an vielen Orten, sondern auf der linken Seite unter sachlichen Aspekten (gewissermaßen in einer streng geordneten Ablage) und auf der rechten Seite unter gestalterischen und emotionalen Aspekten (einer Ablage für Stimmungen und Klänge).

Wie sich verloren geglaubte Ressourcen aktivieren lassen

Diese Aufteilung schafft eine ideale Voraussetzung, um auch bei schweren Erkrankungen – wie etwa nach einem Schlaganfall, bei dem ein Teil des Gehirns oder Teile einer Gehirnhälfte stark in Mitleidenschaft gezogen wurden, gut weiterzuleben und manche kognitiven

Verluste kompensieren zu können. Inhalte, die durch Hirnschädigungen irreversibel verloren zu sein scheinen, sind in einem „spiegelbildlichen Back-up" in einer anderen Organisationsstruktur häufig doch noch vorhanden. Ist ein Liedtext (linke Hirnhälfte) nicht mehr zu finden, könnte immerhin noch die Melodie, der Klang, die Erinnerungen an die Musik in der rechten Hälfte erhalten sein. Gelingt es, die Melodie anzustimmen, werden – vereinfacht gesagt – durch die rechte Gehirnhälfte die Restbestände in der linken Gehirnhälfte reaktiviert und wieder verfügbar gemacht.

Das ist ein wichtiger Vorgang, wenn alte und demente Menschen vieles vergessen haben. Wenn man sie nach einem bestimmten Volkslied oder Choral fragen würde, würden sie möglicherweise sehr ratlos reagieren und nicht wissen, was sie mit diesen Liedzeilen anfangen sollen. Fangen wir jedoch an zu singen, singen sie einfach mit. Und möglicherweise singen sie sogar ohne Zögern und Unsicherheit alle Strophen des Liedes. Die Melodie, der Klang (rechte Hälfte) reaktiviert das „Wort-Gedächtnis" (linke Hälfte) beziehungsweise dessen noch vorhandenen und miteinander verbundenen „Netzwerk-Restbestände" und – das ist ein weiterer genialer Schritt – es speichert dies als eine neue Erfahrung wieder ab. Zwar wird der demente Mensch das nicht mehr „wissen", aber „sein Gehirn weiß mehr, als *er* weiß"! Es ist eine perfekte Zusammenarbeit zwischen linker und rechter Gehirnhälfte mit ihren unterschiedlichen Aufgaben und Prägungen. Im Ernstfall übernimmt die eine Hirnhälfte die Aufgaben der anderen.

Umgekehrt funktioniert es selbstverständlich auch: Wenn ein dementer Mensch in tiefster Traurigkeit (ausgelöst vor allem durch die rechte Gehirnhälfte) versinkt und vor sich hindämmernd seine Stunden verbringt, kann es mit wenigen Worten (linke Gehirnhälfte) gelingen, seine Stimmung deutlich zu heben[8]. Allein die Erwähnung der Stadt Königsberg und ein paar alte Fotos aus dem Internet „von damals" aktivierten bei unserem Beispiel von der Dame aus Königsberg so viele alte Erinnerungen und positive Stimmungslagen, dass der ganze Tag gerettet war. Hier haben wir einen der schönsten und

8 siehe auch Beispiel 11, Seite 98

einfachsten Zugänge zu Menschen mit demenziellen Veränderungen (und Schlaganfall-Patienten), denen der gewohnte Zugriff zu alten Gedächtnisinhalten nicht mehr gelingt. Dass es diesen anderen Zugangsweg geben könnte, wissen viele nicht und versuchen es daher auch nicht.

Solch eine Vorgehensweise funktioniert übrigens auch bei gesunden Menschen, wenn sie etwas vergessen haben oder in einer unausgeglichenen Stimmung sind. Wenn es gelingt, beide Gehirnhälften gleichermaßen zu aktivieren (da ja in der Regel nur eine bestimmte Hälfte dominant ist), kann es zu einem ausgeglichenen Zustand kommen. Dazu reicht es schon aus, beide Augen langsam gleichmäßig nach links und rechts zu bewegen und aufmerksam zu beobachten, was zu sehen ist. Allein durch die Augenbewegung, während der Kopf stillhält, werden beide Gehirnhälften so stark aktiviert, dass es zu einer ausgleichenden „Synchronisierung" beider Hälften kommt, und auf diese Weise werden ebenfalls Erinnerungen aktiviert[9]. Dies gelingt, weil beide Hälften an einer Stelle miteinander verbunden sind, über die sie miteinander „korrespondieren" – sich also gegenseitig „antworten" und „bestätigen". Diese korrespondierende Stelle besteht aus einem Bündel aus Nerven im unteren Bereich des Gehirns und wird auch „Balken" (corpus callosum) genannt. Er ist die einzige Verbindung zwischen den Hälften und besteht aus etwa 250 Millionen Nervenfasern.
Zu erwähnen wäre noch, dass dieser Balken bei Frauen stärker ausgeprägt ist als bei Männern; die Synchronisierung gelingt also möglicherweise bei Frauen besser. Manche leiten daraus auch die Erklärung ab, warum Frauen eher als multitaskingfähig gelten als Männer.

Spezialisierung bedeutet Auswahl und Verlust

Unser Gehirn ist also alles andere als nur eine sog. „graue Masse". Es besitzt eine sehr eindeutige, filigrane Struktur und ist im Aufbau und seinen Funktionen bei allen Menschen vollkommen identisch. Was unser Gehirn zu „unserem" Gehirn mit einer individuellen Identität macht,

9 Dieses Verfahren wird auch als Methode bei Traumafolgestörungen angewandt (EMDR = „Eye Movement Desensitization and Reprocessing", was etwa eine „Desensibilisierung und Verarbeitung durch Augenbewegung" bedeutet).

sind unsere Prägungen, Lernerfahrungen und die Intensität unserer Spezialisierungen – so entwickelt jemand eine gewisse Genialität als Pianistin, ein anderer als Profifußballer und wieder andere werden zu Nobelpreisträgern in Mathematik, Physik oder Medizin. Und dazwischen befinden sich unzählige „Allrounder", „Normalos" oder „Durchschnittsmenschen" (oder wie immer man sie nennen mag), die keine außergewöhnliche Spezialisierung hervorgebracht haben, aber trotzdem über ein genial funktionierendes Gehirn mit unzähligen besonderen Kompetenzen verfügen.

Ein nicht geringer Teil unserer bis zu 130 Milliarden Neuronen stirbt im Laufe der Jahre auch beim gesunden Menschen schon deswegen ab, weil sie nicht aktiv genutzt werden (zum Beispiel weil wir nicht mehr auf die Jagd gehen und in der Regel auch keine Angst vor wilden Tieren haben müssen oder weil wir eben *nicht* die Nervenkomplexe genutzt und entwickelt – vernetzt – haben, die für das virtuose Klavierspiel oder für die Bewegungsabläufe eines Stabhochsprungs gebraucht werden, oder weil wir eben keine Spezialisten für Mathematik oder Atomphysik oder für „soziale und emotionale Kompetenz" geworden sind). Niemand kann alle 130 Milliarden Nervenzellen aktiv nutzen, sondern jeder trifft seine Auswahl. Dass viele Neuronen absterben, ist also normal, denn wir haben am Anfang unseres Lebens ein Überangebot an Nervenzellen, die wir längst nicht alle benötigen. Daher ist es richtig und gut, wenn unbenutzte Zellen auf natürliche Weise „entfernt" werden.

Bei einer demenziellen Erkrankung allerdings werden zunehmend Neuronen aufgrund von krankhaften Veränderungen (Mangelerscheinungen, Vergiftungen, Mangel an Reizweiterleitungen) in einen ungenutzten Zustand versetzt. Sie werden nicht mehr genügend aktiviert, dann unterversorgt und schließlich setzt eine Degeneration ganzer Areale ein. So sterben unter Umständen also unzählige solcher Neuronen ab, die wir noch für die täglichen Aufgaben bräuchten und mit denen wir unseren Alltag in gewohnter Weise bewältigen könnten.

Und so wie es gilt, dass ungenutzte Nervenzellen absterben, gilt auch das Gegenteil: Die Krankheit lässt sich zwar nicht heilen, aber das Absterben von Nervenzellen lässt sich deutlich verlangsamen, wenn sie ausreichend aktiviert (also „genutzt“) werden.

Was die (Alzheimer-)Demenz verursacht

Es ist natürlich nützlich, Genaueres über eine demenzielle Erkrankung zu wissen als nur, dass der Demente irgendwie vergesslich oder verwirrt ist oder langsam „seinen Verstand verliert“. Wer die Ursachen, den Verlauf und die Komplikationen einer Demenz ein wenig versteht, dem fällt es leichter, die vielen Umwege zu suchen und auch zu finden, die für ein Leben mit Demenz jetzt notwendig sind, nachdem die herkömmlichen Wege und Routinen nicht mehr verfügbar sind.

Wir wissen: Die unzähligen Neuronen (Nervenzellen) unseres Gehirns sind von Anfang an alle schon da. Viele haben sich schon im Frühstadium der Schwangerschaft während der embryonalen Entwicklung vernetzt, andere sind erst einmal nur da und warten auf Reize, um ihr Potenzial zu entwickeln. Diese Entwicklung geschieht auf geheimnisvolle Weise, indem die Nervenzellen sich mit anderen Nervenzellen verbinden – also Netzwerke schaffen. Dazu bilden sie sog. „Axone“ aus, lange „Fäden“, welche mit ihren synaptischen Endungen die bereits genannten bis zu 200.000 Verbindungen zu anderen Nervenzellen bilden können. Diese Verbindungen sind nicht verwachsen, sondern durch einen synaptischen Spalt einander zugeordnet. Die Reiz-Weiterleitung geschieht mithilfe von Substanzen, die diesen synaptischen Spalt überbrücken – sog. „Botenstoffe“ (Neurotransmitter). Neurotransmitter haben unterschiedliche Aufgaben: Sie aktivieren oder deaktivieren; sie beflügeln uns oder lassen uns erstarren; sie lösen Glücksgefühle aus oder tiefe Traurigkeit. Zu den wichtigsten und bekanntesten dieser Substanzen gehören Serotonin und Dopamin, Adrenalin und Noradrenalin, Acetylcholin, Melatonin und Endorphine. Es gibt allerdings noch viele andere mehr.

Neurotransmitter – kleine Helfer mit großer Wirkung

Alles, was wir erleben, denken, planen, wollen oder auch tun, hat seine Repräsentanz im Gehirn, und immer sind diese Neurotransmitter unmittelbar daran beteiligt. Ganz am Ende dieser Neuronen finden wir dann (auch noch) Verbindungen zum Muskelapparat und zu den verschiedenen Organen, und unser gesundes Gehirn sorgt auf wunderbare und geheimnisvolle Weise dafür, dass alles genial und präzise funktioniert – und das in einer gigantischen Geschwindigkeit!

Diese Neurotransmitter sind nicht statisch vorhanden, sondern sie werden permanent im Gehirn produziert und nach einem bestimmten Zyklus durch festgelegte Prozesse wieder abgebaut und über den Blutkreislauf „entsorgt“. Und auch hier entstehen bei einer Demenzerkrankung nach derzeitiger Erkenntnis verschiedene Unregelmäßigkeiten: Möglicherweise werden bei demenziell Erkrankten nicht alle Neurotransmitter in dem Maße produziert, wie es für ein gut funktionierendes Gehirn nötig wäre. Oder es wird zu viel produziert, oder es wird zu wenig oder zu schnell wieder abgebaut oder es wird nicht mehr in der Art und Weise abgebaut, wie es korrekt wäre. Es gibt verschiedene Theorien, was genau mit den Botenstoffen bei einer Demenzerkrankung geschieht. Zuviel von einer Substanz kann eine Hyperaktivität auslösen. Zuviel von einer anderen Substanz kann zu Depressionen führen. Leichte Abweichungen im Hormon- und Neurotransmitterhaushalt können psychotische Zustände verursachen. Mithilfe von Medikamenten (Psychopharmaka) können viele dieser Abweichungen gut kompensiert und ausgeglichen werden.

Wie es zu einem Daten-Stau im Gehirn kommt

Bei einer Demenz vom Typ Alzheimer sind es nicht allein die Abweichungen im Hormon- und Neurotransmitterhaushalt, sondern hinzu kommt auch noch eine Blockade dieser Substanzen zwischen den Nervenzellen oder Blockaden innerhalb der Zellen selbst. Ablagerungen von verschiedenen gehirnspezifischen Substanzen oder deren veränderten Verbindungen, die ebenfalls nicht mehr korrekt abgebaut werden, führen mit der Zeit zu einer Verstopfung der Verbindungen zwischen den Zellen, dem „synaptischen Spalt“. Bei einer Demenz vom Typ Alzheimer sind dies – soweit heute bekannt ist – Überreste von körpereigenen Eiweiß-Ablagerungen (Beta-Amyloid-Plaques), die die Reizweiterleitung zwischen den Neuronen blockieren und deren Verklumpungen nicht mehr durch die normalen Abbau-Prozesse entfernt werden können.

Eine weitere Ursache für eine Demenz besteht in der biochemischen Veränderung der sogenannten „Tau-Proteine“, welche innerhalb der Nervenzellen für deren Nährstoffversorgung und Stabilität verantwortlich sind. Auch diese Tau-Proteine können in dieser veränderten Form nicht mehr abgebaut werden. Sie bilden innerhalb der Zellen Ablagerungen (Tau-Fibrillen). Die Zellen verändern ihre Form und sterben mit den dazugehörigen Nervenverbindungen ab.

Im Laufe der Zeit verabschieden sich also nicht nur kleine Mengen von Neuronen, sondern ganze Areale im Gehirn. In bildgebenden Verfahren wie zum Beispiel dem MRT (Magnetresonanztomograpie) sind die sichtbaren Lücken in der Gehirnmasse im Vergleich zu gesunden Menschen erschreckend und eindeutig erkennbar.

Zu den Ursachen dieser prozessualen Veränderungen gibt es verschiedene Theorien wie ungesunde Ernährung, Vitamin-Mangel-Erscheinungen, Umwelteinflüsse, soziale Isolierung und vieles mehr. Aller Wahrscheinlichkeit nach handelt es sich bei diesem Abbau von Hirnmasse um eine komplexe „Mischung von allem“, bei der verschiedene Faktoren und Co-Faktoren eine Rolle spielen.

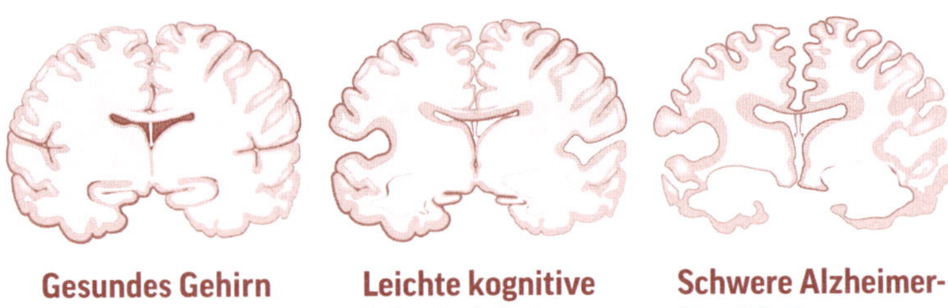

Gesundes Gehirn | **Leichte kognitive Schwierigkeiten** | **Schwere Alzheimer-Krankheit**

Gerade weil unser gesundes Gehirn mit einer unvorstellbaren Geschwindigkeit, mit genialen und komplexen Vernetzungen und einer unvorstellbaren Präzision so wunderbar funktioniert, haben solche pathologischen Prozesse einen dramatischen Einfluss auf seine Funktionen. Im Vergleich wirken diese Blockaden und Verstopfungen wie eine

Vollbremsung im Straßenverkehr. Autofahrer kennen das von einem Verkehrsstau auf der Autobahn, wenn der gesamte Verkehr während der Stoßzeit von vier Spuren auf eine Spur zusammengeführt wird. Der Verlauf bei einer Demenz ist noch viel dramatischer und lässt sich nur schwer in seiner pathologischen Komplexität vorstellen.

- Was bedeutet es etwa, wenn die bisherigen (bis zu) 200.000 Verbindungen einer einzelnen Zelle drastisch auf einen Bruchteil reduziert werden; wenn sie nicht mehr in der Lage sind, 500-mal pro Sekunde einen Impuls zu senden, sondern in großer Trägheit erstarren?
- Welche Folgen hat es für die folgenden Anschlusszellen, wenn wichtige Reizimpulse ausbleiben?
- Was bedeutet es für die gigantischen Netzwerke im Gehirn, wenn das Zusammenwirken der Netzwerke durch Impulse, Eindrücke, Aktionspotential, Strategieauswahl usw. extrem verlangsamt wird?
- Welche Auswirkungen hat diese Verlangsamung auf die *mentalen*, *kognitiven* und *motorischen* Fähigkeiten?
- Was bedeutet es, wenn sich in der Folge wichtige Verknüpfungen innerhalb der Netzwerke aufzulösen beginnen, weil Zellen absterben?
- Welche Konsequenzen bringt diese Degeneration auch für die vegetativen Prozesse wie Atmung, Verdauung, Schlaf-Wach-Rhythmus und weitere organischen Funktionen mit sich, die vom autonomen Nervensystem des Gehirns ohne unser Wissen gesteuert werden, wenn auch diese vernetzten Systeme betroffen sind?
- Wie kann man als Betreuender herausfinden, welche Kompetenzen und Fähigkeiten beim Erkrankten am ehesten oder am schwersten betroffen sind?
- Für Menschen, die Demenzkranke begleiten, entscheidend: Wie lassen sich Fähigkeiten erkennen, erhalten und sogar wieder verstärken, die noch nicht oder nur leicht betroffen sind?

4. Mögliche Kennzeichen einer Demenz

Da eine Selbstdiagnose in aller Regel nicht sehr sinnvoll ist, soll hier nicht intensiv auf „einfache" Verfahren einer Diagnostik eingegangen werden. Die Diagnose einer Demenz von Typ Alzheimer gilt bisher selbst für Fachärzte und Neurologen immer als vorläufige Vermutung. Ein Facharzt wird immer alle Bereiche im Blick haben: körperliche Ursachen (Laborwerte), geistige Kompetenzen (vor allem Test der Gedächtnisfunktion, Orientierungsvermögen), psychische Strukturen (Veränderungen der Persönlichkeit) und Gesamterscheinungsbild (Verhaltensauffälligkeiten). Auch bildgebende Verfahren (MRT) gehören dazu, mit denen sich zum Beispiel erkennen lässt, ob das Gehirngewebe an sich intakt ist oder ob andere Ursachen vorhanden sind. Überwiegend handelt es sich also um eine Ausschluss-Diagnostik.

Belehren, erziehen, therapieren ist sinnlos

Vor allem helfen diese Hinweise, die aus der Diagnose gewonnen werden können, um zu verstehen, dass sich diese Veränderungen nicht beliebig beheben lassen - schon gar nicht, indem man einen Dementen zu motivieren oder zu einem anderen Verhalten zu zwingen versucht, ihn kritisiert, korrigiert, belehrt, an ihn appelliert oder ihn gar beschimpft und ihm Vorwürfe macht. Häufig erliegen die gesunden Angehörigen dem Verdacht, der Demente „mache das extra" - aus Bequemlichkeit, aus Bosheit, aus Berechnung oder weil er gerne manipuliert. Tatsächlich entsteht dieser Eindruck leicht, weil demente Menschen sehr wechselhaft reagieren können. In einem Moment scheinen sie sehr wach und mental präsent zu sein, in anderen Momenten zeigen sie sich träge und unwillig. An manchen Tagen sind sie gut gelaunt, an anderen schwer depressiv. Sie scheinen ihren wechselhaften Launen nachzugeben und diese an anderen auszulassen – an einem Tag sind sie völlig klar orientiert, an einem anderen wieder völlig verwirrt.

Solche Stimmungsschwankungen sind nicht die Ausnahme, sondern eher die Regel. Und trotzdem gilt: Der demenziell erkrankte Mensch kann nicht anders. Sein Gehirn (und dessen Strukturen und Stoffe) lassen ein vernünftiges, logisches, ausgeglichenes Verhalten *nicht mehr dauerhaft zu*. Und es lohnt sich, sich diese Prozesse und Verhaltensweisen in einem schematischen Modell bewusst zu machen.

Huub Buijssen, auf dessen Modell ich bereits hingewiesen habe, hat dafür zwei „Demenz-Gesetze" beschrieben, die das Erleben und Verhalten dementer Menschen in einer verständlichen Weise beschreiben[10]. Diese Gesetze sind nicht als absolut und als statische Gesetzmäßigkeiten zu betrachten, helfen aber sehr, ein bestimmtes Momentum im Alltagsverlauf oder auch im längerfristigen Prozess einer Demenz zu verstehen und damit umzugehen.

Ein ganzes Regal voller Lebensgeschichte(n)

Wir erinnern noch einmal an das Bücherregal unserer Lebensgeschichte mit den vielen einzelnen „Jahrbüchern". Wir könnten diese auch noch nach verschiedenen Phasen ordnen und für jede Phase (frühe Kindheit, Schulzeit, Ausbildung / Studium, Familien- und Lebensplanung usw.) auf verschiedene Regalböden verteilen. Für jedes Jahr gibt es ein ganzes Buch; für manche Ereignisse möglicherweise auch Sonderbände und Exkurse. Manche haben sogar zeitweise Tagebuch geschrieben und haben dadurch ihre Erinnerungen nochmals besonders tief eingeprägt. Alle Eindrücke und Erfahrungen, die für unser Leben sehr prägend waren, sind hier enthalten. Wir wissen ziemlich genau, in welchem Jahr, in welcher Phase und vielleicht sogar an welchem Tag und um welche Uhrzeit und in welcher Umgebung

---

10 Neben diesem Modell für das Verstehen und Begleiten von dementen Menschen gibt es selbstverständlich andere, ebenfalls gut geeignete Modelle. Ich habe mich für dieses Modell entschieden, weil es leicht verständlich und gut in Standard-Situationen in der Begleitung und Pflege von Dementen anwendbar ist.

bestimmte Ereignisse stattgefunden haben. Unser Gehirn schafft es, einzelne Eindrücke auch nach Jahrzehnten noch sehr präzise abzurufen. Und auch im hohen Alter gelingt es dem gesunden Menschen, seiner Lebensbibliothek weitere Bände in korrekter und systematischer Ordnung hinzuzufügen.

Bei einer Demenz vom Typ Alzheimer[11] jedoch kommt es zu deutlichen Veränderungsprozessen in der fortlaufenden Pflege und Verwaltung des Bücherbestandes. Zum einen gelingt es nicht mehr, neue Jahrbücher hinzuzufügen (1. Demenz-Gesetz), zum anderen kommt die systematische Ordnung früherer Jahrbücher in einem beobachtbaren und strukturierten Verlauf abhanden (2. Demenz-Gesetz).

Das 1. Demenz-Gesetz

Das 1. Demenz-Gesetz nach Huub Buijssen lässt sich so beschreiben, dass die Übertragung vom Ultra-Kurzzeitgedächtnis ins Kurzzeitgedächtnis (und in der Folge zwangsläufig auch vom Kurzzeitgedächtnis ins Langzeitgedächtnis) unterbrochen ist. Der Hippocampus ist häufig schon am Anfang einer primären Demenzform betroffen und ist nicht mehr in der Lage, in der Geschwindigkeit der massenhaft eingehenden Eindrücke schnell genug zwischen „relevant" und „irrelevant" zu unterscheiden beziehungsweise zu entscheiden. Das hat zur Folge, dass neue und frische Eindrücke nicht mehr ins Langzeitgedächtnis übernommen werden können. Das liegt nicht daran, dass diese Fähigkeit komplett verloren gegangen wäre, sondern dass auf jeden Menschen permanent eine unüberschaubare Flut von Eindrücken und Informationen einprasselt, sodass der Hippocampus dieser Flut nicht mehr standhält und nicht mehr in der Lage ist, seine Entscheidungen zu treffen.

---

11 Auch wenn hier vor allem die demenziellen Veränderungen nach dem Typ Alzheimer zugrunde liegen, sind viele Hinweise und Beschreibungen auch für andere Formen von Demenz hilfreich und anwendbar und grundsätzlich auch eine Hilfe zum verständnisvollen Umgang mit Menschen mit anderen psychischen Störungen oder Einschränkungen. Wichtig ist die Erkenntnis, dass bei den meisten psychischen Störungen tatsächlich etwas im Gehirn „passiert".

Das hat enorme Konsequenzen für einen Menschen, bei dem diese Fähigkeit nicht existiert. Zwar sind noch alle Tagebücher seines Lebens vorhanden: Er kann sich an sein ganzes Leben erinnern, weiß noch alle Daten, Orte, Namen usw. Er kann sich auch an seinem Wohnort orientieren, er kennt jede Busverbindung, jede Straßenabzweigung, jedes Haus und jedes Geschäft. Er kann sich an nahezu alles erinnern, was „früher" war. Er kann jedoch keine *neuen* Eindrücke mehr speichern. Er vergisst es, wenn die Buslinie die Zeiten oder die Route ändert. Er kennt sich nicht mehr aus, wenn sich Straßenzüge und Häuserzeilen verändern. Sein Gehirn *lernt* nicht mehr, das heißt alles, was aktuell geschieht, wird nicht mehr ins Langzeitgedächtnis übernommen, sondern gleich wieder vergessen.

Daher weiß ein demenziell veränderter Mensch möglicherweise auch nicht mehr, was es mittags zum Essen gab (vielleicht weiß er nicht einmal mehr, ob es überhaupt eine Mahlzeit gab!). Er weiß nicht, was im Verlauf des Tages alles geschehen ist, wer ihn besucht hat oder ob ihn überhaupt jemand besucht hat. Demente Menschen behaupten manchmal, dass niemand gekommen sei, obwohl sie den ganzen Tag intensiv betreut wurden!

Beispiel 2:

Ein älteres Ehepaar wohnte seit seiner Eheschließung vor bald 50 Jahren immer in derselben Wohnung. Die Ehefrau und Mutter war nicht berufstätig, sondern der Kinder wegen immer zu Hause geblieben und hatte sich, nachdem die Kinder aus dem Haus waren, ehrenamtlich engagiert. Der Ehemann ging seiner Arbeit nach und kam abends nach Hause.

Nachdem der Ehemann bereits das Rentenalter erreicht hatte, erkrankte seine Frau an einer demenziellen Veränderung. Das fiel zunächst nicht weiter auf, da sie sich an ihrem Ort auskannte. Sie konnte „blind" ihre bekannten Wege gehen beziehungsweise fahren und kam in vertrauter Umgebung sehr souverän zurecht. Sie konnte mit dem Bus in die Innenstadt zum Einkaufen fahren und fand auch zielstrebig und sicher zurück. Da ihr Ehemann nun viel Zeit hatte und sie manches gemeinsam unternehmen wollten, fuhren sie auch zusammen mit dem Bus in die Innenstadt, um einzukaufen. Die Frau ging in ein bestimmtes Geschäft, der Ehemann betrat gleich nebenan ein anderes Gebäude. Sie vereinbarten einen Zeitpunkt, zu dem sie sich in Sichtweite beider Geschäfte wieder treffen wollten. Der Ehemann kam und wartete wie abgesprochen, doch seine Frau war nicht da. Er ging in die Läden, von denen er wusste, dass seine Frau sich dort häufig als Kundin umsah, fand sie jedoch nicht. Sehr unruhig und mit einer gewissen Verzweiflung fuhr er mit dem Bus nach Hause – in der Hoffnung, dass er von dort aus per Telefon eine Suche organisieren oder gegebenenfalls die Polizei informieren könnte.

Zu Hause fand er seine Ehefrau vor – fröhlich bei einer Tasse Kaffee sitzend, ein kleines Ritual, das sie sich über die Jahre angewöhnt hatte, wenn sie vom Einkaufen heimkam. Sie begrüßte ihn, wie sie es immer tat, wenn ihr Mann von der Arbeit nach Hause gekommen war.

Was war geschehen? Die Ehefrau hatte schlicht vergessen, dass ihr Mann nicht mehr arbeiten ging, sondern sich im Ruhestand befand. Sie hatte ebenfalls vergessen, dass sie am Morgen gemeinsam in die Stadt gefahren waren, dass sie sich dort getrennt und eine Verabredung an einem Platz getroffen hatten. Sie hatte überhaupt schon nach wenigen Minuten der Trennung vergessen, dass sie nicht mehr wie früher allein unterwegs war, sondern mit ihrem Ehemann. Und so hatte sie wie selbstverständlich auch nicht auf ihn gewartet (das hatte sie ja bisher auch nie getan), sondern war wie gewohnt nach dem Einkauf mit der vertrauten Buslinie nach Hause gefahren.

Sie verstand natürlich auch nicht die Aufregung, die Unruhe, die Sorge und die Angst ihres Ehemannes. Auch nicht das Unverständnis und die Ungeduld in seiner Reaktion über ihr Verhalten. Es entstand eine vorwurfsvolle und zunehmend aggressive Stimmung, wie sie es vorher nie gegeben hatte. Der Ehemann (wie auch viele andere „Gesunde" in ihrer Umgebung) verstand nicht, was in seiner Ehefrau vorging, die doch im normalen Alltag völlig klar und unverändert schien – genau wie in all den gemeinsamen Jahren. Er konnte auch nicht nachvollziehen, warum seine Kritik, seine Vorwürfe oder seine eindringliche Bitte, sich an Vereinbarungen zu halten, nicht bei ihr „ankamen". Er wusste einfach nicht, was ein Hippocampus ist, welche Aufgabe er hat und was geschieht, wenn der Hippocampus seine Funktion nicht mehr erfüllt.

Beispiel 3:

Eine alte Dame, die in einer Einrichtung für betreutes Wohnen lebt, zeigt bereits deutlich erste Symptome einer Demenz vom Typ Alzheimer, kann aber aufgrund guter Versorgung noch in ihrer kleinen 2-Zimmer-Wohnung leben. Ihre Kinder, die bereits selbst im Ruhestand sind und in unmittelbarer Nähe wohnen, besuchen sie jeden Tag und holen sie häufig für ganze Tage zu sich nach Hause, um mit ihr Dinge zu tun, die sie immer gerne tat: ein wenig im Garten „arbeiten“, in Ruhe das gemeinsame Kaffeetrinken genießen, die Mahlzeiten zubereiten, den Tisch decken, ein wenig über die früheren Zeiten, Erlebnisse und besondere Begegnungen plaudern und einfache Gesellschaftsspiele miteinander spielen. Die Kinder halten die alte Mutter zwar für „ein wenig vergesslich“, wissen aber nichts von den „Gesetzen“ einer Demenz, da ihnen diese Erkrankung weitgehend unbekannt ist und das Verhalten und die Gespräche unauffällig und normal erscheinen – außer eben einer kleinen und zunehmenden Vergesslichkeit.

Nachdem die Mutter abends wieder in ihrer eigenen kleinen Wohnung ist, erhält sie von Freunden, die sich in treuer Verbundenheit bei ihr melden, einen Anruf. Auch die Freunde erkennen weder das vorliegende Problem noch den Verlauf einer demenziellen Veränderung, da man sich nach ihrem Eindruck vollkommen normal mit der alten Freundin unterhalten kann. Es kommt unvermeidlich zu der Frage, wie sie ihren Tag verbracht hat. Sie muss kurz nachdenken und antwortet dann sehr klar und fest, dass sie den ganzen Tag allein war und auch noch nichts gegessen habe. Auch ihre Kinder würde sie nur selten sehen. Sie würden sie fast nie abholen und so verbrächte sie in der Regel ihre Tage allein in ihrer kleinen Wohnung. Sie könne sich nicht erinnern, wann sie ihre Kinder das letzte Mal gesehen habe.

Nach weiteren regelmäßigen Anrufen werden die Freunde immer fassungsloser über die Teilnahmslosigkeit der Kinder. Sie fassen sich ein Herz, nehmen Kontakt auf und bieten sich selbst an, die alte Frau gelegentlich zu besuchen, sie abzuholen oder Besuch von anderen Freunden zu organisieren, falls die eigenen Kinder dazu keine Zeit fänden. Die Kinder sind nun ihrerseits bestürzt, warum ihre Mutter solche „Lügen" verbreitet und all die investierte Zeit und Mühe komplett verschweigt beziehungsweise leugnet. Die Atmosphäre wird immer kühler. Die Fokussierung auf die Äußerungen und Verhaltensweisen der alten Frau nimmt zu. Jetzt wird jeder kleine Fehler, auch jede kleine Abweichung von der „Wahrheit" beobachtet und auch kommentiert und kritisiert. Es dauert nicht lange, bis es zu einem ersten großen Streit kommt.

Beispiel 4:

Ein Seelsorger besucht eine ältere Dame mit beginnender demenzieller Erkrankung an ihrem Geburtstag im Pflegeheim. Sie stammt aus einer wirtschaftlich sehr erfolgreichen Familie von Unternehmern und Bankern und legte immer viel Wert auf eine korrekte Erscheinung, auf eine gewählte Sprache und auf vornehme Umgangsformen. Der Seelsorger trifft sie sehr fröhlich an, und schon zu Beginn des Besuchs fragt er sie: „Wie alt sind Sie denn heute geworden?" Für einen kleinen Moment verändert sich der Gesichtsausdruck, sie wirkt ein wenig erschrocken über die Frage und spürt, dass sie etwas nicht weiß, was sie eigentlich wissen *müsste*. Es ist ihr selbst nicht erklärbar und sie ärgert sich erkennbar über die peinliche Situation, dass sie ihr Alter nicht angeben kann, aber im nächsten Augenblick findet sie eine sehr kluge und anscheinend souveräne Antwort: „Das verrate ich Ihnen doch nicht!" Beide lachen miteinander über dieses ungeschriebene Gesetz aus früheren Zeiten (dem berühmten „Knigge"), dass man eine Dame in bestimmten Kreisen niemals nach ihrem Alter fragt.

Nach dem Besuch des Seelsorgers zeigt sich die Frau für den Rest des Tages jedoch verwirrt und ein wenig ungehalten und deprimiert. Sie spürt, dass etwas nicht stimmt und dass ihr irgendein Fehler unterlaufen ist, den sie aber nicht näher fassen kann. Ihre Stimmung ist bedrückt, und sie nimmt sich vor, sich für den Rest des Tages mehr anzustrengen, damit ihr solche Fehler nicht noch einmal unterlaufen.

An diesen Beispielen ist sehr deutlich erkennbar, wie sich im Umgang mit demenziell Erkrankten auch das Verhalten der (gesunden) Menschen in deren Umfeld ändert. Sie versuchen in der Regel, als vernünftige Menschen mit ihren erkrankten Angehörigen beziehungsweise Freunden umzugehen: sie diskutieren, sie korrigieren, sie kritisieren, sie beginnen zu kontrollieren, es kommt zu Anschuldigungen und Vorwürfen. Der Demente gerät dabei immer mehr in einen „inneren Notstand", denn er spürt sehr deutlich, dass ihm manche Informationen fehlen, dass ihm immer mehr Fehler unterlaufen, dass es immer häufiger Vorwürfe gibt – und als Reaktion darauf beginnt er zu kaschieren, zu vertuschen, zu überspielen. Das kann sogar sehr humorvoll erscheinen, stellt aber für den Dementen eine ungeheure mentale und emotionale Leistung dar, die ihn zusätzlich viel Energie kostet.

Es gibt eine ganze Reihe von typischen Veränderungen, die sich häufig (aber nicht immer und nicht alle) nach diesem 1. Demenz-Gesetz beobachten lassen.

Veränderungen nach dem 1. Demenz-Gesetz

Vergessen von Verabredungen

Vergesslichkeit an sich ist selbstverständlich noch kein Anzeichen für eine demenzielle Erkrankung, sondern gehört zu den völlig normalen Vorgängen auch bei gesunden Menschen. Auffällig wird dieses Verhalten erst dann, wenn es zunehmend häufig, wiederholend und sehr kurzfristig geschieht, indem etwa ein vereinbarter Treffpunkt schon nach wenigen Minuten vergessen und nicht mehr eingehalten wird.

Wiederholtes Fragen

Es werden häufig dieselben Fragen wiederholt. Selbst wenn die Fragen bereits beantwortet wurden, wird sowohl die Antwort vergessen als auch die Tatsache, dass die Frage bereits gestellt worden war. Der gesamte Vorgang wird nicht mehr im Gedächtnis gespeichert. Es ist, als ob es diese Gesprächssequenz nie gegeben hätte. Das kann sich unter Umständen wie eine ständige Dauerschleife wiederholen, was auch sehr geduldige Angehörige und Pflegende an ihre Grenzen bringen kann. Häufig kommt es dann zu Vorwürfen, sehr kühlen Reaktionen oder Verboten.

Immer dieselben Geschichten

Ähnlich verhält es sich, wenn innerhalb kurzer Zeit dieselben Geschichten erzählt werden, was vor allem in gesellschaftlichen Situationen wie einer Geburtstagsfeier mit Gästen manche Verwirrung oder auch ein betretenes Schweigen auslösen kann. Diese Stimmung wird selbstverständlich auch von dem Erkrankten wahrgenommen. Möglicherweise spürt er eine gewisse atmosphärische Anspannung und merkt, dass er etwas Falsches oder Komisches gesagt oder ausgelöst hat (wobei es sich in der Regel nicht um komplexe „Geschichten" handelt, sondern häufig nur um einzelne Sätze oder um vage Andeutungen zu früheren Erlebnissen oder um den Namen einer wichtigen Person). Es kann sich auch um Geschichten handeln, die zeitlich und biografisch nicht eindeutig zugeordnet werden können oder um verschiedene Erlebnisse, die miteinander vermischt werden. Nicht selten neigen Angehörige dazu, solche Erzählungen zu korrigieren, dem Kranken zu widersprechen oder sogar, ihm vehement den Mund zu verbieten. Dabei wäre es relativ gut möglich und auch eine sehr kreative Vorgehensweise für die „Gesunden", jeder dieser Wiederholungen durch achtsames Nachfragen und Eingehen einen völlig anderen Verlauf zu geben und dem Erkrankten dadurch sogar zu helfen, weitere verschüttete Erinnerungen zu aktivieren – vorausgesetzt die Angehörigen verstünden die Problematik einer Demenz!

Den Faden verlieren

Mitten im Erzählen, sogar mitten im Satz, kann der „Faden verloren gehen". Manchmal nimmt der Erkrankte das selbst wahr und versucht mühsam, den verlorenen Faden wiederzufinden. Gerade das „Bemühen" verhindert den Erfolg, da schon bei Gesunden das Gehirn am besten dann funktioniert, wenn sein Besitzer entspannt ist. Unter Stress (und viele Demente leben permanent unter einem stark erhöhten Stressniveau) sind Informationen und Erinnerungen noch weniger zugänglich. Wird die Situation dann noch durch einen kritischen oder abwertenden Ton „vergiftet“, kann es zu einem depressiven Rückzug des Dementen kommen oder zu dem verzweifelten Bemühen, die sehr peinlich empfundene Situation in einer kreativen, kaschierenden oder auch humorvollen Weise zu überwinden. Das kann leicht zu falschen Aussagen, zu Lügen oder zu absurden Behauptungen führen. Der Erkrankte kann sich in einem Netz von Formulierungen verfangen – das tut er nicht aus Bosheit, sondern aus Verzweiflung und aus dem Gefühl, dass er möglicherweise gerade dabei ist, „sein Gesicht“ oder gleich „seinen Verstand“ – und damit auch den Respekt, die Achtung, die Reputation usw. – zu verlieren.

Starke Verunsicherung

Vor allem in der Anfangsphase einer demenziellen Veränderung „spürt“ der Betroffene, dass etwas mit ihm beziehungsweise mit seinem Verhalten, Denken oder Wissen nicht (mehr) stimmt. Dies löst möglicherweise starke Verunsicherung aus. Besonders für Menschen, die in ihrem Leben viel Wert auf korrektes Verhalten gelegt und hohe Erwartungen an sich selbst gestellt haben (Neigung zu Perfektionismus), kann das zu einem unerträglichen Empfinden des Versagens führen. Als Folge zieht der Erkrankte sich zurück und beginnt, bisherige persönliche Kontakte immer mehr zu vermeiden. Dies wiederum führt zu einer zunehmenden Vereinsamung, Reizverarmung und depressiver Haltung – und damit zu einer zusätzlichen Verstärkung der Demenz.

Situative Fehleinschätzungen

Mit der demenziellen Veränderung kommt es zu einem vielschichtigen Wandel in den bekannten Beziehungsstrukturen. Die Atmosphäre wird angespannter, nahestehende Personen werden ungeduldiger, Freunde, Bekannte und Nachbarn verhalten sich reservierter; man spricht weniger *mit dem Erkrankten*, dafür häufig umso mehr *über ihn*.

Es wird geflüstert, getuschelt, verstohlene Bemerkungen stehen im Raum. Der Demente spürt deutlich, dass es um *ihn* geht, weiß aber nicht, was genau um seine Person herum geschieht. In seiner angespannten Fantasie (die sich fast automatisch einstellt) kann er sich alles Mögliche vorstellen, was „die anderen" da wohl über ihn reden oder denken. Dies ist besonders für jene Menschen sehr tragisch, die zu starker Perfektion neigen, eine grundsätzlich stark unsichere Persönlichkeitsstruktur haben oder schon immer eine Neigung zu Eifersucht hatten (zum Beispiel wenn der Ehepartner sich flüsternd mit einem gegengeschlechtlichen Nachbarn unterhält).

Verlust der Initiative

Fast immer verursacht eine demenzielle Veränderung aus all den genannten Gründen einen Rückzug aus Beziehungen, Aktivitäten und bisherigen Interessen. Beziehungen werden angestrengter, weil die erlernte und gewohnte (logische) Kommunikation des Erkrankten mit seiner Umgebung nicht mehr funktioniert (jedenfalls nicht so, wie man es von ihm kannte). Aktivitäten werden eingeschränkt und zunehmend aufgegeben, weil er immer mehr Fehler macht oder Zusammenhänge nicht mehr versteht und einfache Situationen nicht mehr bewältigt.

Dabei könnte auch ein Dementer im Anfangsstadium seiner Erkrankung noch Dinge tun, die er immer getan hat – wie etwa wandern, musizieren, Dinge reparieren oder im Haushalt helfen. Manches wird er vielleicht nicht mehr völlig korrekt erledigen, aber er kann sich das Gefühl bewahren, sinnvolle Aufgaben zu erfüllen. Seine Umgebung kann dies unterstützen, indem ihm Anerkennung oder Dank vermittelt wird – auch und besonders dann, wenn er seine Aufgaben nur zum Teil korrekt erledigt. So wie Kinder schon für kleinste Schritte gelobt und dadurch motiviert werden, braucht auch ein Mensch mit abnehmenden Kompetenzen anerkennende Worte und Gesten. Er wird keine Fortschritte mehr erleben, aber der umgekehrte Prozess der abnehmenden Kompetenzen wird dadurch deutlich verlangsamt. Wird die demente Person aber ständig kritisiert, korrigiert, ermahnt oder bevormundet, wird sie sich mehr und mehr zurückziehen und in einer passiven Haltung landen, die wiederum – man ahnt es schon – zu einer Beschleunigung der demenziellen Symptomatik führt.

Unruhiges Suchen

Auch Menschen, die im Vollbesitz ihrer geistigen Kräfte sind, „verlegen" häufig ihre Sachen! Wo liegt das Handy, wo die Fernbedienung, wo ist der Schlüssel, den man doch eben noch in der Hand hatte? Schon Gesunde können dabei sehr ungeduldig mit sich oder anderen werden, wenn sie Dinge nicht mehr finden. Demente Menschen suchen nicht nur häufig irgendwelche Gegenstände, sondern sie legen sie oft auch an sehr ungewöhnlichen Orten ab. Das Portemonnaie landet im Kühlschrank, die Orangen im Wäscheschrank, das Besteck im Mülleimer. Manches kann zufällig oder durch Suchen wiedergefunden werden, anderes verschwindet durch die unfreiwillige „Entsorgung" für immer. Und vieles wurde vom Erkrankten selbst bereits vor längerer Zeit weggegeben, verschenkt oder ganz gezielt dem Sperrmüll übergeben, woran sich der Demente aber möglicherweise nicht mehr erinnern kann. Nun wird der Ehepartner, Enkel oder Nachbar verdächtigt, ihn bestohlen oder Gegenstände bewusst entfernt zu haben. „Logischerweise" (das heißt in der Logik des Dementen) sind die Beschuldigten *immer diejenigen*, die ihm am nächsten sind und sich vielleicht sogar täglich und in großer Treue um ihn mühen, denn in seiner Logik kommen als „Täter" nur Personen infrage, die er als „präsent" erlebt. Andere Angehörige, frühere Nachbarn und Bekannte werden dagegen selten verdächtigt, sondern im Kontrast zu den Anwesenden geradezu idealisiert. Dieses Verhalten löst häufig zusätzliche Spannungen unter den Angehörigen aus, wenn sie diese *innere Logik* des Dementen nicht durchschauen.

Rascher Stimmungswechsel

Besonders Menschen, die in ihrer Persönlichkeitsstruktur eher durch soziale Beziehungen, emotionale Offenheit und impulsives Verhalten oder auch Unsicherheit geprägt waren, leben natürlicherweise auch weiterhin in und mit dieser Persönlichkeitsstruktur. Das bedeutet, dass sie auch sehr auf eine gewisse Qualität von Beziehungen angewiesen sind und auf diese reagieren. Dabei kann es zu einem Mangel an Impulskontrolle kommen. Stimmungsschwankungen, überschwängliche Gefühle, Ängste, Wut und ähnliche Erregungszustände lösen starke Reaktionen aus, deren (unter Umständen sehr geringe oder fast belanglose) Ursache nicht immer leicht zu erkennen ist. Ebenso kann auch eine unverhältnismäßige Begeisterung und Freude über eine Kleinigkeit sichtbar werden. Schon sehr leichte sog. „Trigger" („Auslöser" von Impulsen, die auch unbewusst sein können und von außen oft als unvermittelt, unangemessen oder unsinnig erlebt werden) können zu einem positiven oder negativen Stimmungswechsel führen. Darin liegen natürlich auch enorme Chancen, wenn Angehörige und Pflegende herausfinden, welche Auslöser zu negativen und welche Auslöser zu positiven Stimmungslagen führen. Auf diese Weise lässt sich die Stimmung eines Dementen in vielen Situationen gewissermaßen „modulieren". Doch bitte Vorsicht: „Modulieren" bedeutet nicht „manipulieren"! Der Unterschied zwischen einer zugewandt-liebevollen Stimmungsaufhellung und einem distanziert-kühlen „Spielen" mit den Stimmungen einer dementen Person ist unbedingt zu beachten und zu respektieren. Der Demente ist keinesfalls „dumm", sondern gerade in Bezug auf Stimmungen und Beziehungsqualität ist er in der Regel sehr wach und hochsensibel – oft mehr als die Gesunden. Demenziell Erkrankte nehmen es oft sehr genau wahr, wenn mit ihnen respektlos umgegangen und „gespielt" wird.

Jüngste Ereignisse sind gelöscht

Die obigen Beispiele 2 und 3[12] haben gezeigt, dass bereits in einem frühen Stadium einer Demenzerkrankung die unmittelbaren Erinnerungen an sehr konkrete Erfahrungen nicht mehr im Gedächtnis gespeichert werden. Situationen, Aktivitäten oder Begegnungen, die erst wenige Stunden zurückliegen, werden nicht mehr erinnert. Der Erkrankte kennt seine Angehörigen und könnte vielleicht sogar alle

12 siehe Seiten 64 und 66

Namen mitsamt den korrekten Geburtsdaten nennen, kann aber nicht mehr sagen, wann er sie zum letzten Mal gesehen hat.

Auffallend ist, dass Demente auf Nachfrage auch nicht sagen können: „Das habe ich vergessen." Sie wissen nämlich nicht, *was* sie vergessen haben; sie wissen auch nicht, *dass* sie etwas vergessen haben. Das bedeutet: Auch das Vergessen wird vergessen! So sind sie zum Beispiel felsenfest davon überzeugt, dass es bestimmte Situationen und Begegnungen, die erst kurze Zeit zurückliegen, nie gegeben hat. Gleichzeitig bestehen sie beharrlich darauf, dass sie es ganz genau wissen, denn sonst könnten sie sich ja an diese Begebenheiten erinnern.

Auch hier gilt: Der Demente hat immer recht! Zumindest *geben* wir ihm recht, denn alles andere würde zu nichts führen – außer zu einer sehr belastenden Situation. Umgekehrt braucht der Gesunde nicht viel mehr als ein wenig Kreativität, guten Willen und Einfühlungsvermögen, um einem kranken Menschen in seinem dysfunktionalen Denken einfach mal zuzustimmen.

Schwierig kann es für gesunde Angehörige werden, wenn es Sterbefälle in der Familie gab und der Demente sich auch daran nicht erinnern kann. Wenn er ständig nach einem verstorbenen Ehepartner fragt oder (bei zunehmender Demenz) immer nach einem Bruder, einer Schwester, seinen Eltern oder seinem Ehepartner ruft und sehr emotional reagieren kann, wenn er mit Aussagen konfrontiert wird, „er" oder „sie" sei doch schon lange tot, dann braucht es sehr viel Einfühlungsvermögen, wie sich solche Situationen kreativ lösen lassen. Statt einer direkten Konfrontation mit den harten Fakten: „Die ist doch schon vor vielen Jahren gestorben!", hilft hier ein einfühlsames Nachfragen: „Du vermisst deine Frau / Mutter / Schwester sehr, nicht wahr?" – sowie ein Eingehen auf die Stimmung: „Erzähl doch ein wenig von deiner Frau / Mutter / Schwester ...". Manchmal lassen sich auf diese Weise sehr tiefe und schöne Erinnerungen aktivieren, die einen düsteren Tag in einen besonderen Tag verwandeln können.

Möglicherweise tauchen die verlorenen Erinnerungen auch erst an einem anderen Tag plötzlich wieder auf, was ein Hinweis darauf ist, dass nicht die Ereignisse an sich gelöscht sind, sondern dass die gezielte Erinnerung und der bewusste Zugang zu einem bestimmten Ereignis zum Zeitpunkt des Gesprächs nicht auffindbar waren. Ein wenig übertrieben ließe sich formulieren: Wenn der bewusste (beziehungsweise der gewohnte) Zugang zu einer Erinnerung nicht mehr zu finden ist, dann gibt es häufig andere Zugänge, die nicht in einer logischen und kognitiven Verknüpfung bestehen, sondern mehr auf einer emotionalen oder sinnlichen Ebene möglich sind. (Im Abschnitt über die „Basale Stimulation" wird dies ausführlich beschrieben und begründet.[13])

Desorientierung in unbekannter Umgebung

Dass ein Dementer sich in einer völlig unbekannten Umgebung sehr hilflos und ausgeliefert fühlt, lässt sich leicht nachvollziehen. An einem unbekannten Ort zu sein, ohne zu wissen, wie und auf welchen Wegen er dorthin gelangt ist, kann massive Ängste auslösen. Auch die Frage, wie er wieder zu *seinem* Ort, *nach Hause* gelangen kann, ist eine massive Überforderung. Möglicherweise hat er sogar einen Ort im Sinn, der schon lange nicht mehr als sein Zuhause existiert.

Es ist leicht nachvollziehbar, dass durch ständige Veränderungen auch eine bekannte Umgebung im Laufe der Zeit zu einer unbekannten Umgebung werden kann, sodass dem Erkrankten zunehmend auch das gewohnte Zuhause fremd wird. Neue Straßen, neue Läden, neue Häuser, neue Nachbarn oder eine sich stetig verändernde Umgebung, in der auch die gewohnte Infrastruktur nicht mehr vorhanden ist, führen zu starken Verunsicherungen. Werden markante Elemente an einem Wohngebäude durch Renovierungen verändert (auch in der eigenen Wohnung: eine neue Haustür, Fenster, neue Farben, Erneuerung des Vorgartens, Installationen am Gebäude, zum Beispiel durch gesetzliche Vorgaben für Gebäudesanierungen), wird das Haus nicht mehr als das eigene, gewohnte Zuhause erkannt. Nicht allein das Neue, sondern der Vorgang der Verunsicherung selbst wird zu einem belastenden Problem. Das Erleben einer permanent zunehmenden

13 siehe Seite 121

Unsicherheit kann zu einer Angst vor der Unsicherheit selbst werden (ähnlich wie die „Angst vor der Angst", bei der nicht ein bestimmtes Objekt die Angst auslöst, sondern schon die Vorstellung, dass eine vormals erlebte schreckliche Angst zurückkehren und überdimensional groß werden könnte).

Auch der Gedanke, dem Dementen sein Leben durch neue, der Situation angepasste Möbel oder neue Geräte zu erleichtern, mag eine gute Absicht enthalten. Erfahrungsgemäß braucht er allerdings nichts, was ihn mental, emotional oder auch technisch neu herausfordert, sondern was ihm eine grundsätzliche Geborgenheit und Sicherheit vermittelt. Ein altes, defektes Gerät zu reparieren – selbst dann, wenn die Reparatur höhere Kosten verursacht als die Anschaffung eines neuen Gerätes – ist sehr viel hilfreicher, da der Erkrankte nicht etwas Neues lernen muss, wozu sein Gehirn nicht mehr in der Lage ist. (Im Abschnitt über die Biografie-Arbeit[14] ist darüber einiges zu entdecken.)

Desorientierung hinsichtlich unbekannter (neuer) Personen

Nicht nur neue Gegenstände, sondern sogar „neue Menschen" und neue Namen lösen Verunsicherung aus, etwa wenn Enkelkinder ihre Partner vorstellen, wenn Urenkel geboren werden, neue Nachbarn nebenan einziehen oder einfach wechselnde Pflegekräfte auftauchen. Jede neue „Gestalt" ist wieder eine neue Herausforderung für einen Dementen. Und je mehr er sich bemüht, die Kontrolle zu behalten oder zurückzugewinnen, desto anstrengender und verwirrender wird der Rest des Tages nach einer solchen Begegnung.

Viele solcher Veränderungen in der Umgebung lassen sich selbstverständlich gar nicht vermeiden, da auf viele Prozesse weder der demente Mensch noch seine Angehörigen Einfluss nehmen können. Es wäre jedoch eine hilfreiche Haltung, wenn die Reaktionen, das Verhalten und die Klagen des Dementen bezüglich dieser Veränderungen von den begleitenden Personen verstanden und einfühlsam aufgenommen werden würden.

---

14 siehe Seite 116

Aufbau einer Fassade
Eine sehr häufige Reaktion des dementen Menschen besteht im Errichten einer Fassade, mit der er seine zunehmenden Defizite zu kaschieren versucht. Angehörige empfinden dies häufig als eine Art „Altersstarrsinn", Bosheit oder manipulatives Verhalten. Bisweilen heißt es: „Jetzt zeigt er sein wahres Gesicht!" Diese Haltung kann sehr kreativ, aber auch sehr durchschaubar sein. Sie entsteht jedoch nicht aus Bosheit, sondern aus Verzweiflung. Je mehr dem erkrankten Menschen die Kontrolle über sich, seine Gedanken, seine Erinnerungen und seine Fähigkeit zu einem einfachen Gespräch verloren geht, desto mehr versucht er, diesen Kontrollverlust zu verbergen. Er versteigt sich möglicherweise zu sonderbaren Behauptungen, er streitet sein fehlerhaftes Verhalten ab, er beschuldigt umso mehr andere in seiner Umgebung oder er greift zu offensichtlichen Behauptungen oder Lügen. Zugleich ist nichts für ihn schlimmer, als bei diesem verzweifelten Bemühen „ertappt" und vielleicht sogar damit konfrontiert zu werden. Das Gefühl, neben der Kontrolle über sich selbst und seinen Fähigkeiten auch noch sein Gesicht zu verlieren (vor den Angehörigen, Nachbarn, Bekannten), ist auch für einen dementen Menschen unerträglich.

Auch in diesem Zusammenhang gilt: Es kostet fast nichts, seine Äußerungen einfach zu akzeptieren und dahinter das verzweifelte Bemühen um Erhalt der eigenen Würde zu erkennen. Umgekehrt: Wir (einschließlich des Dementen) zahlen einen enorm hohen Preis für jede Verständnislosigkeit: Die Stimmung aller Beteiligten geht in den Keller, es kommt zu Streitigkeiten und nicht selten sogar zu Gewalthandlungen. Aggression und Depression nehmen zu, und der Erkrankte sieht sich gezwungen, noch mehr Kontrolle aufzubringen (was ihm natürlich nicht gelingt). Dabei gilt es zu verstehen, welches starke Bedürfnis hinter seinem Verhalten sichtbar wird: das Bedürfnis nach Selbstwert und Selbstkontrolle, nach Sicherheit und Integrität, nach Anerkennung und Würdigung, nach Beziehung und Zugehörigkeit. All dies ließe sich dem Erkrankten bereits mit wenigen Worten, Gesten und freundlich-respektvoller Zuwendung vermitteln.

Vereinnahmendes Verhalten

Menschen, die immer schon in einer ängstlichen Abhängigkeit von anderen gelebt haben, verstärken diese Haltung in einer Demenz häufig. Sie beginnen zu klammern und versuchen, durch Klagen und Bitten oder Jammern („Jammerdepression“) die Fürsorge ihrer Umgebung zu „erzwingen“. Dabei fallen ihnen immer wieder neue und andere Gründe ein, die ihnen das Leben angeblich so schwer machen. Die Gesunden haben dabei häufig das Empfinden, dass der Demente sie massiv zu manipulieren versucht, und reagieren darauf unter Umständen mit Vorwürfen und Zurückweisung. Dies geschieht nicht unbedingt aus Unverständnis, sondern auch aufgrund von Erschöpfungszuständen durch die dauerhafte Herausforderung. Es ist nicht immer leicht, sich auch mal abgrenzen zu können und das richtige Maß zu finden, um dem kranken und Hilfe suchenden Menschen ausreichend Zuwendung zu geben, ohne sich von ihm zu sehr vereinnahmen zu lassen. Hinzu kommt möglicherweise noch ein „Ausspielen“ der verschiedenen Helfer (häufig auch Angehörige) gegeneinander. Das „funktioniert“ besonders dann „gut“, wenn die Angehörigen nicht auf dem gleichen Kenntnisstand sind, was die typischen Verhaltensweisen und Reaktionen des Dementen angeht, und wenn es keine gemeinsamen Absprachen über die jeweiligen Zuständigkeiten und Aufgaben gibt. Sehr hilfreich und wichtig ist es, dass gemeinsam pflegende Angehörige sich gegenseitig informieren, sich in ihrem Verhalten vertrauen und vor allem auch gegenseitig unterstützen beziehungsweise selbst für Unterstützung sorgen.

Beispiel 5:

Ein Gemeindepastor traf im Foyer seines Gemeindehauses auf ein älteres Ehepaar. Es war hinlänglich bekannt, dass sich die Ehefrau im fortgeschrittenen Stadium einer Demenz befand, während der Ehemann – ein Geistlicher im Ruhestand – noch immer sehr vital war und geistig jeder Diskussion folgen konnte. Während der kurzen Begegnung fiel dem Pastor auf, wie stark die erkrankte Frau Hilfe suchend und verwirrt ihren Mann ansah und immer wieder bettelnd fragte: „Du lässt mich doch nicht allein?!" In ihrem Blick war Angst erkennbar. Offensichtlich wusste sie nicht, wo sie sich befand und wie sie dorthin gekommen war, und konnte sich möglicherweise auch nicht vorstellen, wann und in welcher Weise sie wieder an den Ort zurückkehren könnte, an dem sie sich zu Hause und sicher fühlte.

Nachdem die Frau mehrfach ängstlich nachgefragt hatte, wandte sich der alte Ehemann an den Pastor, und mit rollenden Augen stöhnte er laut vernehmbar: „So geht das den ganzen Tag!"

Das war natürlich auch ein Hilferuf eines alten Mannes, der an die Grenze seiner Kraft und Geduld gelangt war. Seine Ehefrau jedoch hätte „nur" eine kleine, einfache, klare Zusage gebraucht: „Keine Angst, ich lasse dich ganz sicher nicht allein!" Seine rollenden Augen, die Zurückweisung, die erkennbare Ablehnung in seiner Stimme, Mimik und Gesamthaltung waren jedoch wie ein tiefer Stoß in die Seele seiner kranken Ehefrau. Und sie „verstand" das offensichtlich sehr deutlich auf ihre Weise: Am liebsten würde er sie einfach von sich weisen, sie eben doch alleinlassen, sie loswerden.

Und sofort kam wieder die verzweifelte Frage: „Du lässt mich doch nicht allein?" Was die Angst der Ehefrau zusätzlich verstärkt hatte, war die Tatsache, dass ihr Mann sich nicht ihr zugewandt hatte, sondern einem Dritten, dem Pastor. Der genervte Ehemann sprach in dieser Situation also nicht *mit*, sondern *über* seine Frau.

Was in solch einem Moment in einem stark verängstigten, verzweifelten, verunsicherten kranken Menschen emotional vor sich geht und wie der ganze Rest des Tages vom Eindruck dieses Augenblicks überlagert werden kann, lässt sich wohl nur erahnen.

Hamstern

Besonders für die Kriegs- und Nachkriegsgenerationen gilt, dass sie in ihrer frühen Biografie viele Entbehrungen erlebt haben. Besitz schafft Sicherheit, Vorsorge schafft ein gutes Gefühl. Diese Haltung kennen wir nicht erst von dementen Menschen, sondern auch von „gesunden", die manche wirtschaftlichen und finanziellen Tiefen erlebt haben und fortan immer ein gewisses „Polster" brauchen. Sicherheit ist nach Maslow[15] ein Grundbedürfnis des Menschen und ist nicht mit Habgier oder Geiz gleichzusetzen. Die Neigung, alles „beisammenzuhalten", ist auch nicht so sehr ein rationaler Vorgang, sondern eine sehr irrationale Haltung – wobei „irrational" nicht „irre" bedeutet, sondern „nicht rational". Die Impulse dazu kommen aus einem tiefen, ängstlichen Gefühl, etwas sehr Wichtiges zu verlieren – und sind damit eine eindeutige Antwort auf die inneren Prozesse eines Menschen, der unter dem Eindruck steht, *alles* zu verlieren: seine Würde, seinen Wert, seine Kontrolle, seine Kompetenzen, seine Geschichte (Erinnerungen), zunehmend auch seine Beziehungen und am Ende möglicherweise seinen Verstand.

Körperliche Unruhe

Manche demente Menschen empfinden eine tiefe Unruhe. Ursachen dafür gibt es viele. Möglicherweise sind sie ein Leben lang körperlich und geistig sehr aktiv und vital ihren Aufgaben nachgegangen. Sie spüren einen inneren Drang, sich zu bewegen oder etwas erledigen zu müssen. Manche sind es nicht gewohnt, einfach nur zu sitzen und nichts zu tun, anderen war es von Kindheit an „verboten", untätig zu sein, oder sie haben im beruflichen Umfeld ein starkes Pflichtbewusstsein gezeigt und darin auch ihre Erfüllung und ihren Selbstwert gefunden. Möglich ist auch, dass der Hormonhaushalt sich verändert hat und einen Aktionismus auslöst.

---

15 Maslow, Abraham, Die Bedürfnispyramide: Menschliche Bedürfnisse verstehen und einordnen, 50minuten.de, 2018

Beispiel 6

In einer Pflegeeinrichtung, in deren Mitte sich ein Aufzug wie ein monolithischer Block befand, lief eine ältere Dame jeden Tag stundenlang an sieben Tagen pro Woche mit einer Tasse in der Hand unermüdlich um diesen Block und machte dabei einen erstaunlich zufriedenen Eindruck. Jeder Beobachter verspürte den unmittelbaren Impuls, diese Frau zum Stehenbleiben, zum Hinsetzen und Ausruhen zu bewegen und ihr ein wenig Ruhe zu gönnen, doch für sie schien darin ein wesentlicher Sinn ihres Daseins zu liegen. Sie hatte ein Leben lang als Sekretärin in einer Chefetage gearbeitet und war es gewohnt, proaktiv und vorausschauend ihre Vorgesetzten und deren Besucher und Geschäftspartner zu versorgen. Sie war ganz offensichtlich sehr stolz auf ihre herausgehobene Position und machte einen dankbaren Eindruck. Für sie hatte es einen Sinn, stundenlang im Kreis zu gehen.

Übermäßiges Essen, Trinken oder Rauchen

Auch das Gefühl für ein „gesundes" beziehungsweise „erträgliches Maß" kann verloren gehen. Wer ein Leben lang (oder in einer früheren Phase seiner Biografie) gerne zu Zigaretten oder Alkohol gegriffen hat oder zu genussvollem Essen geneigt hat, wird dieses Verhalten möglicherweise verstärken oder wieder zu diesen früheren Gewohnheiten zurückkehren. Tatsächlich gibt es auch Pflegeeinrichtungen, die Ausnahmen erlauben und ihren Bewohnern auch ihr „Abendbier" oder die eine oder andere „Entspannungszigarette" ermöglichen – was wiederum für manche eine deutliche Steigerung ihrer Lebensqualität bedeutet. Verweigert man ihnen prinzipiell diese Möglichkeit – weil es für die Familie unzumutbar oder in der Pflegeeinrichtung wegen der Sorge vor Alkoholmissbrauch oder aus Gründen des Brandschutzes gar nicht gestattet ist –, kann es zu verstärkten Aggressionen und Gewalt kommen. Auch Manipulationen durch Angehörige (Verstecken von Tabakerzeugnissen, Aschenbecher, Feuerzeug, Vernichten von Alkohol usw.) führen häufig zu starken Konflikten. Für solche Situationen gibt es fast keine Lösungen; sie müssen ausgehalten, ertragen und nach Möglichkeit sehr kreativ und jedenfalls ohne verbale und körperliche Gewalt gelöst werden.

Tatsächlich gibt es Situationen, in denen neben einer standardisierten medikamentösen Begleitung eines dementen Menschen zusätzlich beruhigende und sedierende Medikamente notwendig werden können. Medikamente sind allerdings nicht immer der beste Lösungsansatz, sondern manchmal nur eine kurzzeitige „Notlösung". Eine gute, beruhigende und sinnstiftende Begleitung kann unter Umständen viel mehr bewirken als eine Medikamentengabe.

Das 2. Demenz-Gesetz

Nach dem 1. Demenz-Gesetz war nur die Speicherung neuer Gedächtnisinhalte gestört beziehungsweise blockiert. Nach dem 2. Demenz-Gesetz gehen nun nach und nach auch die früheren Gedächtnis-Inhalte der „Lebens-Tagebücher" verloren. Man kann es sich wie ein einzelnes Bücherregal-Brett vorstellen, in dem alle Tage- und Jahrbücher inklusive „Sonderbänden" wohlgeordnet in einer Reihe stehen und der Zugriff zu den Erinnerungen für fast alle Jahrgänge (mit Ausnahme vielleicht der frühesten Kindheit) bis zu einem gewissen Zeitpunkt noch komplett vorhanden ist.

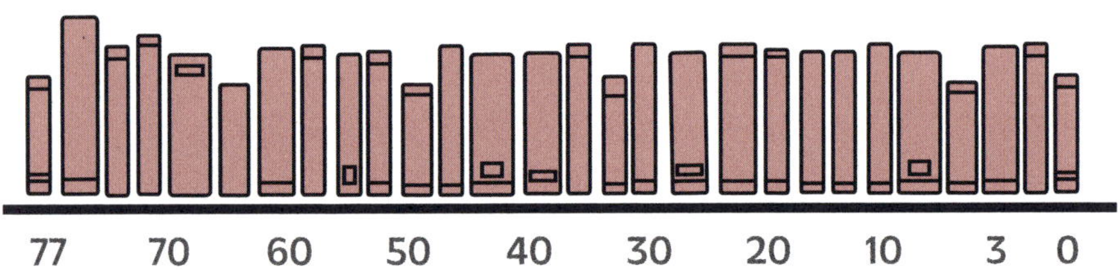

Doch nun fängt das erste Buch an zu kippen. Die Stabilität lässt nach. Der Zugriff gelingt nicht mehr.

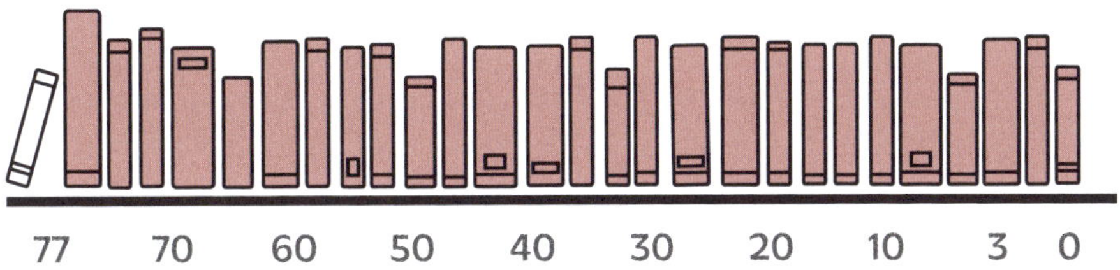

Ein zweites Buch fällt.

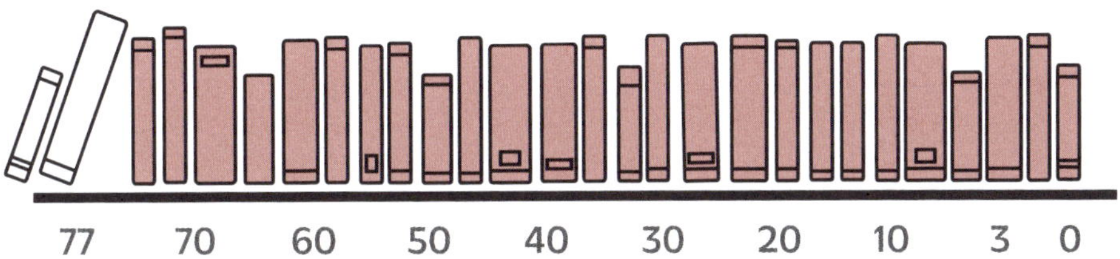

Die ganze Reihe beginnt, sich zur Seite zu neigen.

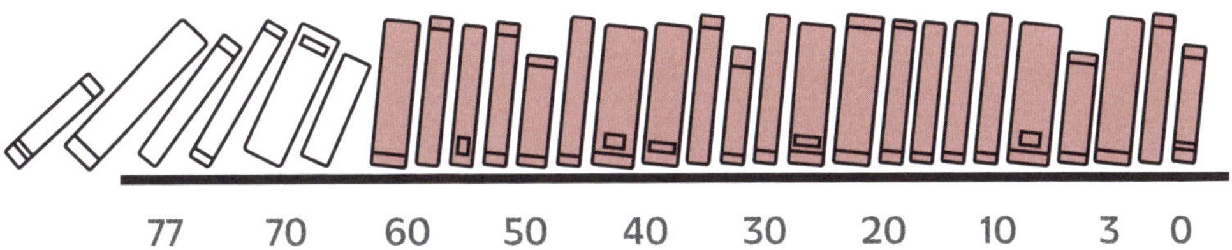

Und immer schneller kippt ein biografisches Jahrbuch nach dem anderen. Der eigene Lebenslauf versinkt in einem Nebel.

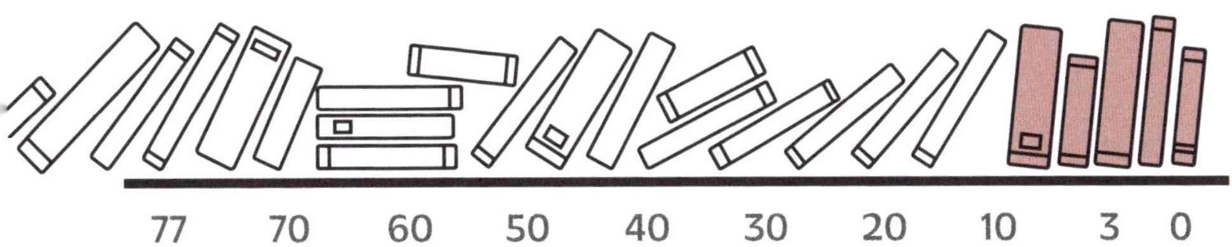

Dieser in der Regel schleichende Prozess ist fast unaufhaltbar und kann sich innerhalb eines Zeitraums von Monaten oder wenigen Jahren vollziehen.

Dieser Prozess verläuft in der Regel (beziehungsweise nach diesem Erklärungsschema der zwei Demenz-Gesetze) so, dass die *jüngsten* Erinnerungen zuerst verloren gehen – also das, was erst kürzlich geschehen ist. Alte Erinnerungen bleiben noch lange erhalten. Frühere Erlebnisse, Personen, Namen, Bilder und Orte sind noch sehr klar im Gedächtnis verankert. Nur die letzten Monate und Jahre verschwinden nun nach und nach. Mit zunehmender Erkrankung ist ein Großteil an Erinnerungen nicht mehr verfügbar.

Beispiel 7:

Ein sehr gewissenhafter und korrekter ehemaliger Finanzbeamter möchte wie gewohnt am Morgen in seine Behörde aufbrechen. Mit knapp 80 Jahren befindet er sich schon seit mehr als 15 Jahren im Ruhestand. Nun sind jedoch die letzten 20 Jahre in seinem Bewusstsein nicht mehr verfügbar. Die letzten 20 „Jahrbücher" sind weitestgehend verloren gegangen. Er befindet sich nach eigener Einschätzung (und das mit großer Überzeugung) gerade in einem zeitlichen Korridor vor seiner Pensionierung. Der Ruhestand liegt für ihn noch in der Zukunft. Als pflichtbewusster Beamter will er sich korrekt verhalten und macht sich bereit für seinen Dienst. Er ist ganz sicher, dass er wie an jedem Werktag ins Büro muss und dass es keinen Grund gibt, nicht zu gehen.

Er weiß nicht, dass er nicht mehr arbeiten muss und dass ihn an seinem früheren Arbeitsplatz niemand erwartet. Er versteht nicht, warum seine Ehefrau ihn davon abhalten will, seinen Anzug anzuziehen, seine Krawatte korrekt zu binden, seinen kleinen Aktenkoffer samt Utensilien zu suchen (der natürlich schon lange nicht mehr vorhanden ist, was ihn sehr zornig macht). Er ist außer sich und unterstellt seiner Ehefrau – da er keine andere Erklärung findet – seine Sachen „verbummelt" oder – da sie ihm „in letzter Zeit" auffallend oft feindselig erschien – sogar absichtlich versteckt zu haben. Er kann es nur als boshaft empfinden, dass sie in ihrer Verzweiflung sogar die Wohnungstür abschließt und den Schlüssel vor ihm versteckt. Er versteht die Situation nicht, missdeutet die Reaktionen seiner Ehefrau und kann nicht nachvollziehen, warum er nicht arbeiten gehen sollte. Zudem erträgt er den Gedanken nicht, von seinem Dienst scheinbar grundlos und noch dazu unentschuldigt fernzubleiben. Es kommt zu körperlichen Auseinandersetzungen. Fassungslos muss die Ehefrau zum ersten Mal in ihrem gemeinsamen Leben erdulden, von ihrem Ehemann geschlagen zu werden.

Ein großes Problem entsteht dadurch, dass demente Menschen – vor allem im frühen Stadium der Erkrankung – sehr deutlich die Abweichungen von alten, bekannten Zuständen wahrnehmen, sie aber nicht durchschauen können, da ihnen häufig ein großer „Zwischenraum" ihrer biografischen Erinnerungen nicht mehr verfügbar ist. Sie wissen noch sehr genau, wie ihr Leben früher einmal gewesen ist und was zu ihrem Leben dazugehört hat. Sie haben Bilder vor Augen und denken an lebhafte und emotional sehr aufgeladene Situationen, an besonders traurige Erinnerungen oder an sehr fröhliche Familienfeiern. Aber es fehlt ein wesentlicher Abschnitt im Kontinuum ihrer Biografie.

Beispiel 8:

Eine ältere geschiedene Frau, die nach der Geburt ihres dritten Kindes von ihrem Ehemann schon vor mehr als 40 Jahren einfach „sitzen gelassen" wurde, lebt allein in einer kleinen Wohnung. Ihre Tochter ist einige Jahre zuvor kinderlos an einer Krebserkrankung verstorben, die beiden Söhne leben in einer gewissen Entfernung von ihr. Sie hat ein sehr hartes Leben hinter sich, aber sie ist sehr stolz darauf, dass sie es mit Fleiß und Liebe und aufgrund ihres festen Glaubens an Gottes Hilfe geschafft hat.

Sie ruft ihren Pfarrer an, zu dem sie großes Vertrauen hat, und versucht, ihm zu erklären, dass sie von ihren Nachbarn bestohlen werde. Es ist ihr spürbar unangenehm, andere Menschen zu beschuldigen, doch sie weiß sich keinen anderen Rat. Sie erklärt ihm, dass immer mehr ihrer Gegenstände spurlos verschwunden seien. Blumenvasen, ein besonderes Kaffeeservice, Tischdecken, Bücher, Geräte, ja, sogar aus ihrem Kleiderschrank hätten die Nachbarn einiges gestohlen. Sie ist sich sicher: Es können nur die Nachbarn gewesen sein, da die gemeinsame Haustür des Mehrparteiengebäudes ja ohne Schlüssel nicht von außen geöffnet werden könne. Der Pfarrer wird gebeten, sich einmal die Wohnungstür anzuschauen, denn das Schließblech weise um das Türschloss herum sehr deutliche Kratzspuren auf. Das sei doch ein Beweis, dass sich an der Tür ständig irgendjemand zu schaffen mache.

Der Pfarrer kommt zu Besuch und schaut sich alles an. Es ist der alten Dame aber nicht vermittelbar, dass nahezu alle Schließbleche nach einer gewissen Zeit ähnliche Gebrauchsspuren aufweisen. Die demente Frau wird sehr ungehalten über eine entsprechende Bemerkung ihres Pfarrers, von dem sie doch Hilfe erwartete.

Sie platzt heraus mit der Bemerkung, dass sie extra aus ihrer alten Wohnung ausgezogen sei, weil auch dort die Nachbarn ständig eingebrochen wären und sie bestohlen hätten. Sie sei so froh und dankbar gewesen, diese neue Wohnung gefunden zu haben. Der Pfarrer wird zunehmend ratlos über das Verhalten und die haltlosen Schuldzuweisungen der Frau, vor allem aber darüber, dass sie mit keinem vernünftigen Argument mehr beruhigt werden kann. Sie scheint immer aufgebrachter zu werden, je mehr er ihr helfen will, eine weniger dramatische Erklärung für die Situation zu finden. Inzwischen tun dem Pfarrer die Nachbarn mehr leid als die verzweifelte Frau aus seiner Gemeinde. Je mehr er versucht, die Nachbarn in Schutz zu nehmen, desto stärker nimmt er zugleich eine distanzierte Haltung gegenüber der Frau ein, bis sie ihn schließlich aus der Wohnung weist mit der Bemerkung: „Was sind Sie nur für ein Pfarrer?! Sie stecken wahrscheinlich mit meinen Nachbarn unter einer Decke!"

Was war geschehen? Die alte Dame hat sich in ihrem mühevollen Leben kaum einen Luxus leisten können. Umso mehr hielt sie das wenige zusammen, was sie besaß. Dazu gehörten vor allem all die Dinge, die sie entweder zu ihrer Hochzeit bekommen hatte oder schon vor ihrer Eheschließung als die früher übliche „Aussteuer" gesammelt hatte. All ihr Erspartes und ihre kleinen Einkünfte hatte sie dafür ausgegeben, da sie eine gute Ehefrau sein wollte. Das meiste hatte sie auch nach der Trennung behalten, da es für sie noch immer einen großen Wert hatte. Erst als die Kinder längst selbst verheiratet waren und auch nicht mehr für mehrere Tage zu Besuch kamen, gab sie ihre alte Wohnung auf und zog in eine kleinere Wohnung. Jetzt endlich wurde es Zeit, sich von den „alten Dingen" zu trennen. Das tat sie sehr bewusst. Sie schloss mit dem früheren Lebensabschnitt ab und wollte ihren Lebensabend ein wenig einfacher verbringen. Vieles verschenkte sie an Bekannte, manches an Bedürftige. Das Geschirr brauchte sie nicht mehr, manche Tischwäsche war zu viel, die Bücherregale wurden aussortiert und auch etliche Kleider wanderten in die Altkleidersammlung und erfüllten anderswo noch einen guten Zweck.

Inzwischen stellten sich die ersten Anzeichen von Vergesslichkeit ein, die mehr waren als eine „normale Alterssenilität". Sie begann, immer wieder dieselben Geschichten zu erzählen und innerhalb kurzer Zeit mehrfach dieselben Fragen zu stellen. Hinzu kam, dass sie immer häufiger Beschuldigungen aussprach und selbst ihre geliebten Enkelkinder bezichtigte, Gegenstände gestohlen zu haben. Sogar ihre Geldbörse hätten sie mitgenommen! (Tatsächlich wurde diese später zwar im Kleiderschrank gefunden, aber für eine Klärung war es schon zu spät. Die Enttäuschung und Verletzungen aufgrund der haltlosen Verdächtigung der Großmutter waren für Kinder und Enkelkinder einfach zu tief.)

Nachdem die beiden Söhne aufgrund dieser Anschuldigungen kaum noch zu ihrer Mutter kamen, wurden jetzt die Nachbarn beschuldigt. Eine andere Erklärung für das „Verschwinden" ihrer Habseligkeiten schien es nicht zu geben! Wer ihre Erklärungen anzweifelte, geriet sofort ebenfalls in Verdacht, mit den „Dieben" unter einer Decke zu stecken.

Das Problem besteht darin, dass ein dementer Mensch sich unter Umständen zwar noch sehr genau an wesentlich frühere Zeiten und Zustände erinnern kann, aber nicht mehr weiß, was sich in der Zwischenzeit geändert hat. Die alte Dame wusste noch genau, was sie früher einmal besessen hatte (ihre kleinen Reichtümer!). Sie erinnerte sich aber nicht mehr daran, dass sie vieles davon bei ihrem Umzug weggegeben hatte, um sich zu „verkleinern". Sie konnte sich nicht erklären, wo ihre „Schätze" geblieben und wann und auf welche Weise sie „verschwunden" sind. Ein ganzer Zeitkorridor war wie gelöscht. So war die einzige Erklärung schließlich (für sie selbst sehr logisch und vernünftig), es könnten nur die Nachbarn sein, die sie bestohlen hätten. Ein Blick auf das zerkratzte Schließblech an der Tür war ihr Beweis genug für ihre These.

Beispiel 9:

Ein älteres Ehepaar, das nach dem Krieg aus der ehemaligen DDR in den Westen geflohen war und sich hier im wahrsten Sinn des Wortes „hochgearbeitet" und hier auch mehrere Kinder aufgezogen hat, ist im Alter aufgrund der demenziellen Veränderung der Ehefrau in eine Pflegeeinrichtung umgezogen. Zu Beginn sind die Veränderungen nur für die Angehörigen erkennbar, doch zunehmend versinkt die Ehefrau in einer sehr schweren Demenz. Ihr Ehemann leidet sehr an der Veränderung, sodass sie nach einer Weile getrennt untergebracht werden. Zwar besuchen sich beide Ehepartner gegenseitig jeden Tag, doch die Gegenwart wird immer verschwommener und unklarer, bis die Ehefrau weder ihren Ehemann noch ihre Kinder wiedererkennt. Tragischerweise verstirbt der bis dahin gesundheitlich stabile Ehemann unerwartet; es wird nach gewohnter Weise eine Aussegnungsfeier im Sterbezimmer am Bett des Verstorbenen gehalten, bei der sowohl das Pflegepersonal und Mitarbeiter der Verwaltung als auch die Angehörigen anwesend sind. Während der kleinen Zeremonie verfällt die Ehefrau immer wieder in ein kindliches, fast albernes Gelächter. Sie kann diese Feier nicht einordnen, weiß nicht mehr, was die Lieder, die Gebete und die kurzen Gedanken der Andacht zu bedeuten haben. Sie versteht auch nicht, dass der Mann, der vor ihr im Bett liegt, nicht schläft, sondern verstorben ist, und hat obendrein keinerlei Erinnerung daran, dass er ihr Ehemann ist, mit dem sie ein sehr anspruchsvolles und erfolgreiches Leben geführt hat.

Es ist nachvollziehbar, wenn Angehörige eine solche Situation emotional fast nicht ertragen können und ihrerseits viel Verständnis und Trost aufgrund der Irrationalität der Situation benötigen. Das gemeinsame Aushalten, Ertragen und Bewältigen solcher Momente braucht gute und hilfreiche Worte, Formulierungen und Gesten – auch für die Gesunden. Es hilft meistens, das Peinliche der Situation nicht zu verschweigen, sondern es zu akzeptieren, es in Worte zu fassen und einfühlsam zu erklären. Dem Dementen recht zu geben in seinem Verhalten stößt manchmal an Grenzen, aber gerade an solch einer Grenze ist Kreativität, Mitgefühl und ein Verstehen der Krankheit notwendig. **Der Demente *kann* nicht anders!** Er weiß es nicht besser, und er braucht trotz allem weiterhin eine verständnisvolle, achtsame und wertschätzende Begleitung. Er darf nicht angeklagt oder beschuldigt werden, da es hier nicht um schuldhaftes Verhalten geht, sondern um den Verlust mentaler, kognitiver und auch kultureller Kompetenzen. Was am Ende übrig bleibt, ist eine starke emotionale Dynamik und Affektivität. Die Fähigkeit, emotional zu empfinden und zu reagieren, gehört zu den proto-kulturellen Fähigkeiten. Sie sind nicht erlernt, sondern gehören von Geburt an zu unserem Menschsein und sind daher unverlierbar.

Und weil sie unverlierbar sind, lassen sie sich bis zum Lebensende nutzen als Anknüpfungspunkte einer wertschätzenden, emotionalen und beziehungsorientierten Kommunikation. Die Bedürfnis-Pyramide von Abraham Maslow[16] eröffnet damit auch viele Chancen und Möglichkeiten, dementen Menschen so zu begegnen, dass ihre Grundbedürfnisse so gut wie möglich erfüllt werden.

Zusammenfassend lässt sich sagen, dass zu der bereits beschriebenen Reihe der erkennbaren Veränderungen nach dem 1. Demenz-Gesetz nun weitere Veränderungen und Einschränkungen nach dem 2. Demenz-Gesetz hinzukommen.

---

16 siehe Seite 31

Veränderungen nach dem 2. Demenz-Gesetz

Gelerntes geht verloren

Wir haben bereits beschrieben, dass es bei „Gelerntem" nicht so sehr um Schulwissen geht, sondern um konkrete Erinnerungen, die sich ins Gedächtnis eingeprägt (manchmal auch „eingebrannt") haben und die für einen gesunden Menschen unverlierbar erscheinen. Das sind die verschiedenen individuellen biografischen Daten und in der Regel die dazugehörige Familiengeschichte. So beschreiben wir unseren Lebenslauf in einer aufsteigenden chronologischen Weise: Herkunft, Eltern, Beruf und eventuell Status der Eltern, Geburtsort, Geburtsdatum mit Hinweisen auf besondere zeitliche, gesellschaftliche und soziale Umstände (Kriegszeit, Nachkriegszeit, DDR-Sozialisierung u. ä.), Geschwister, Schule und Ausbildung, Beruf, Ehe, Kinder, Wohnorte, wichtige Ereignisse, Hobbys, besondere Kompetenzen usw. Normalerweise ist es einem gesunden Menschen auch möglich, die Jahreszahlen korrekt zuzuordnen.

Bei einem Demenzkranken ist es unter Umständen hilfreich, die Reihenfolge umzukehren und den Lebenslauf vom aktuellen Zustand absteigend (rückwärts) zu beschreiben und dabei immer wieder zu beobachten, bis wohin die Erinnerungen vorhanden sind und welche Daten und Erlebnisse *nicht mehr* greifbar sind. Auf diese Weise lässt sich ein ungefährer zeitlicher Korridor erkennen, in dem sich der Demente mental etwa befindet.

Im Beispiel 7[17] lässt sich deutlich erkennen, dass dem ehemaligen Finanzbeamten mindestens die Ereignisse und Veränderungen der letzten 15 Jahre (dauerhaft oder punktuell) nicht mehr verfügbar sind. Er erinnert sich noch an den letzten Status vor seiner Pensionierung, als er sich noch in der Ausübung seines Berufes befand. Er weiß jedoch nicht, dass dieser letzte Status „nur" eine Erinnerung an eine vergangene Zeit ist, sondern hält es für einen aktuellen Zustand. Er lebt vollkommen in dieser Vorstellung, dass er wie an jedem Wochentag in seine Behörde gehen und seine Pflicht tun muss. Er hat vergessen, dass er pensioniert ist, dass er möglicherweise umgezogen ist,

17 siehe Seite 86

dass viele Jahre vergangen sind (und mit ihnen fast alles „weg“ ist, was in diesen Jahren geschehen ist).

Der Verlust dieser Erinnerungen verläuft (schematisch betrachtet) ebenfalls rückwärts. Das bedeutet, dass frühe und ältere Erlebnisse noch sehr präsent und lebhaft erinnerbar sind oder sogar wie eine ganz frische Erfahrung wieder auftauchen, während die jüngeren Erlebnisse verloren gehen.

Die Ursachen dafür *können* darin liegen, dass junge Menschen ihr Leben wesentlich intensiver und mit allen Sinnen wahrnehmen und in ihrem Gedächtnis auch intensiver speichern, da das menschliche Gehirn in jungen Jahren deutlich plastischer (formbarer) ist als im fortschreitenden Alter. Späte Erfahrungen sind daher häufig nicht mehr in einer so hohen Dichte und Komplexität im Gehirn vernetzt wie die früheren.

Umgekehrt lässt sich davon ableiten, dass neue Erfahrungen, die auch unter den Bedingungen einer demenziellen Erkrankung gemacht werden, noch gespeichert werden können, wenn sie mit allen (mehreren, vielen) Sinnen erlebt werden.

Zur Erinnerung: „Mit allen Sinnen“ hat zur Folge, dass Gedächtnisinhalte gleichzeitig an verschiedenen Orten im Gehirn gespeichert werden und so miteinander vernetzt bleiben – zumindest in den noch gesunden Bereichen des Gehirns. Gedächtnisinhalte, die nur lose (also nicht mit allen oder mehreren Sinneseindrücken) vernetzt sind, gehen leichter verloren.

Aufgrund dieses Prozesses geht ein beschreibbarer „Zwischenraum“ im Ablauf der Biografie verloren. Die Wahrnehmungen sind nun vor allem geprägt vom Kurzzeitgedächtnis (Erinnerungen kürzer als etwa 3 Minuten) und von älteren bis sehr alten Erinnerungen. Es bildet sich ein zunehmender, wachsender Korridor an Nicht-Wissen über die eigene Biografie. Aufgrund dieser Wissenslücke kann es zu diffusen Verknüpfungen von Gegenwart und lange zurückliegenden Erinnerungen kommen. Alles ist gleichzeitig – sowohl die Gegenwart als auch längst vergangene Zeiten mit ihren unterschiedlichen Eindrücken bilden eine nebulöse Wolke aus Bildern, Worten, Personen und Erlebnissen. Eine zeitliche Orientierung in den chronologischen, biografischen Strukturen gelingt nicht mehr.

Aktivierung von traumatischen Erfahrungen und alten Krisen
Da Erinnerungen nicht nur aus sachlichen Informationen bestehen, sondern mit vielschichtigen sinnlichen Erfahrungen verknüpft (vernetzt gespeichert) sind, können alte Krisen und traumatische Erfahrungen bei dementen Menschen im fortgeschrittenen Stadium plötzlich eine starke Präsenz bekommen. Dasselbe gilt selbstverständlich auch für Glückserfahrungen und besonders schöne Zeiten. In der grundsätzlich verunsicherten Situation einer Demenz mit vielen negativen emotionalen Empfindungen und Impulsen werden jedoch eher ähnlich verunsichernde alte Erlebnisse „getriggert". Besonders die Kriegs- und Nachkriegsgeneration mit ihren erlebten Katastrophen, Umbrüchen, unterschiedlichsten Gewalterfahrungen, Sorgen, Ängsten, Gefühlen von Ohnmacht und Ausgeliefertsein, die heute einen Großteil der an Demenz Erkrankten ausmacht, kann manche dieser traumatisierenden Erlebnisse wieder als sehr real und gegenwärtig erleben. Alte Krisen werden wieder aktuell und lebendig, als wären sie gerade erst geschehen beziehungsweise als geschähen sie im Hier und Jetzt.

Beispiel 10:

In einem Pflegeheim lebt eine ältere Dame, von der die meisten Pflegekräfte nicht wissen, dass sie die Witwe eines Mannes ist, der in der Zeit des Nationalsozialismus ein Konzentrationslager geleitet hatte und kurz nach dem 2. Weltkrieg hingerichtet wurde. Inzwischen ist sie im fortgeschrittenen Stadium einer Demenz erkrankt. Es ist nachvollziehbar, dass es in ihrem Denken eine Fülle von Erinnerungen und Haltungen gibt, die mit aktuellen kulturellen und politischen Einstellungen völlig unvereinbar sind. Sie hatte jedoch einige Zeit noch so viel Kontrolle über ihr Verhalten und ihre Äußerungen, dass sie sich relativ unauffällig verhielt.

Dies ändert sich, als eine Bewohnerin auf derselben Station einzieht, die eindeutig erkennbar mit einem russischen Akzent spricht. Diese neue Bewohnerin ist außerordentlich freundlich und liebenswürdig, doch allein der unverkennbare Akzent löst bei der genannten Witwe eine problematische Reaktion aus. Mit der alten Angst-Formel „Die Russen sind da!" beginnt sie die anderen laut rufend vor der neuen Mitbewohnerin zu warnen. Ganz alte Konflikte und Ängste tauchen auf einmal auf. Es gibt keine andere Lösung, als die liebenswürdige neue Bewohnerin auf einer anderen Station unterzubringen und damit den „Frieden" wiederherzustellen.

An diesem Vorgang ist zu sehen, dass nicht nur Erlittenes als Traumatisierung zu bezeichnen ist, sondern dass auch Täter und ihre Angehörigen noch nach Jahrzehnten mit Traumatisierungen leben, die sie selbst mittelbar oder unmittelbar (mit-)verursacht haben.

Noch mehr gilt das selbstverständlich für die Opfer dieser Täter. Da sind die unzähligen Frauen, die am Ende des Krieges unerträgliche Missbrauchssituationen erlebt haben und nie die Möglichkeit hatten, diese Erlebnisse auch nur ansatzweise zu bewältigen. Da gibt es Männer, die ebenfalls schreckliche Erfahrungen gemacht haben als Opfer des Krieges oder als Täter während dieser Zeit und die über Jahrzehnte über diese Erfahrungen geschwiegen haben. Am Ende ihres Lebens (noch mehr durch eine demenzielle Erkrankung) ist die Kraft zum Verdrängen häufig nicht mehr vorhanden, und vieles kommt mit einer ungeheuren Wucht wieder in den Sinn.

Dasselbe gilt auch für viele Menschen, die in den Jahrzehnten durch Flucht und Vertreibung in fremden Ländern gelandet sind. Hier kommt noch hinzu, dass völlig andere kulturelle Prägungen vorhanden sein können. Möglich ist auch, dass durch das Vergessen viele nicht in der Lage sind, ihre Empfindungen in Worte zu fassen oder mit konkreten Erfahrungen in Verbindung zu bringen. Die kognitiven Erinnerungen können verloren sein, das emotionale (möglicherweise auch das körperliche) Gedächtnis kann durch die zeitliche Desorientierung umso dynamischer sein.

Desorientierung nun auch in bekannter Umgebung

Je nach Fortschreiten der demenziellen Veränderung und nach Größe der biografischen Wissenslücke wird dem Erkrankten auch die gegenwärtige Umgebung zunehmend fremd. Nicht nur die Erinnerungen an die jüngste Zeit ist unverfügbar, sondern ganze Jahrzehnte gehen verloren. Und es sind nicht nur die „typischen" Kriegs- und Nachkriegserfahrungen mit ihren Traumata, sondern unzählige entsetzliche Erfahrungen, die Menschen in allen Zeiten gemacht haben: Erniedrigung, Missbrauch, Vergewaltigung, psychische Gewalt, die bis an die Grenze einer psychischen Vernichtung eines Menschen gehen kann. Die Themen und Erlebnisse, denen Therapeuten und Seelsorger in ihren Gesprächen begegnen, sind oft allein beim Zuhören maßlos verstörend. Es ist nicht schwer, sich vorzustellen, wie manche Traumata während einer Demenz wieder aktuell empfunden werden. Da ist es eine besondere „Gnade", wenn auch diese Erfahrungen möglichst schnell durch das Vergessen zumindest mental überwunden werden.

Doch auch das Gegenteil ist möglich: Durch die Demenz werden alte und schöne Erinnerungen wieder aktuell. Zwischenzeiten, die als defizitär, als verlustreich und belastend erlebt wurden, verlieren ihre Bedeutung, und es kommen die „besseren Zeiten" zum Vorschein, die es möglicherweise in früheren Lebensjahren schon gegeben hat:

Beispiel 11:

Eine alte Bewohnerin einer Pflegeeinrichtung möchte gern nach Hause gehen, was aufgrund ihrer fortschreitenden Verwirrung jedoch ausgeschlossen ist. Bei genauem Zuhören wird immer deutlicher, dass sie bei ihrer Sehnsucht nach Zuhause weder ihren letzten noch ihren vorletzten Wohnort vor ihrer Aufnahme ins Heim im Sinn hat. Sie spricht von ihrem Schulweg, der immer am Dom vorbeigeführt habe. Dort wolle sie noch einmal sein. Erst durch einen Blick in ihre Biografie, die vom Sozialen Dienst der Einrichtung in den Tagen und Wochen nach ihrer Aufnahme erstellt worden war, wird ersichtlich, dass sie ihre Kindheit in Königsberg verbracht hatte. Dass es das alte Königsberg nicht mehr gibt, dass Großteile ihrer Heimatstadt unwiederbringlich zerstört sind, dass sie nie mehr ihren „Sehnsuchtsort" wird sehen können – diese Informationen sind ihr nicht zumutbar. Selbst wenn es vermittelbar *wäre*, würde sie auch diese Informationen umgehend wieder vergessen. Ein kleiner Kunstgriff hilft: Dank einer Fülle von Darstellungen und Bildern des alten Königsberg, die im Internet zu finden sind, werden einige alte Fotos ausgedruckt und ihr als „Geschenk" mitgebracht. Auf Anhieb weiß sie, die sie sonst überwiegend nur schweigend in ihrem Sessel verbringt, mit leuchtenden Augen zu allen Bildern und Plätzen „ihres Königsbergs" kleine Erinnerungen und Anekdoten zu erzählen. Für sie ist Königsberg noch immer in seiner „Blütezeit". Sie ist in ihrem Erinnerungsvermögen vor dem 2. Weltkrieg angekommen und freut sich an einer offensichtlich friedlichen, behüteten und glücklichen Kindheit!

Anhand dieses Beispiels kann und muss eine berechtigte Frage angesprochen werden, die fast alle Angehörigen von Dementen umtreibt: Wäre es nicht „ehrlicher“, die alte Dame mit der Realität zu konfrontieren? Sie aufzuklären, dass ein Besuch ihrer Heimatstadt völlig ausgeschlossen sei, dass Königsberg zerstört wurde, dass die „goldene Zeit“ schon fast 80 Jahre vorbei ist?

Dabei ist zu bedenken, dass das Vergessen von längeren Abschnitten der eigenen Biografie nicht nur Verlust an Erinnerungen bedeutet, sondern unter Umständen auch eine erneute Fokussierung auf große und schöne Momente aus der Vergangenheit bewirken kann, die dann in der Erinnerung sehr unmittelbar und lebhaft werden können. Vergessen kann offensichtlich umgekehrt sehr positive alte Erinnerungen wieder umso lebendiger werden lassen. Der kreative Umgang der Gesunden mit solchen „wiederbelebten“ Erinnerungen aus früheren Tagen erfordert also ein hohes Maß an Verantwortungsbewusstsein. Es wäre tatsächlich unehrlich, einem dementen Menschen einfach irgendwelche „Geschichten“ zu erzählen, die er gern hören möchte, unabhängig davon, ob sie wahr sind oder nicht. Beispielsweise, wenn man ihm verspricht, bei nächster Gelegenheit die alten Orte mit ihm zu besuchen – in der begründeten Hoffnung, dass er auch dieses Versprechen rasch wieder vergessen wird.

Besser und ehrlicher wäre es, ihn nach seinen Erinnerungen und Sehnsüchten zu fragen und ihn selbst seine (schönen) Geschichten erzählen zu lassen, auch wenn sie mit der Gegenwart kaum noch etwas zu tun haben. Die Biografie des Erkrankten ernst zu nehmen und mit ihm gemeinsam wertzuschätzen, hat eine besondere Wirkung auf die betreffende Person. Möglicherweise reicht es ihm schon, in diese Erinnerung einzutauchen und sich an ihr zu freuen. Vielleicht hilft es ihm sogar, sich für kurze Zeit wieder zeitlich zu orientieren und zu wissen, dass er kurz in seine Vergangenheit abgetaucht war. Es kann passieren, dass sich die demente Person dadurch wieder „lebendig“ fühlt und mit dieser Erinnerung eine Fülle weiterer Erinnerungen, Stimmungen und positiver Emotionen wach werden, die einen ganzen Tag lang anhalten können und vielleicht sogar noch am nächsten

Tag lebendig sind! In jedem Fall lohnt es sich, solche „Sternstunden" festzuhalten und zu wissen, dass es ein oder mehrere Themen gibt, bei denen schon wenige Stichworte reichen, um einen sehr trüben Tag in einen Freudentag zu verwandeln!

Desorientierung hinsichtlich vertrauter Gegenstände

Die vergangenen 70 Jahre waren einem sehr starken Wandel unterworfen. Es hat immense technische Fortschritte gegeben, durch die ständig neue Alltagsgegenstände auf den Markt geworfen wurden und die auch das berufliche Leben vollständig verändert haben. Fast alle Menschen haben im Laufe der Jahre gelernt, mit bestimmten technischen Neuerungen zurechtzukommen und damit umzugehen. Auch alte Menschen nutzen Computer und Laptops, schreiben Emails und gebrauchen das Internet im täglichen Leben. Manche benutzen noch einen CD-Player (der für die heutige junge Generation schon wieder völlig veraltet ist), besitzen vielleicht sogar einen Kaffeevollautomaten und kommunizieren wie selbstverständlich über ein Smartphone.

Durch eine demenzielle Erkrankung gehen solche Fähigkeiten wieder verloren. Ein an Demenz erkrankter Mensch braucht möglicherweise kein Smartphone, sondern eher ein altes Telefon mit Wählscheibe; keinen Kaffeeautomaten, sondern eine handbetriebene Kaffeemühle, keinen elektrischen Wasserkocher, sondern einen pfeifenden Wasserkessel, wie man ihn früher verwendet hat (die Gefahr des Verbrühens nimmt allerdings zu); keinen CD-Player, sondern ein Audio-Kassettengerät oder einen Schallplattenspieler – Alltagsgegenstände also, die vor 30, 40, 50 Jahren zum Standard gehörten. Selbstverständlich ist der Gebrauch veralteter Technik nicht immer umsetzbar. Diese Beispiele zeigen jedoch, in welche Richtung die Gesunden denken müssten, wenn sie den Erkrankten helfen möchten, ein (gefühlt) eigenständiges und selbstbestimmtes Leben zu führen. Die demente Person hätte dann das Gefühl, nicht in allem auf fremde Hilfe angewiesen zu sein oder ständig für ihre Unfähigkeit kritisiert zu werden, weil sie ihre „neuen" Geräte plötzlich nicht mehr bedienen kann, obwohl sie diese schon seit 20 Jahren in Gebrauch hat. Es kommt also zu einem Verlust von instrumentalen Fähigkeiten, da das innere „Tagebuch" mit den „Gebrauchsanweisungen" moderner Techniken nicht mehr verfügbar ist. (Dies gilt also auch für Technik, die in den Jahren vor der demenziellen Erkrankung mühelos bedient werden konnte).

Desorientierung hinsichtlich ehemals bekannter Personen

Leider wird es bei vielen dementen Menschen auch dazu kommen, dass sie ihren eigenen Ehepartner oder ihre Kinder nicht mehr erkennen (Beispiel 9[18]). Es könnte sogar so weit gehen, dass sie behaupten, niemals verheiratet gewesen zu sein und keine Kinder zu haben! Durch die zeitliche Desorientierung und biografische „Verschiebung" in eine längst vergangene Zeit wissen manche nicht, wie alt sie sind. Möglicherweise sehen sie sich wieder ganz in ihrer Kindheit (wie in Beispiel 11[19]) – und in solch einem Stadium ist es ja in der Tat auf eine sehr subjektive Weise absolut „wahr", dass sie selbstverständlich (noch) nie verheiratet waren und auch (noch) keine Kinder haben können. Dabei kann es zu fast kuriosen Situationen kommen (die von den Angehörigen allerdings häufig nicht unbedingt mit Humor erlebt werden), dass zum Beispiel eine 90-jährige über ihre 65-jährige Tochter sagt: „Diese alte Frau kann doch gar nicht meine Tochter sein. Die ist ja viel älter als ich!"

Problematisch kann es für Angehörige und Pflegepersonal werden, wenn alte Menschen in ihrer zeitlichen und personalen Verschiebung auf einer sexuellen Ebene anzüglich werden und das Gespür für Intimität und Scham abhandenkommt. Eindeutige Aufforderungen oder übergriffige Handlungen machen die Begleitung sehr schwer – besonders dann, wenn die Demenz und ihre Auswirkungen in einem frühen Stadium noch nicht erkannt wurde und Angehörige in tiefe Konflikte geraten. Diese entstehen häufig in Konstellationen, wenn etwa ein alter, freundlicher, immer korrekter Familienvater von seiner Schwiegertochter versorgt wird und plötzlich ihr gegenüber ein völlig

18 siehe Seite 91

19 siehe Seite 98

befremdliches Verhalten an den Tag legt, weil er in ihr eine potentielle Partnerin sieht. Häufig entsteht der Eindruck, dass er nun als alter Mann „sein wahres Gesicht" zeige, und deshalb wird er mit harten Vorwürfen konfrontiert.

Desorientierung hinsichtlich der eigenen Person

Im Verlauf einer Demenz kann auch die eigene Identität immer fremder werden. Nicht nur die zeitlichen und biografischen Zusammenhänge erscheinen immer rätselhafter, sondern auch das Körperempfinden kann sich auflösen. Eine demenzielle Erkrankung verändert auch die sensitiven und haptischen Fähigkeiten. Die Kontrolle über körperliche Prozesse nimmt ab. Hände und Füße werden als nicht dem eigenen Körper zugehörig empfunden. Der Erkrankte schaut sie an, als wüsste er nicht, was er damit anfangen soll. Er kann seine Extremitäten nicht gezielt einsetzen oder erkennen, welchen Zweck sie haben. Vormals selbstverständliche und gewohnte Bewegungs- und Handlungsreflexe sind nicht mehr abrufbar.

Desorientierung hinsichtlich der Kommunikation

Nicht nur eine gewisse Vergesslichkeit von Gedächtnisinhalten gehört zu den Symptomen einer Demenz. Auch Sprache und Aufmerksamkeit wird verlangsamt. Worte gehen verloren und werden durch andere Worte ersetzt. Bestimmte Worte werden zu „Platzhaltern" für solche, die dem Dementen nicht mehr einfallen. Eine alte Dame erfand zum Beispiel lauter Begriffe, die vom Wort Strumpf abgeleitet waren. („Gestrümpfte Strümpfe konnten herumstrumpfen.") Nur ihren Blicken, ihrer Gestik und Mimik und dem weiteren Kontext der Begegnung konnte eventuell entnommen werden, um welches Thema es in der versuchten Kommunikation gerade ging. Ein Turm wird zu einem Baum, eine Kirche zu einem Schloss oder zu einer Höhle, eine Ehefrau zu einer Tochter oder zu einer entfernten Verwandten. Sie könnte aber auch zu einer Freundin oder zur eigenen Mutter werden. Es bleibt der Fantasie des Zuhörers überlassen, ob er die „Geheimsprache" des Dementen entschlüsseln kann.

Es ist aber schon für gesunde Menschen wichtig, dass sie in sehr komplexen Strukturen (Sätzen und Formulierungen) kommunizieren können. Das gilt zumindest für die eigene Muttersprache. Wer einmal eine Fremdsprache gelernt hat und sich nicht wirklich kompetent darin fühlt, weiß um das peinliche Bemühen und Suchen nach Vokabeln, korrekter Grammatik und verständlicher Satzstruktur. Bei einem dementen Menschen geht diese Kompetenz auch in der eigenen Muttersprache langsam verloren. Es gelingt nicht mehr, die komplexen Informationen eines gesprochenen Satzes zu dechiffrieren. Hat er einmal den Faden verloren, bricht die Kommunikation für ihn komplett zusammen. Seine Muttersprache wird ihm fremd (zur Fremdsprache). Daraus folgt, dass ein dementer Mensch nur mit sehr kurzen, eindeutigen Sätzen mit möglichst nur *einer* (!!) Information zurechtkommen kann. Und auch das gilt nur für die Kommunikation in der Gegenwart und nicht für Fragen nach Dingen, die im Verlauf des Tages geschehen sind.

Eine Enkelin bietet ihrem Großvater beispielsweise sehr freundlich an: „Opa, beim Bäcker gab es heute den Kuchen, den es auch an deinem letzten Geburtstag gab. Den mochtest du doch so gerne! Die Mama hat heute einen mitgebracht. Möchtest du ein Stück? Oder vielleicht lieber später?“[20] Dieses gut gemeinte Kuchen-Angebot enthält so viele einzelne Informationen, dass sie einen dementen Menschen vollkommen überfordern. Selbst wenn er nach viel Anstrengung eine Antwort geben könnte, würde allein dieser kleine Vorgang zu einer mentalen Erschöpfung führen und jedes weitere Gespräch belasten oder unmöglich machen. *Maximal* möglich wäre zu fragen: „Opa, magst du ein Stück von deinem Lieblingskuchen?“ oder: „Opa, magst du ein Stück Streuselkuchen?“

Auch eine freundliche Angebots-Auswahl, ob Tee oder Kaffee oder Wasser oder etwas ganz anderes dazu gewünscht wird, führt meistens zu einer Überforderung. Der gesunde Begleiter sollte nach Möglichkeit Informationen darüber haben, welche Vorlieben der demente Mensch zu einer bestimmten Gelegenheit oder Tageszeit hat. So kön-

---

20 Solche Beispiele lassen sich in großer Zahl in der spezifischen Fachliteratur finden. Ähnlichkeiten in den Formulierungen können nicht ausgeschlossen werden.

nen gezielte Nachfragen nach spezifischen Wünschen, die den Kranken überfordern, umgangen werden.

Verlust bisheriger Vorlieben

Allerdings ist auch die Kenntnis über frühere Vorlieben nicht immer der sichere Weg. Was früher gut war, kann plötzlich auf Ablehnung stoßen. Frühere Lieblingsessen schmecken eventuell nicht mehr, denn auch der Geschmack kann sich durch eine Demenz verändern. Menschen, die einmal ähnliche Geschmacksirritationen erlebt haben, etwa durch eine Chemotherapie oder während einer Covid-Infektion, können sich vorstellen, wie jedes Nahrungsmittel – und sogar normales Wasser – ein starkes geschmackliches Ekelempfinden auslösen kann. In der Regel treten solche Irritationen erst im späteren Verlauf einer Demenz auf und haben ihre Ursache darin, dass das Geschmackszentrum seinen Sitz selbstverständlich ebenfalls im Gehirn hat. Ist dieses Zentrum mitbetroffen, kann es passieren, dass der Demente seine Nahrung einfach wieder ausspuckt, ihm im weiteren Verlauf der Erkrankung nichts mehr schmeckt und es zu einer Verweigerung der Nahrungsaufnahme kommt. Am Ende bleibt häufig nur eine unterstützte Ernährung (manchmal auch als „Zwangsernährung“ empfunden) mit einer Spezialnahrung durch eine Sonde.

Bei fortschreitender Demenz kommt es zu weiteren Komplikationen der Symptomatik. Neben dem erlernten Wissen, manchen Alltagskompetenzen und neurologischen Funktionen geht auch das Zeitgefühl der „biologischen Uhr“ verloren: Der Tag-Nacht-Rhythmus verändert sich, das Schlafbedürfnis kann zunehmen oder abnehmen, der Demente kann sich zu allen Tag- und Nachtzeiten hoch aktiv, verbunden mit einer aggressiven Hyperaktivität oder auch sehr schläfrig, passiv und depressiv zeigen.

Eine Besonderheit: Die frontotemporale Demenz

Die frontotemporale Demenz (oder die Frontalhirn-Demenz) unterscheidet sich von anderen Demenzformen, obwohl sie zum selben Demenzformenkreis gehört. Das Hirnareal, in dem die Erkrankung besonders stark ist, macht den Unterschied. Im Frontalhirn ist das Wissen gespeichert, das wir als „Kultur", „Moral" oder auch als den „inneren Knigge" bezeichnen. Das bedeutet, dass ein Mensch mit einer Frontalhirn-Demenz zwar noch alles weiß und alles kann, was zeitlebens zu seinen normalen Kompetenzen gehört hat, aber er weiß nicht mehr, „was sich gehört". Alle Benimmregeln sind ihm plötzlich fern. Er spricht fremde Menschen an (auch mit Themen, die höchst persönlich und intim sind); er macht und sagt „unanständige Dinge"; er weiß sich im Restaurant, in einer Kirche, in einem Theater oder auf einer Feier nicht mehr zu benehmen und scheint alle Hemmungen verloren zu haben.

Das gilt unter Umständen auch für alles, was er jemals an Worten, Ideen, Bildern, Verhaltensweisen bei *anderen* Personen gesehen hat, und kann auch dann geschehen, wenn er dieses Verhalten in seinem bisherigen Leben noch nie aktiv gezeigt und auch im Verborgenen nie praktiziert hat. Sogar dann, wenn er es zuvor niemals gedacht oder sich gewünscht hat, sondern nur bei *anderen* (!) *beobachtet* hat. Solche Impulse von außen können durch Bücher oder Filme aufgegriffen, in Darstellungen gesehen oder auch nur unfreiwillig bei früheren Arbeitskollegen gehört worden sein. Diese Worte, Bilder und Verhaltensweisen sind möglicherweise deshalb noch viel tiefer im Gehirn gespeichert (vernetzt!), weil der Demente eine starke Abneigung dagegen empfand, als er noch gesund war. Jetzt ist das Gefühl der Abneigung nicht mehr vorhanden; die ethisch-moralische Kontrolle ist erloschen – die Gedanken und Bilder sind aber noch da!

So kann ein sehr freundlicher, liebenswerter, frommer Mensch plötzlich anfangen zu fluchen und alles zu verdammen, was ihm einmal heilig war – seinen Glauben, seine Werte, seine Angehörigen! Und ein ehemals sehr unangenehmer Zeitgenosse kann in der Demenz plötzlich Verhaltensweisen zeigen, die ihn zu einem friedlichen und sympathischen Menschen machen.

Zeigt der Demente sein „wahres Gesicht“?

Es wäre also fatal zu glauben, dass jemand, der plötzlich ein sehr sonderbares, eventuell auch ein moralisch starkes Fehlverhalten zeigt, in seiner Demenz die bisher geheimen und verborgenen Seiten seines „wahren Charakters“ offenbar macht! Im Gehirn sind nicht nur Erinnerungen an eigene Praktiken und Gedanken gespeichert, sondern auch fremde Einstellungen anderer Zeitgenossen und solche, die früher einmal als eindeutig falsch und verwerflich eingeordnet waren. In der Demenz kann das Gehirn oft nicht mehr zwischen *eigenen* Gedanken und *fremden* Gedanken, zwischen *eigenen* Worten und den Worten *anderer* unterscheiden. Der Demente verhält sich (möglicherweise) wie ein Papagei, der nur etwas nachspricht, ohne den Sinn zu erfassen, weil diese Worte gerade am besten seine emotionalen Befindlichkeit ausdrücken.

Dass diese Form einer Demenz für Angehörige besonders schwer auszuhalten ist, ist leicht nachvollziehbar. Da ist ein Mensch, der unverändert alles weiß und kann – fast so, wie man ihn kannte; und doch entsteht plötzlich eine Distanz und Fremdheit aus Scham und Abneigung, die sich nur überwinden lässt, wenn Angehörige und Pflegende die Krankheit kennen und verstehen – und wenn sie begreifen: Der Erkrankte *weiß* es nicht besser; er *kann* nicht anders.

Ausnahmen vom Gesetz

Selbstverständlich verläuft nicht alles Erleben und Verhalten demenziell erkrankter Menschen stringent nach diesem 1. und 2. Demenz-Gesetz! Dieses schematische Modell kann nur eine Hilfe sein, die Verhaltensmuster ein wenig einzuordnen, die sich im Verlauf einer demenziellen Erkrankung zeigen, und um zugleich auch zu verstehen, warum gesunde Menschen in der direkten Umgebung häufig mit einer gewissen Hilflosigkeit darauf reagieren.

Es gibt selbstverständlich auch bei dementen Menschen bessere und schlechtere Tage. Plötzlich funktioniert das „Lernen“ doch wieder und der Demente erinnert sich wider Erwarten an die Mahlzeit vom Mittag oder an den Besuch von gestern! Es könnte daher der Eindruck entstehen, dass der Erkrankte sich nur ein wenig mehr anstrengen müsse, um sich wieder korrekt zu verhalten. Er müsse nur „wollen“! Und wieder entsteht ein Konflikt aus Vorwürfen und Kritik, der allen Beteiligten das Leben zusätzlich erschwert.

Trotz mancher punktuellen Abweichungen von den genannten Gesetzen kann dieses Schema sehr helfen zu verstehen, was etwa in einer Demenz geschieht und warum sich Erkrankte so sonderbar und irrational verhalten, obwohl sie z.T. – zumindest im Anfangsstadium einer Erkrankung – noch unverändert „wie immer“ erscheinen.

Den verzweifelten Kampf eines Dementen verstehen

Demenziell Erkrankte entwickeln häufig eine Strategie, um sich selbst zu schützen und ihre Würde zu bewahren beziehungsweise zurückzugewinnen. Sie spüren, dass mit ihnen etwas nicht mehr stimmt. Sie sind verzweifelt, hilflos und ängstlich. Und vor allem: Es ist ihnen zutiefst peinlich, wenn sie erleben, dass sie Dinge tun, die „man nicht tut“; dass sie Dinge nicht wissen, die man eigentlich wissen müsste; dass ihnen einfachste Zusammenhänge ihres Denkens abhandenkommen. Besonders bei einer beginnenden Demenz ist das nur schwer zu ertragen, und zugleich gelingt es den meisten in diesem Stadium immer noch, ein halbwegs überzeugendes „Theaterspiel“ aufzuführen, das immer mehr zu einem Solo-Auftritt wird. Gleichzeitig merkt manch einer, dass auch dies nicht allen Beobachtern verborgen bleibt.

In diesem „Theaterspiel“ am Beginn einer demenziellen Veränderung gibt es sehr unterschiedliche Rollen, die häufig auch gewechselt werden. Manche dieser Rollen sind liebenswürdig und humorvoll oder auch einfach sehr ehrlich. Andere sind schwer zu ertragen und können heftige Konflikte auslösen. Da wird geleugnet, vertuscht, kaschiert, überspielt. Da wird angegriffen, beschuldigt, wirres Zeug behauptet und geklagt. Oder es wird gejammert, geschwiegen, verweigert und abgelehnt. Häufig braucht es sehr viel Geduld und Kreativität für die Gesunden, sich auf dieses „Theaterspiel“ einzulassen und eine hilfreiche Nebenrolle darin zu übernehmen – und in dieser Rolle zugleich authentisch und ehrlich zu bleiben. Das haben erfahrene Begleiter als einen „Tanz in den Schuhen des Dementen" beschrieben.

Schon gesunde Menschen sind sehr darauf bedacht, ein gewisses Image zu pflegen. Man könnte es ein wenig kritisch auch als eine „Fassade" bezeichnen. Es entstammt einem tiefen Bedürfnis nach Selbstwert, Integrität und Würde. Je mehr dies bei einer Demenz erkennbar verloren geht, desto mehr muss an der Fassade „ausgebessert" werden. Doch auch das gelingt immer weniger.

Es ist aber gut zu wissen und wertzuschätzen (und dies fällt den Gesunden häufig besonders schwer), warum demente Menschen sich so verhalten. Diese Verhaltensweisen entstammen nicht einer boshaften Haltung, sondern einer tiefen Verzweiflung.

- Demenziell Erkrankte wissen nicht mehr, was richtig und was falsch ist – aber sie spüren, dass etwas nicht stimmt!
- Demenziell Erkrankte arbeiten krampfhaft daran, ihre Fassade aufrechtzuerhalten.
- Demenziell Erkrankte halten sich selbst nicht für krank – sie haben für ihr Fehlverhalten eine Erklärung parat.
- Demenziell Erkrankte verweisen häufig auf die Fehler anderer, um die eigenen Fehler zu minimieren.
- Nichts geschieht aus Böswilligkeit oder Verstocktheit.
- Der Kranke verhält sich immer nur so, wie es sein krankes Gehirn zulässt.
- Je weiter die Krankheit fortschreitet, desto tiefer ist der Abgrund der Hilflosigkeit und desto mehr werden die Betreuenden gefordert.

Hinweise für den Umgang mit einem dementen Menschen

- Wir (die Gesunden!) können (im Gegensatz zum Kranken) unser Verhalten der Krankheit anpassen – er nicht!
- Wir sollten dem demenziell erkrankten Menschen unbedingt Kompetenz, Würde, Qualität und Wertschätzung entgegenbringen.
- Wir sollten Gefühle, Empfindungen und Verhaltensweisen nicht kritisieren, nicht korrigieren, nicht diskutieren und nicht verneinen oder ablehnen. Sie können nur als echt akzeptiert werden.
- Wir stimmen dem demenziell Erkrankten immer zu. Wir können durch noch so vernünftige Argumente nichts ändern.
- Wir akzeptieren unbedingt die Wahrnehmungen des demenziell Erkrankten.
- Wir vermeiden Stör-Reize (vor allem Aufmerksamkeit fordernde Hintergrundgeräusche u.ä.). Ein dementer Mensch kann nicht an einer Aktion teilnehmen, während im Hintergrund ein Radio oder Fernsehgerät läuft.
- Wir vermeiden laute Geräusche, laute Stimmen und Hektik. Demenziell Erkrankte sind äußerst sensibel und schreckhaft. Spontane und starke Reize machen ihnen Angst.
- Wir achten beim Sprechen auf gleiche Augenhöhe und bleiben ruhig und freundlich – egal, was geschieht.
- Wir lassen uns im Gespräch mit einem Dementen nicht von Dritten unterbrechen. Der Demente hat Vorrang.
- Wir sparen nicht mit Lob und Anerkennung. Der Demente ist nicht „dumm“ geworden, sondern hat nur vieles vergessen. Er reagiert sehr sensibel auf den Ton und die Art der Kommunikation.
- Wer den demenziell Erkrankten ernst nimmt und wertschätzt, kann (fast) alles erreichen.

Für die Angehörigen scheint es, als würde der demenziell Veränderte langsam seinen „Verstand verlieren“. Eine Frage ist wichtig: Ist tatsächlich *alles* verloren – oder sind nur die ultraschnellen Verbindungen im Gehirn nicht mehr da? Wenn man bedenkt, wie komplex und wie schnell ein gesundes Gehirn arbeitet, lässt sich erahnen, was bei einem stark verlangsamten Gehirn geschieht.

Aus den bis zu 130 Milliarden Neuronen (Nervenzellen) eines gesunden Gehirns bilden sich durch Lernen und Erfahrungen von Geburt an bis ins hohe Alter unzählige Netzwerke mit unterschiedlichsten Kompetenzen. Die unfassbare Vielfalt und Komplexität dieser Netzwerke sind in ihren Dimensionen kaum darstellbar.

Diese Netzwerke sind auch bei einer demenziellen Veränderung noch immer sehr nützlich, denn auch unser Wissen ist an verschiedenen Stellen mit unterschiedlichen Assoziationen (Verbindungen) gespeichert. Das Wissen kann aus Daten, Zahlen, Erinnerungen, Bildern und Wörtern bestehen; es kann zugleich aber auch mit bestimmten Emotionen, mit sinnlichen Erfahrungen wie Gerüchen, Geräuschen, Geschmack und haptischen Eindrücken (Tastsinn) verbunden sein. Wer kennt es nicht, dass ein spezifischer Geruch sofort Erinnerungen auslöst – wenn zum Beispiel der typische Bohnerwachsgeruch in einem Schulmuseum auf Anhieb längst vergessene Momente aus der Schulzeit in der Kindheit aktiviert, oder wenn ein Donnergrollen bei einem Gewitter sofort eine alte, kindliche Angst auslöst? Wer wird nicht von einer starken Welle von Emotionen erfasst, wenn plötzlich eine Musik im Radio gespielt wird, die in der Zeit der ersten Verliebtheit vor 30 und mehr Jahren aktuell war? Wer aus der Kriegsgeneration zuckt nicht automatisch zusammen, wenn das Motorengeräusch einer großen Propellermaschine zu hören ist (und sei es nur in einem Film)?

Es ist sehr wichtig zu verstehen, dass auch wir – als Begleitende – in unserer Aufgabe immer Fehler machen werden. Gerade weil wir ebenfalls Lernende sind und uns in der teilweise sehr fremden und geheimnisvollen Welt eines dementen Menschen bewegen, sind Fehler unvermeidbar. Ein kreativer Umgang mit dem Erkrankten bedeutet zwar nicht, dass wir verantwortungslos mit ihm „spielen“ und experimentieren, doch es bleibt immer ein Weg des „trial and error“ („Versuch und Irrtum“). Es wird – besonders am Anfang – immer viele „Fehlversuche“ geben. Da jeder demente Mensch ein Individuum und „anders“ ist als andere, gibt es kein routinemäßiges Begleiten. Es mag paradox erscheinen: An diesem Punkt „hilft“ uns die Krankheit, da der demente Mensch auch unsere Fehler wieder vergisst. Das ist kein Zynismus, sondern eine sehr nüchterne Erfahrung. Was er dabei nicht so leicht vergisst, ist die „Stimmung“, die wir durch unsere Fehler möglicherweise ausgelöst haben. Wir müssen also nicht zuerst unsere Fehler korrigieren, sondern an der situativen Stimmung „arbeiten“.

5. Hilfen und Anregungen für demente Menschen und ihre Angehörigen

Persönliches Netzwerk zur Demenz-Begleitung

Für eine optimale Versorgung und Begleitung von dementen Menschen braucht es ein ganzes Netzwerk von Helfern und Einrichtungen. Dies gilt noch mehr für Demente, die zu Hause gepflegt werden, als für solche, die in Einrichtungen leben. In einem Senioren- und Pflegeheim sind nahezu alle Fachbereiche vor Ort. Daher ist es immer eine wichtige Überlegung, ob ein dementer Mensch in einer Einrichtung unter Umständen besser versorgt werden kann als zu Hause. Diese Entscheidung bleibt eine sehr schwierige, besonders dann, wenn Ehepartner oder Kinder einmal ein Versprechen gegeben haben, dass niemand „in ein Altenheim abgeschoben wird"! Schon diese häufig gebrauchte Formulierung macht deutlich, wie viel Abwehr hinter diesem Gedanken steckt.

Für manche (Demente und auch für ihre Angehörigen) ist jedoch ein Pflegeheim tatsächlich die beste Lösung. Eine solche Entscheidung sollte immer unter Berücksichtigung verschiedener Ratgeber und Faktoren erfolgen und tatsächlich nicht aufgrund eines früheren Versprechens oder eines schlechten Gewissens.

Zu diesem Netzwerk gehören selbstverständlich der Demente selbst und seine nächsten (auch besonders die ortsnahen, pflegenden) Angehörigen. Auch Hausärzte und Fachärzte, juristische Betreuungsvereine und Selbsthilfegruppen sind wichtige Unterstützer für spezielle Fragen. Selbstverständlich gehören möglicherweise auch Freunde und Nachbarn dazu. Es ist zumindest zu prüfen, ob sie zu einem unterstützenden Netzwerk gehören können und wollen.

Ein guter Kontakt zur Pflegekasse ist ebenso notwendig wie die frühe Einbeziehung einer ambulanten Pflege, eventuell auch von Sozialarbeitern und Therapeuten. Es lohnt sich, die ganze Vielfalt therapeutischer Angebote zu sondieren und auch einzufordern – am besten natürlich, bevor der Punkt erreicht ist, an dem die direkten Angehörigen „nicht mehr können".

Hilfreiche Adressen

In den vergangenen Jahren sind aufgrund verschiedener Initiativen viele und gute Hilfsangebote für Menschen mit Demenz und ihre Angehörigen entwickelt worden. Im Internet wird man fündig, wenn man nach Begriffen wie „Netzwerk Demenz", „Alzheimer" oder „Adressen Demenz" sucht. Dabei muss man natürlich überprüfen, ob die jeweiligen Angebote noch aktuell sind, da manche Internetseiten noch aktiv sind, obwohl das Angebot möglicherweise nicht mehr besteht. Besonders zielführend ist es, einen Kontakt zu den örtlichen Pflegeeinrichtungen aufzunehmen, da dort häufig auch Angebote für Interessierte aus der Umgebung zu finden sind.

Eine der wichtigsten Adressen im Internet ist die der „Deutschen Alzheimer-Gesellschaft" unter **www.deutsche-alzheimer.de**, auf der sehr viele grundlegende und allgemeine Informationen und auch regionale und örtliche Angebote zu finden sind.

Auf der Seite **www.netzwerkstelle-demenz.de** finden sich darüber hinaus viele Verbindungen und Adressen für interessierte Anbieter und Netzwerker.

Wer an neueren Methoden der medizinischen und neurologischen Behandlungen interessiert ist, wird unter **www.alzheimer-deutschland.de** besondere Informationen über die „Transkranielle Pulsstimulation" (TPS®) finden.

Wichtige praktische Hilfen zur Orientierung finden sich unter **demenzhilfe-deutschland.de**.

Rechtliche Informationen und lokale Angebote und Wegweiser gibt es auf der Seite **www.wegweiser-demenz.de**.

Auch Selbsthilfegruppen sind vielerorts zu finden und sehr hilfreich, da die meisten betroffenen Angehörigen mit ähnlichen Herausforderungen zu tun haben und durch ihre anhaltenden Bemühungen auch über ein spezifisches „Expertenwissen" verfügen.

Onlinekurse für Angehörige von demenziell Erkrankten

Kurse für Angehörige sowie für Interessierte, die auch selbst Kurse anbieten möchten, gibt es von der „EduKation demenz®". Diese Kurse werden sowohl online als auch regional in Präsenz angeboten. Orte und Zeiten sind auf der Homepage **schulung-demenz.de** angegeben.

„EduKation demenz®" ist die Abkürzung für: „Entlastung durch Förderung der Kommunikation bei Demenz". So heißt das Schulungsprogramm für Angehörige von Menschen mit Demenz, das an der Friedrich-Alexander-Universität Erlangen von Prof. Dr. Sabine Engel 2006 entwickelt wurde. „EduKation demenz®" ist die einzige wissenschaftlich evaluierte Angehörigenschulung im deutschsprachigen Raum. Die erste Studie wurde 2006 mit dem Habilitationspreis der Erziehungswissenschaftlichen Fakultät der Friedrich-Alexander-Universität Erlangen-Nürnberg ausgezeichnet. Die jüngste wissenschaftliche Evaluationsstudie wurde vom Bundesministerium für Gesundheit im Rahmen der „Zukunftswerkstatt Demenz" gefördert.

In diesen Studien konnte nachgewiesen werden, dass sich bei Angehörigen, die an dem Schulungsprogramm „EduKation demenz®" teilnehmen, Depressivität und Belastungsempfinden signifikant und langfristig reduzieren, und dass sie befähigt werden, die alltäglichen Konfliktsituationen, die sich im Zusammenleben mit einem Demenzkranken immer wieder ergeben, durch gelingende einfühlsame Kommunikation besser zu bewältigen.

Einfache Kommunikation

Da demente Menschen in hohem Maße irritierbar sind, brauchen sie eine hohe Aufmerksamkeit. Dazu gehört zunächst ganz einfach eine sichtbare und körperliche Präsenz. Der Demente sollte nicht von hinten oder aus einem anderen Raum, auch nicht durch unklare Nebenbemerkungen oder während einer aktiven Handlung nebenbei angesprochen werden, sondern immer sehr direkt auf Augenhöhe. Störungen durch Radio- und Fernsehgeräte oder weitere Gespräche sollten ausgeschlossen werden. Ein dementer Mensch versteht vor allem einfache und eindeutige Sätze, die nach Möglichkeit nur eine einzige Information enthalten. Es hilft, die verschiedenen Sinne anzusprechen, wie zum Beispiel: *Magst du eine von diesen „schönen" Natursendungen anschauen?; Möchtest du einen „richtig guten Kaffee"?; Ich habe hier eine „kleine Wundertablette" für dich!*

Werden seine Sinne in kurzen, klaren Sätzen mit angesprochen, fällt es dem Dementen leichter, einen Rat oder eine Aufgabe anzunehmen. Besonders bei einer Medikamentengabe ist das manchmal sehr schwierig, wenn die Tabletten nur schwer zu schlucken sind und die Einnahme häufig mit Auseinandersetzungen verbunden ist.

Ein Gespräch darf keine „Quizfragen" enthalten; der Demente fühlt sich „examiniert" und erträgt es nicht gut, wenn ihm einfache Antworten nicht einfallen. Sogenannte „W-Fragen", die mit „was, wie, wo, wann, wer" beginnen, können oft nicht beantwortet werden, weil sie ein funktionierendes Gedächtnis voraussetzen. Fragen dürfen Ansätze einer Antwort schon enthalten. Leichter ist es, wenn Fragen mit einem „Ja" oder „Nein" beantwortet werden können (sog. „geschlossene Fragen").

Allerdings können viele Fragen zu früheren Ereignissen gestellt werden, die nicht nur ein „Wissen" abfragen, sondern auch mit alten Beziehungen zu tun haben. Wenn es thematisch etwa um die Frage geht: Wie war es früher im Elternhaus? Gab es dort einen Garten? Gab es dort Bäume – und wenn ja, welche? Können Sie sich daran erinnern, wie Sie als Kind auf die Bäume geklettert sind? Wie war das? Gab es einen bestimmten Baum, auf den Sie geklettert sind?

Diese Fragen richten sich an alte Erinnerungen, die vor allem durch das Spiel in der Kindheit mit vielen Erfahrungen vernetzt und gespeichert sind und darum weit über informelle Inhalte hinausgehen (etwa die Aufregung, auf einen Baum zu klettern, die Spannung, nicht herunterzufallen, das Gefühl, mutig gewesen zu sein, eventuell gelobt worden zu sein oder etwas „Gefährliches" getan zu haben). Es werden Bilder wieder wach, eventuell sogar Erinnerungen an Freunde, die damals dabei waren. Ausgehend von dieser Thematik lassen sich unzählige weitere Geschichten zu anderen „Zyklen" (Garten, Natur, Nachbarschaft, Freunde, Abenteuer der Kindheit) abfragen und neu „inszenieren"[21]. Mit diesen Fragen sind wir bereits bei der Biografie-Arbeit angelangt.

Aktivierung

Biografie-Arbeit

Die Biografie-Arbeit steht chronologisch ganz am Anfang, wenn jemand in eine Pflegeeinrichtung aufgenommen wird. In der Regel kümmert sich darum der Soziale Dienst, der sich in loser Folge mit den Bewohnern in Einzelbegegnungen trifft und mit ihnen spricht. Auch Gruppenaktionen eignen sich dazu, die neuen Bewohner in ihrem Verhalten zu beobachten und typische unmittelbare Verhaltensweisen zu entdecken.

Wichtig sind auch Hinweise und Ergänzungen von Angehörigen, soweit sie zur Verfügung stehen. Mit der Biografie-Arbeit sollte auch dann schon sehr früh begonnen werden, wenn noch keine Demenz irgendeiner Ausformung vorhanden ist, da es durch kleine Hirninfarkte, Schlaganfälle oder andere Störungen jederzeit zu degenerativen Formen kommen kann. Diese Biografie-Arbeit lässt sich allerdings auch im privaten Umfeld gestalten und einsetzen, wenn gar keine Aufnahme in eine Pflegeeinrichtung vorgesehen ist!

---

21 Weitere Vorschläge für gezielte Erinnerungsthemen finden sich mit programmatischen Entwürfen zum Beispiel bei S. Gatz / L. Schäfer, Themenorientierte Gruppenarbeit mit Demenzkranken, 3. Aufl., Weinheim, Basel 2012

Ein sehr gutes Medium für diese Sammlung von Informationen ist das persönliche Fotoalbum, das gemeinsam erstellt wird und in dem sich alle wichtigen Bilder, Namen, Personen und prägenden Ereignisse festhalten lassen. Dieses Album kann wie ein schriftlicher Lebenslauf aufgebaut sein: Foto und Namen mit Daten der Eltern und deren Herkunft (eventuell auch deren Geschwister und deren Nachkommen); Foto des Dementen selbst aus seiner Kindheit mit Namen und Daten; Fotos seiner Geschwister, seines Ehepartners, seiner Kinder (und deren Partner und Kinder); Fotos wichtiger Ereignisse wie Konfirmationen, Taufen, Hochzeiten, beruflichen Situationen, Nachbarschaftsbegegnungen; Urlaubserinnerungen usw. Und immer sind Namen und Daten der dargestellten Personen und Orte wichtig, da die bedeutendsten Ereignisse meist mit Beziehungen und Orten verbunden sind und diese wiederum in Begegnungen erlebt wurden. Auch die Wohnorte in der Kindheit, die Schule und die Erlebnisse in der Jugendzeit sollten möglichst mit Bildern belegt sein (falls vorhanden).

Es ist empfehlenswert, solch ein Fotoalbum im Ringbuchformat anzulegen, damit eine ständige Erweiterung wichtiger biografischer Zusammenhänge möglich ist. Wer sich viel Zeit nehmen will, kann sich zusammen mit dem demenziell Erkrankten zu jedem Foto eine eigene Seite mit Informationen und Erinnerungen gestalten. Auf diese Weise entsteht ein sehr kreatives, persönliches Lebens-„Bilderbuch", das auch von anderen Begleitpersonen als Gesprächsgrundlage genutzt werden kann. Viele assoziative Verknüpfungen und Erinnerungen lassen sich auf diese Weise – sowohl bei dem Erkrankten als auch bei seinem Begleiter – aktivieren. Allein die gemeinsame Zeit während der Gestaltung dieses Erinnerungsalbums hat einen unschätzbaren Wert!

Diese Dokumentation ist eine Goldgrube für verborgene Erinnerungen. Jedes Gespräch über ein einzelnes Detail kann unzählige Male wiederholt werden und doch jedes Mal andere Wendungen nehmen, indem die Begleiter immer neue Fragen stellen oder verschiedene Aspekte berühren.

Bitte beachten: Von Originalfotos mit besonderem Wert nach Möglichkeit nur Abzüge verwenden, da sie im Laufe der Zeit durch Missgeschicke verunreinigt oder anderweitig in Mitleidenschaft gezogen werden könnten!

Die alte Dame aus dem oben erwähnten Fall[22], die immer wieder in unzusammenhängenden Satzbruchstücken das Wort „Königsberg“ eingeworfen hatte, konnte ihr Glück kaum fassen, als ihr die alten Aufnahmen aus dem heimatlichen Königsberg gezeigt wurden. Besonders der Dom hatte es ihr angetan. Auf Anhieb begann sie zu erzählen, wo genau sie gelebt hatte, wo ihre beste Freundin wohnte und wo ihr Schulweg entlangführte. Viele Geschichten fielen ihr dann wieder ein und sie begann aufgeregt zu erzählen: von der Kindheit, von den Eltern, von den Geschwistern, von Festen und Ereignissen usw. Obwohl sie sonst sehr schweigsam war und bei Nachfrage kaum ihren eigenen Namen nennen konnte, fielen ihr viele Details wieder ein, als wäre ihr Gehirn wieder erwacht – wenn auch nur für einige Momente! Wichtiger als die konkreten Erinnerungen aber war, dass ihre frühen Emotionen wieder spürbar wurden und viel länger anhielten als die Erinnerungen. Wichtige Areale in ihrem Gehirn wurden dadurch erfolgreich aktiviert. Der Tag war „gerettet“!

Auch für einen Besuchsdienst, Seelsorger, Pfarrer sind biografische Informationen eine wertvolle Hilfe, um einfühlsam auf den dementen Menschen eingehen zu können.

Eine Checkliste, um wichtige Biografie-Eckdaten des Dementen zu erfassen, finden Sie auf Seite 217.

Einrichtung eines Erinnerungs-Schrankes (oder einer -kiste)

Schon im privaten Umfeld kann vieles sehr früh für das Alter vorbereitet werden, indem bei Modernisierungen der Wohnung, bei Umzügen an einen anderen Wohnort oder Entrümpelungsaktionen nicht unbedacht alles „Alte“ entsorgt wird, sondern gerade kleinere, sehr alte und häufig gebrauchte Gegenstände an einem besonderen Ort als „Andenken“ aufbewahrt werden. Das können kleine Werkzeuge oder Geräte und Gegenstände aus dem Haushalt sein oder solche, die sich auf die Berufstätigkeit oder auf ein geliebtes Hobby beziehen. Sie können bei Bedarf oder gelegentlich aus dem „Erinnerungs- oder Aktivierungs-Schrank“ oder der Kiste vorgeholt werden,

---

22 siehe Beispiel 11, Seite 98

in der eigens für die Biografie-Arbeit eine Sammlung bereitgehalten wird. Es müssen nicht einmal die eigenen alten Gegenstände sein, aber sie sollten Erinnerungen an eine vergangene Zeit auslösen. (Dass keine gesundheitsgefährdenden Gegenstände darunter sein sollten, versteht sich von selbst. Auch mit allem, was ein Feuer auslösen könnte, sollte nur unter Beobachtung hantiert werden.) Wichtig ist, dass schon ein einziger Gegenstand, den wir ins Blickfeld des Dementen rücken, den ganzen Tag verändern kann – entweder weil ihm dann wieder alte Dinge einfallen oder weil es der Beginn eines Gesprächs werden kann.

In manchen Pflegeeinrichtungen können sogar Teile der eigenen Möbel mitgebracht werden. Für Menschen, die viel in einem Büro tätig waren, ist zum Beispiel ein alter (eventuell sogar der eigene) Schreibtisch ein Gegenstand, der stundenlang für eine entspannte und sinnvolle Beschäftigung sorgen kann. Mit einigen Aktenordnern und typischen Schreibtischutensilien kann sich der Erkrankte noch eine lange Zeit sehr intensiv und sinnvoll beschäftigen!

10-Minuten-Aktivierung

Haben wir einmal solch eine Sammlung von Gegenständen mit einem persönlichen Bezug zur Biografie der Dementen geschaffen, sollte nach Möglichkeit jeden Tag mindestens einmal eine 10-Minuten-Aktivierung durchgeführt werden. Leider hat das Pflegepersonal dazu kaum die Zeit oder es gelingt einfach nicht, diese Zeit gezielt einzuplanen. Dabei geht es nicht darum, die alten und kranken Menschen für ein paar Augenblicke zu „bespaßen", sondern sie zu aktivieren, zu motivieren und positive Erinnerungen zu wecken. Diese 10 Minuten sind eine gute Investition, die sich an anderen Stellen auszahlt. Es löst Zufriedenheit und ein Gemeinschaftsgefühl in der Gruppe aus und stärkt den Selbstwert des Erkrankten. Den dementen Menschen fallen auf Anhieb alte Geschichten und Situationen zu den Gegenständen ein. Sie beginnen, spontan zu erzählen. Sie fühlen sich sichtlich wohl und äußern sich häufig mit viel Humor. Sie erinnern sich daran, dass sie über ein tiefes Wissen und Erfahrungen verfügen. Die 10-Minuten-

Aktivierung lässt sich sehr gut in der Gruppe durchführen, ist aber auch ein wertvoller Beitrag, den ein Besucher / Besuchsdienst in der Einzelbegegnung leisten kann.

Anstelle einer Erinnerungskiste lassen sich die Gegenstände auch in einer Plastiktüte lagern, die nach Möglichkeit mit dem Namen des „Besitzers" oder Angaben über den Inhalt beschriftet ist. Allein das Geräusch, wenn diese Tüte vorgeholt wird, wirkt wie eine positive klassische Konditionierung und „wie Musik in den Ohren" (dazu mehr weiter unten im Abschnitt „Warum Singen so nützlich ist"[23]).

Die basale Stimulation

Weil die Vernetzung im Gehirn so komplex ist, lässt sie sich eben auch nutzen, um „vergessene Erinnerungen" wieder ins Bewusstsein zu holen. Das Konzept der „Basalen Stimulation" nutzt diese Funktionen, indem sie über die Sinne des Erkrankten alte Erinnerungen aktiviert: durch hören, sehen, riechen, schmecken und tasten.

Zu diesem Zweck eignen sich Gegenstände und Mittel, durch welche die verschiedenen Sinne aktiviert werden. Aktivierung der Sinne bedeutet immer zugleich, dass im Gehirn sehr unterschiedliche Zentren aktiv – also „stimuliert" werden. Dies ist besonders bei alten und kranken Menschen wichtig und hilfreich, die durch Bewegungs- und Erlebenseinschränkungen nur sehr wenige Stimuli erleben. Unterschiedliche Gegenstände wie warme oder kalte Steine, weiche Stoffe, die an Tierfelle erinnern, weicher Sand, sog. „Handschmeichler" aus Holz oder anderen Materialien eignen sich für den Tastsinn. Aber auch Massagegeräte oder eine elektrische Zahnbürste (also auch eher unbekannte Gegenstände) können Areale aktivieren, die sonst eher wenig Anregung erfahren.

Angenehme Gerüche wie Öle, Cremes, Parfüm, Kräuter, Obst usw. eignen sich für den Geruchssinn. Bilder mit Formen, Farben, Menschen, Landschaften, Tieren usw. regen den Gesichtssinn an usw. Auch der Geschmackssinn lässt sich mit angenehmen Aromen aktivieren. Nicht nur werden im Gehirn die entsprechenden Areale

---

23 siehe Seite 126

aktiviert, sondern es werden mit diesen Wahrnehmungen auch viele Erinnerungen wach.

Auch mit Musik etwa lassen sich Emotionen sehr stark „modulieren“. Es gibt beruhigende (trophotrope) und aktivierende (ergotrope) Musikarten. Dur- und Moll-Tonarten können belebend oder entspannend wirken. Ein Symphoniekonzert von Mozart löst etwas anderes aus als Marschmusik; bekannte Choräle können eine ganz bestimmte Atmosphäre schaffen, während ein Kinderlied eher ein Lächeln auslösen könnte. Musik verändert also nicht nur die Stimmung, sondern kann ebenfalls alte Erinnerungen lebendig werden lassen.

Tatsächlich hat eine aktivierende Musik messbare Folgen wie:

- Erhöhung des Blutdrucks
- Beschleunigung von Puls und Atmung
- vermehrtes Auftreten rhythmischer Kontraktionen der Skelettmuskulatur
- erweiterte Pupillen
- größerer Hautwiderstand
- starke Emotionalisierung
- Anregung des vegetativen Nervensystems (das willentlich nicht zu beeinflussen ist)

Eine beruhigende Musik löst dagegen das Gegenteil aus:

- Blutdrucksenkung
- Verlangsamung von Puls und Atmung
- Entspannung der Skelettmuskulatur
- verengte Pupillen
- geringerer Hautwiderstand
- emotionale Beruhigung
- Beeinflussung des Vagus-Nervs (der an fast allen Prozessen der inneren Organe beteiligt ist)

Weitere Aktivierungsmöglichkeiten

Kulturelle Veranstaltungen sollten besucht werden, solange es möglich ist. Die gezielte Pflege sozialer Kontakte ist sehr wichtig, da sie in der Regel im weiteren Verlauf der Erkrankung deutlich abnehmen. Neben dem Besuch von Gottesdiensten ist auch der Besuch in einem Café, einem Theater oder einem Konzert denkbar.

Grillpartys, Frühlings-, Sommer, Herbst- und andere Feste gehören zu den Highlights in jeder Pflegeeinrichtung. Man kann sogar spezielle „Märkte" durchführen, an denen verschiedene Anbieter ihre Produkte verkaufen. Kann der Demente nicht mehr einkaufen gehen, dann kommt das Kaufhaus zu ihm! Viel Phantasie hilft bei solchen Planungen.

Auch Zoo-Besuche haben eine außerordentliche Wirkung auf demente Menschen. Sollte auch das nicht mehr möglich sein, eignen sich Besuchstiere (Hunde, Katzen, Schafe, bisweilen sogar Zwergponys usw.) hervorragend für einen Besuch – sogar im Bewohnerzimmer eines Dementen[24]! Die Tiere sind dafür ausgebildet. Es entsteht eine starke Aktivierung der Sinne sowie ein Anreiz für soziale Berührungen! Besonders für Menschen mit einer (oft in der frühen Kindheit entstandenen) sozialen Ängstlichkeit sind Tiere wichtige „Partner", da diese weder kritisieren noch bewerten noch urteilen, sondern einfach freundlich und geduldig ohne Anspruch da sind! Es gibt erstaunlich viele professionell ausgebildete Besuchstiere mit Begleitern, die dafür bereitstehen.

Diese Interventionen und Hilfen sind nötig und wirksam, weil nahezu jede Erinnerung an verschiedenen Orten im Gehirn gespeichert und mit einem komplexen Netzwerk sinnlicher und kognitiver Eindrücke assoziiert ist. Wenn bei einer demenziellen Veränderung eine frühere, kognitive Erinnerung auf direktem Wege nicht mehr gelingt, lässt sich über das damit verbundene sinnliche Netzwerk etwas aktivieren, was mit dieser Erinnerung assoziiert (verbunden) ist. Der Impuls kann eben von einem Geruch, einem Geschmack, einem Klang, einem Bild oder

24 Das Kuratorium Deutsche Altershilfe hat bereits im Jahr 2007 erstmalig „Ideen, Projekte und Leitlinien für den fachgerechten Einsatz von Hunden, Katzen und Kaninchen in der Altenhilfe" vorgestellt und beschrieben. Darin enthalten sind umfangreiche spezifische Literaturangaben und weiterführende Adressen.

dem Spüren über die Haut erfolgen (wie etwa das Streicheln eines Therapie-Hundes oder einer Katze oder das Hantieren mit einem Werkzeug oder mit einem bestimmten Material).

Validation (nach Naomi Feil)

Selbstverständlich tauchen auch eigene alte *Verhaltensmuster* wieder auf. Das können durchaus Haltungen sein, die der Demente in seiner Kindheit entwickelt hatte, die er aber irgendwann überwunden oder abgelegt hat. Es können auch sehr kindliche oder „kindische“ Verhaltensweisen wieder sichtbar werden. Aus der Psychologie wissen wir, dass nahezu jeder Mensch zeit seines Lebens alte kindliche Verhaltensweisen in sich trägt. Er mag diese verbergen oder kaschieren oder nur in sehr speziellen Situationen zeigen, aber kaum jemand ist in *allen* seinen Persönlichkeitsanteilen erwachsen geworden. Auch dafür braucht es Verständnis und Nachsicht. Denn gerade für die Prägungen aus der Kindheit können die Kinder selbst am wenigsten. Da werden unter Umständen auch manche spannungsreichen Situationen des Elternhauses spürbar, und im hohen Alter, wenn die Kontrolle langsam abnimmt, tauchen diese Spuren (Verletzungen, Wunden, Ängste, Widerstände usw.) wieder auf. Alles Bewerten, Befehlen und Belehren von außen hilft da nicht. Stattdessen braucht der Demente ein geduldiges Verstehen und Wertschätzen.

Naomi Feil, die das Konzept der „Validation“ entwickelt hat, legt viel Wert auf solche kindlichen Muster[25]. Sie geht davon aus, dass Demenz auch etwas zu tun haben könnte mit den sog. „unerledigten Geschäften“, womit gemeint ist, dass es im Leben jedes Menschen umschriebene Lern- und Entwicklungsphasen gibt, in denen bestimmte Kompetenzen entwickelt werden. Daraus ergeben sich für jede dieser Phasen bestimmte Aufgaben (ähnlich Erik Erikson, James W. Fowler und andere Entwicklungspsychologen mit dem Konzept eines „Stufenmodells der psychosozialen Entwicklung“).

---

25 In Deutschland gibt es in vielen Städten Möglichkeiten, sich in diesem Konzept der Validation ausbilden zu lassen. Zielgruppe sind primär Pflegende, doch auch Interessierte aus anderen Bereichen der sozialen Arbeit sind herzlich willkommen. Adressen finden sich im Internet.

Naomi Feil teilt die Lebenszeit eines Menschen in folgende Abschnitte ein: frühe Kindheit, Kindheit, Adoleszenz (Pubertät), Erwachsenenalter, mittleres Alter, Alter. Werden die Aufgaben der jeweiligen Lebensphase nicht bewältigt, bleiben frühere Verhaltensweisen im Verborgenen zurück und führen gelegentlich – besonders in krisenhaften Situationen – zu einem Rückfall in alte Muster (Regression). Im Alter, wenn die Kontrolle langsam nachlässt, tauchen sie verstärkt wieder auf.

Daraus folgt, dass der alte Mensch noch einmal versucht, die „unerledigten Geschäfte" zu bewältigen. Alte Wunden können dabei aufbrechen und sehr lebendig werden. Verdrängtes taucht wieder auf. Innere Widerstände geben nach. Es kommt zu Kontrollverlusten über alte, angestaute Gefühle (Zorn, Verletzungen, Enttäuschungen, Demütigungen u. ä.) und zu explosiven Gefühlsausbrüchen. Die Betroffenen fühlen sich wieder verstrickt (gefangen) in alten Erfahrungen ihres Lebens; sie verlieren die zeitliche Orientierung für Gegenwart und Vergangenheit; alles wird „gleichzeitig". All dies sind nach Naomi Feil Anzeichen eines Selbstheilungsprozesses – beziehungsweise ein Versuch desselben.

Der Begriff „Validation" meint nichts anderes als eine konsequente Wertschätzung des Verhaltens:

- Jedes Verhalten hat seine Bedeutung.
- Jedes Verhalten ist richtig.
- Jedes Verhalten ist notwendig.
- Jedes Verhalten hat eine Ursache.

Ziel dieser Haltung ist, die Freisetzung von vorhandenen Ressourcen, eine Verbesserung des Wohlbefindens, die Möglichkeit, alte Konflikte zu bewältigen und vor allem einen Rückzug in einen Dämmerzustand zu vermeiden. Der Begleiter hat die Aufgabe, hinter dem Gewirr von unklaren Sätzen und (häufig völlig falschen) Worten das herauszuhören, was sich dahinter verbirgt – also auch das zu hören, was der Demente nicht sagt, aber was zwischen den Zeilen „mitschwingt".

Auch in diesem Konzept der „Validation" werden bestimmte Berührungen eingesetzt wie zum Beispiel die „Vater-Berührung" oder die „Mutter-Berührung", die nicht viel mehr sind als eine zarte oder schützende Geste. Eine leichte Hand auf der Schulter oder ein vorsichtiges Streicheln über die Hand kann starke Emotionen auslösen. Dies setzt natürlich Vertrauen voraus, denn Berührungen können bei körperlich traumatisierten Menschen auch sehr starke Abwehrreaktionen auslösen.

Warum Singen so nützlich ist

Musik und Gesang sind für die meisten Menschen mit sehr starken positiven Stimmungen verbunden. Menschen, die sich wohlfühlen oder ein starkes Glücksgefühl erleben, beginnen fast automatisch, ein Lied zu singen, zu pfeifen oder einen bestimmten Rhythmus zu klopfen. Darum sind auch mit Liedern meistens ausgesprochen positive Erinnerungen und Emotionen verbunden, die im Gedächtnis als ein Komplex abgespeichert sind.

Nahezu jeder hat schon einmal etwas über die „klassische Konditionierung" des sog. „Pawlowschen Hundes[26]" gehört. Pawlow hatte zunächst entdeckt, dass bei einem seiner Hunde immer ein deutlicher Speichelfluss einsetzte, wenn er Schritte hörte. Er vermutete, dass der Hund den Klang von Schritten immer mit der bevorstehenden Futtergabe in Verbindung brachte und daher der Speichelfluss einsetzte, bevor das Futter tatsächlich verfügbar war. Daraufhin unternahm er ein Experiment, in dem er jedes Mal, bevor er den Hund versorgte, eine kleine Glocke läutete. Es dauerte nicht lang, und der Speichelfluss setzte bei jedem ähnlichen Glockenklang ein. Der Speichelfluss ließ sich auch dann nicht mehr unterdrücken, wenn die erwartete Fütterung ausblieb. Auf diese Weise hat Pawlow nachgewiesen, dass das Gehirn von Lebewesen bestimmte emotionale Regungen oder Erwartungen mit spezifisch antrainierten Signalen verbindet.

---

26 Iwan Pawlow, russischer Mediziner und Physiologe, 1849–1936

Es ist daher nicht verwunderlich, wenn Menschen gelegentlich den Satz äußern: „Das ist Musik in meinen Ohren" – selbst dann, wenn gar keine Musik zu hören ist. Auch Aussagen, Töne und Klänge können eine ähnliche Wirkung erzeugen – um wie viel mehr, wenn es sich um echte Musik handelt und mit dieser Musik bestimmte Erwartungen, Haltungen oder Emotionen verknüpft sind. Auch der Mensch ist in vielfacher Weise konditioniert – Musik und Gesang spielen dabei eine besondere Rolle.

Erinnerungen und Emotionen lassen sich daher mit der entsprechenden Musik ebenfalls aktivieren. Wir sahen das bereits bei der basalen Stimulation, dass sich mit einer bestimmten Art von Musik sogar sehr gezielt gewünschte emotionale Regungen wecken lassen. Musik und Gesang eignen sich darum auch für therapeutische Zwecke sehr gut.

Es ist darum ausgesprochen hilfreich, wenn in der biografischen Arbeit auch nach Vorlieben bezüglich Musik und Gesang („Lieblingslieder") oder Komponisten und nach der Art der Musik gefragt wird, die der demenziell Erkranke gerne mag. Dass dabei alte und bekannte Lieder eine besondere Rolle spielen und bei dementen Menschen sehr effizient wirken, liegt auch daran, dass auditive Eindrücke wie Musik in der rechten Gehirnhälfte gespeichert werden, Liedtexte dagegen vornehmlich in der linken Gehirnhälfte. Es werden daher nicht nur konditionierte Emotionen geweckt, sondern durch den Gesang werden beide Gehirnhälften aktiviert und synchronisiert.

Resümee

Die vorangegangenen Ausführungen zeigen, dass der Begriff der „Demenz" („geist-los") sehr irreführend ist! Der Eindruck, dass der vertraute Mensch völlig ent-geistert ist und langsam seinen Verstand verliert, kommt vermutlich daher, dass die gewohnten Kommunikationsweisen, durch die ja auch unsere sehr persönlichen Beziehungen entstanden sind und geformt und aufrechterhalten wurden, nicht mehr funktionieren. Alle gewohnten Formen der Begegnung, des Zusammenlebens, der Achtung und Bestätigung, der Zärtlichkeit oder

der emotionalen Signale können verloren gehen und somit alle sichtbaren und bekannten Kommunikationsstile verschwinden. Das kann (oder muss) für den gesunden Begleiter extrem irritierend sein, da die Qualität und Ausdrucksformen in einer Beziehung sehr stark durch Worte, Formulierungen, Haltungen, Gestik und Mimik definiert und konstituiert waren.

Umso wichtiger ist die Erfahrung, dass selbstverständlich nicht alles verloren ist, was verloren scheint, sondern unter Umständen sogar nur ein kleiner, wenn auch sehr wichtiger Teil! Der gewohnte und *direkte* Weg zur Erinnerung ist nicht mehr vorhanden. Die Erinnerung selbst kann aber noch sehr lange an ihren Orten verborgen sein, und unser Gehirn hat viele verschiedene Wege, altes Wissen zu aktivieren und wieder verfügbar zu machen. Diese zu finden und zu aktivieren, braucht viel Geduld, Offenheit, Kreativität und Freude an einem „detektivischen Spürsinn".

Trotz aller Möglichkeiten: Eine Alzheimer-Demenz bleibt lebensverkürzend. Vergleichende Erfahrungen haben weitgehend gezeigt, dass der zeitliche Verlauf einer Demenz trotz aller Bemühungen kaum veränderbar ist. Die Krankheit wird am Ende zum Tod führen. Vermutlich ist auch der Zeitpunkt des Todes nicht hinauszuzögern. Was sich aber hinauszögern lässt, ist der stetige geistige Verfall, der ohne eine sinnvolle Beschäftigung und Aktivierung stark voranschreitend zunimmt. Mit einer guten Begleitung kann der demente Mensch jedoch eine Zeit lang auf hohem Niveau geistig präsent bleiben, am gemeinsamen Leben teilnehmen und so noch eine gewisse Lebensqualität behalten – ebenso wie die pflegenden Angehörigen, die sich ja sehr stark in einer Co-Abhängigkeit befinden. Erst viel später setzt dann eine sehr starke, meist kurze und erkennbare Degeneration ein, die nach relativ kurzer Zeit auch zum Versterben führt. Bis dahin darf der Demente aber noch möglichst viel Lebenssinn behalten!

Gelingende Kommunikation mit dementen Menschen

Wir hatten bereits unter dem 2. Demenz-Gesetz die Problematik der Kommunikation thematisiert, ebenso unter dem Abschnitt „Hilfen für demente Menschen und ihre Angehörigen“ auf die große Bedeutung der Kommunikation hingewiesen. Kommunikation ist natürlich viel mehr als nur ein Gespräch oder der Austausch von Informationen! Inzwischen ist auch deutlich geworden, dass die logischen und sachlichen Inhalte von Sprache für einen dementen Menschen kaum noch zu erfassen sind. Auch muss das, was sie inhaltlich sagen, nicht einmal eine bestimmte Bedeutung haben. Wichtiger ist es, zwischen den Zeilen zu hören – also nicht auf das, was ein Dementer sagt, sondern was er gerade *nicht* sagt.

Kommunikation ist viel mehr als Worte und Information. „Ein Blick sagt mehr als tausend Worte“, sagt der Volksmund, und für die meisten Menschen gilt das schon im gesunden Zustand. Der ganze Mensch kommuniziert, und er tut es mit dem ganzen Körper und der ganzen Persönlichkeit. Selbst wenn er schweigt, kommuniziert er[27]. In manchen Familien haben Worte nicht einmal einen verlässlichen „Wert“. Selbst wenn viel gesprochen wird, kann es doch sein, dass die Worte nicht dem Aufbau und der Pflege der innerfamiliären Beziehungsstrukturen dienen, sondern eher der Abgrenzung und der Vermeidung allzu intensiver Beziehungen. In mancher Beziehung wird allein deswegen viel gesprochen, um die *eigentlichen* Themen zu vermeiden. Jenseits des gesprochenen Wortes haben Blicke und Gesten eine viel wichtigere Bedeutung. Es ist eine „codierte“ Art von Kommunikation, die jedes Familienmitglied versteht und die enthaltenen Codes jeweils intuitiv „decodieren“ kann (und muss). In solchen Familien lernen schon Kinder, dass Worte keine wichtige Funktion haben, Gesten und Blicke dafür aber umso ernster genommen werden müssen. Das gilt ebenfalls in Familien, in denen bestimmte Geschichten und Erfahrungen verschwiegen werden mussten. Dadurch entsteht häufig eine unsichtbare, aber dynamische Kulisse, ein Tabubereich, der sehr bedrohlich wirken kann.

27 Paul Watzlawick, 1921-2007, österreichischer Philosoph, Psychotherapeut und Kommunikationswissenschaftler, prägte den Satz: „Man kann nicht nicht kommunizieren!“

Auch bei dementen Menschen muss die nonverbale Kommunikation häufig „decodiert“ werden. Die Haltung eines alten Menschen, sein Blick, seine Mimik und Gestik können vieles über seinen augenblicklichen inneren Zustand aussagen. Häufig wirkt es wie ein Schlüssel, wenn jemand sich zu ihm setzt und ihm einfach „spiegelt“, wie er ihn wahrnimmt. Dadurch erlebt ein Mensch, dass er gesehen und wahrgenommen und verstanden wird, und noch wichtiger: Er versteht, dass er so sein darf, wie er gerade ist; dass er sich nicht verstellen muss und sich auch nicht für seine Traurigkeit oder Angst oder Enttäuschung erklären und rechtfertigen muss. Er spürt, dass er erzählen *darf*, wenn er erzählen *möchte*, und dass seine Erzählungen weder kritisiert noch korrigiert noch (negativ) bewertet und sanktioniert werden. In der Regel sind mit der emotionalen Situation viele Empfindungen verbunden – und die Empfindungen wiederum mit alten „Geschichten“, die möglicherweise aber noch nicht oder nicht mehr verfügbar sind.

Trotzdem sind Menschen auf Kommunikation und Beziehung angewiesen. Fast alle unsere Kommunikationsformen und -stile haben wir in der Kindheit in der eigenen Familie gelernt. Und manche haben eben auch gelernt, dass Schweigen besser ist als ein offenes Aussprechen, weil es in der Kindheit möglicherweise riskant war, sich offen zu äußern. Darum gilt der Satz umso mehr: „Ich höre, was du nicht sagst“!

Zurück zur „Muttersprache“

Viel lernen können wir von der Art, wie beispielsweise Eltern mit ihren Babys kommunizieren. Obwohl Kinder bis zum Alter von zwei bis drei Jahren verbal kaum sinnvoll kommunizieren können, ist besonders die Kommunikation zwischen Mutter und Kind doch sehr zugewandt, sehr lebendig und kreativ, sehr intensiv und zugleich emotional. Während des Wickelns, der Hautpflege nach dem Bad, in den Minuten vor und nach dem Stillen oder während des gemeinsamen Spiels sind beide in einem intensiven, engen und beglückenden Kontakt. Es ist zugleich sehr freundlich-liebevoll und offen zugewandt, in der Regel weder erniedrigend noch kritisierend oder belehrend. Zwar werden Mutter und Vater auch viele Worte gebrauchen, um mit dem Baby zu kommunizieren, aber der Sinn dieser Worte ist nebensächlich. Der Ton, der Klang der Stimme, die Berührungen und die dazugehörigen Blicke und Gesten bestimmen die Qualität und Intensität dieser Kommunikation. Diese Art von nonverbaler Kommunikation bleibt so lange, bis das Kind langsam zu sprechen lernt, aber selbst danach ist die Sprache noch lange kindlich – das heißt: sehr einfach und an das kognitive und kommunikative Niveau des Kindes angepasst. Auch weiterhin bleiben die nonverbalen Aspekte der Kommunikation vorrangig vor dem Inhalt der Sprache. Niemand würde behaupten wollen, diese besonderen Zeiten zwischen Mutter und Kind wären überflüssig oder unsinnig. Niemand käme auf den Gedanken, man könnte in den Reaktionen und Verhaltensweisen des Babys nichts erkennen, und niemand würde annehmen, dass die Sprache und das Verhalten der Mutter für das Kind belanglos oder überflüssig wären.

Diese Art von Kommunikation ist bis zu einem gewissen Grad auch für die Begegnung mit dementen Menschen möglich – denn diese erste Sprache haben die meisten gelernt und beherrschen sie bis ins hohe Alter, auch in der Demenz: Es ist ihre „Muttersprache". Und vermutlich ist das die freundlichste, offenste, lebendigste und ehrlichste Sprache, die ein Mensch lernen kann (das gilt zumindest für Kinder in einer gesunden Eltern-Kind-Beziehung).

Grundhaltung: Wertschätzung, Empathie und Echtheit

Es ist natürlich ein Problem, dass wir alles Mögliche vermuten können, was der demente Mensch in sich trägt und vielleicht selbst nicht genau aussprechen kann. Wir haben bereits gesehen, dass es nicht immer zielführend ist, einen Dementen nach konkreten Erinnerungen zu fragen. Was also bleibt? Es bleibt eine Haltung, die zum „Einmaleins" in der Gesprächspsychotherapie[28] („nondirektive" oder „personenzentrierte Psychotherapie") gehört und aus drei wesentlichen Gesprächshaltungen besteht, die bereits mehrfach angedeutet wurden: Wertschätzung, Empathie und Echtheit.

28 Nach Carl Rogers, US-amerikanischer Psychologe und Psychotherapeut, 1902-1987

Es ließe sich auch so formulieren: eine barmherzige Haltung wird gebraucht. Das Wort „Barmherzigkeit" ist ein wenig aus der Mode geraten und wird häufig mit einer herablassenden Haltung assoziiert. Wenn man jedoch bedenkt, dass es tatsächlich eine sprachliche Abwandlung von „Warmherzigkeit" ist, wird diese Haltung der Barmherzigkeit nachvollziehbar.

Was konsequente **Wertschätzung** bedeutet, wurde bereits im Kapitel über die Validation beschrieben. Was der Demente empfindet, denkt oder sagt, ist in der Regel unverstellt und ehrlich. Auch unangenehme und sogar falsche Äußerungen sind hilfreich, da wir sie nicht dem Inhalt nach hören, sondern auf die darin verborgenen Affekte und Emotionen achten.

Um das zu verstehen, braucht es eine gewisse **Empathie**, die sehr genau wahrnehmen kann, welche Gefühle zu erkennen sind (manche Begleiter haben von Natur aus eine sehr ausgeprägte Kompetenz im Erfassen emotionaler, nonverbaler Inhalte, andere müssen das mühsam erlernen).

Die **Echtheit** der eigenen Empfindungen und Reaktionen wahrzunehmen und auch zu artikulieren, ist hilfreich für beide Gesprächspartner. Wir selbst spüren deutlich, dass sich im Gespräch starke emotionale Prozesse entwickeln, und können dadurch auch die Reaktion des Dementen leichter nachvollziehen – und wir spiegeln in einer ehrlichen Weise dem Dementen, dass wir ihm auch emotional sehr nahe sind. Wir kommunizieren dadurch auf derselben Ebene und haben die sachlich-inhaltliche Ebene der Worte zwar im Blick, achten aber umso mehr und genauer auf die nonverbalen Inhalte.

Das sog. „Spiegeln" ist viel mehr als nur ein echohaftes Wiederholen des Gehörten. Es ist ein Wiedergeben dessen, was wir verstanden haben (oder *meinen*, verstanden zu haben). Das lässt sich im Wiederholen mit eigenen Worten ausdrücken oder durch offenes Nachfragen nach den nonverbalen Inhalten, die wir zu sehen glauben. Indem wir mit eigenen Worten wiederholen, was er gesagt hat, geben wir dem Dementen die Möglichkeit zum Widerspruch oder zur Bestätigung dessen, was wir verstanden zu haben glauben. Und dabei spielt es tatsächlich keine Rolle, ob wir es richtig verstanden haben oder nicht: Er wird unsere Entgegnung in aller Regel korrigieren, präzisieren, protestieren oder bestätigen. Er wird in jedem Fall recht haben – und wir haben in jedem Fall einen Erkenntnisgewinn.

Als beispielhaft könnte das folgende kurze, fiktive Gespräch gelten[29]: Eine alte demente Frau M., die in einer Pflegeeinrichtung lebt, weint: „Ich will nach Hause zu meiner Mama!" Der sachliche Wahrheitsgehalt dieser Aussage ist völlig unwichtig. Sachlich ist der Wunsch der alten Frau unrealistisch und müsste korrigiert oder zurückgewiesen werden. Zwischen den Zeilen zeigt sich eine sehr wichtige Wahrheit, und diese Wahrheit wird zum Gegenstand einer empathischen Kommunikation. Selbst dass der Satz für einen dementen Menschen eigentlich relativ lang ist, ist an dieser Stelle nicht von Belang, da es nicht um die Klärung von Informationen geht, sondern um eine signalhafte und emotionale Sprache, die sofort verstanden wird: Da wird „ihre Mama" plötzlich verbal nahe in die Gegenwart geholt. Das Gefühl, geborgen zu sein oder an eine frühere Geborgenheit erinnert zu werden, wird lebendig; das Bild der Mutter als eine „liebe Frau" ist plötzlich lebhaft gegenwärtig und das Verständnis (und die Erlaubnis!), „Heimweh" zu zeigen und aussprechen zu dürfen, löst eine wichtige emotionale Nähe aus und öffnet eine innere Tür für sehr tiefe gute Erinnerungen und Gefühle.

Nicht validierende Reaktionen sind: „Aber Frau M., Sie wissen doch ganz gut, dass Sie selbst schon über achtzig sind und Ihre Mama schon lange nicht mehr lebt"; „Aber Frau M., was reden Sie denn da?! Ihre Mutter ist doch schon vor langer Zeit gestorben."

Eine hilfreiche Reaktion dagegen ist beispielsweise: „Sie fühlen sich bei Ihrer Mama wohl sehr geborgen! Das muss eine liebe Frau sein! Ich kann gut verstehen, dass Sie Heimweh nach ihr haben!"

Hier kann sich auch die Frage nach einer angemessenen körperlichen Berührung stellen. Manche Begleiter und manche dementen Menschen haben keine Hemmschwellen für körperliche Berührungen, für eine kleine Geste, vielleicht sogar für eine Umarmung oder

---

29 In Anemone Eglin u.a., Tragendes entdecken, Spiritualität im Alltag, Zürich, 2009, S. 26

spezifische Berührungen wie die typischen Mutter- oder Vater-Berührungen in der Validation. In anderen Situationen gelingen Berührungen dagegen nicht gut. Besonders gegengeschlechtliche Berührungen können zu schweren Komplikationen führen.

Wichtig ist darum zu verstehen, dass – wie in diesem beispielhaften Gespräch – auch *Worte* tief „berühren" können. Es ist daher ein gelungenes Beispiel einer echten, tiefen, ehrlichen und sehr persönlichen Kommunikation über lebenswichtige Wahrheiten mitten in einem verwirrten und desorientierten Zustand.

Und noch etwas ist in diesem Gespräch beachtenswert: Die „Mama" ist viel mehr als nur eine Erinnerung an die frühere Anwesenheit und Beziehung zur eigenen Mutter. Die „Mama" oder „Mutter" hat häufig auch einen Symbolcharakter für ein „Nachhausekommen", für den eingeschlagenen Weg ins Sterben, für ein neues und anderes Begegnen mit Menschen, mit denen wir die intensivste natürliche Beziehung im Leben hatten. Das ist nicht unbedingt der Ehepartner, sondern häufig die Mutter aus Kindheitstagen. Wenn alte Menschen von ihrer Mutter zu sprechen beginnen, zeigt das häufig eine beginnende Bereitschaft, sich auf den letzten Weg ihres Lebens vorzubereiten! Daher hat dieses minimale Gespräch auch einen spirituellen oder zumindest „prä"-spirituellen Charakter, obwohl es dem Wortsinn nach keinerlei Andeutung einer Hoffnung oder Erwartung enthält. Umso mehr darf die „Mama" in ihrem Symbolcharakter auch in die Gegenwart geholt werden, damit der letzte Weg auch eine positive Konnotation erhält.

Man kann selbstverständlich entgegnen, dass solch ein zufälliges situatives Gespräch noch nichts mit einem Bekenntnis zum christlichen Glauben oder gar mit Glaubensgewissheit zu tun hat. Das ist vollkommen korrekt. Es stellt aber eine sehr wichtige Brücke dar, um alte Glaubensinhalte und -gewissheiten wieder zu aktualisieren. Ein Gespräch über eine systematische und theologisch-geistliche Thematik wird niemand ernsthaft mit einem dementen Menschen führen wollen. Sich diesen wichtigen Themen aber über die Symbolik der Sprache anzunähern, ist ein sehr verheißungsvoller Weg.

6. Die zentrale Bedeutung der Religion beziehungsweise des Glaubens

Für die meisten Menschen, die heute im hohen Alter sind, war der christliche Glaube – in den alten Bundesländern stärker als in den neuen Bundesländern – noch selbstverständlich. In der Schule gab es den Religionsunterricht, und in den Kirchen erhielten die Kinder Kommunions- oder Konfirmandenunterricht. Die Kultur war weitgehend von den christlichen Kirchen geprägt. Selbst Menschen, die sich nicht als „religiös" oder „gläubig" bezeichnen würden, kennen doch die Symbole des Glaubens: Kirchen, Altarbilder, Taufbecken und natürlich das Kreuz Christi! Auch die Sprache der Kirche, die stark von biblischen Texten geprägt ist, ist den meisten alten Menschen geläufig. Man weiß, wer der „gute Hirte" ist, oder kennt das „Doppelgebot der Nächstenliebe". Gleichnisse von Jesus sind ebenso bekannt wie bestimmte Namen und Geschichten aus der Bibel (zum Beispiel Noah, Abraham, Mose, David und Goliath). Dass manche unserer bekannten Sprichwörter aus dem biblischen Buch der Sprüche Salomos stammen, gehört ebenfalls zum Allgemeinwissen, beispielsweise *„Wer andern eine Grube gräbt, fällt selbst hinein"* (nach Sprüche 26,27a) oder *„Hochmut kommt vor dem Fall"* (Sprüche 16,18).

Und auch die Kenntnis kirchlicher Feiertage gehört für die meisten alten Menschen in unserem Kulturkreis noch zum Basiswissen.

Dieses allgemeine Grundwissen über christliche Traditionen, kirchliche Feiertage und biblische Bezüge, das für die ältere Generation noch abrufbar ist, bedeutet jedoch nicht automatisch, dass die alten Menschen die lebensverändernde Kraft des christlichen Glaubens auch für sich angenommen und verinnerlicht haben.

Trotz des scheinbaren Wissens über „religiöse Dinge" muss also beachtet werden, dass die sogenannten „großen Fragen des Lebens" bei vielen älteren Menschen möglicherweise lange Zeit keine Rolle gespielt haben: Fragen nach dem Sinn, nach Schuld und Versagen, nach Ungerechtigkeit, nach einem Leben jenseits des Todes, nach Frieden mit Gott und nach Frieden mit anderen Menschen und mit der eigenen Biografie. Diese lange vernachlässigten Themen können aber auf einmal wieder sehr relevant werden – besonders durch die Aussicht, das eigene Leben oder das des Ehepartners nun loslassen zu müssen. Das ist für alte Menschen manchmal kaum zu ertragen beziehungsweise zu formulieren.

In all diesen Überlegungen gibt der Glaube beziehungsweise eine „Predigt" über den Glauben zumindest Impulse, diese grundlegenden Fragen zuzulassen und auszusprechen. Durch eine Predigt stehen diese Themen und Fragen gewissermaßen unübersehbar „im Raum" und können zunächst einfach betrachtet werden. Man kann sich ihnen nähern oder ihnen ausweichen. Darum hat die Predigt – auch in Form einer kleinen Andacht – für diese ältere Generation noch immer eine wichtige Funktion.

Die Auseinandersetzung mit geistlichen Themen erfordert die Bereitschaft, einen Weg zu gehen, der zu den existentiellen Fragen hinführt. Man sollte aber ebenso die Möglichkeit bekommen, sich von diesen Fragen wieder zu entfernen, wenn sie plötzlich zu stark werden. Sehr hilfreich ist hier eine liturgische Form, die eine Andacht oder einen Gottesdienst umrahmt, sprich: Eine Liturgie, die in kleinen Schritten zum Thema leitet und auch einen Weg zurück ins alltägliche Leben ermöglicht.

Was auf diesem Weg geschieht, ist nach christlicher Überzeugung ein Geheimnis. Der Heilige Geist ist nicht verfügbar, aber auf verborgene Weise wirksam. Dass Worte Menschen tief im Inneren „berühren" können, ist kein Geheimnis. Dass solche Worte, die an Grundfragen und Grunderfahrungen des Lebens rühren, umso mehr Wirkung haben, ist nicht verwunderlich, sondern zu erwarten. Das gilt auch im Leben von sehr verwirrten und dementen Menschen.

Welche Auswirkungen hat eine Demenz auf den Glauben?

Angehörige von dementen Menschen sowie Freunde, Bekannte und Mitarbeiter in Gemeinden und Gemeinschaften erleben es als verstörend, wenn es aufgrund der Erkrankung zu gravierenden Persönlichkeitsveränderungen kommt. Es ist möglich, dass ein bis dahin tiefgläubiger, „frommer“ und freundlicher Mensch plötzlich ganz ungewohnte, befremdliche, auch aggressive und abstoßende Verhaltensweisen zeigt. Ein bis dahin als Vorbild geltender Mensch macht anzügliche Bemerkungen und wird übergriffig. Ein Gemeindeleiter beginnt ohne erkennbaren Grund zu fluchen. Eine stets zurückhaltende Ehefrau und Mutter fordert ungehemmt zu sexuellen Handlungen auf. Ein langjähriger Mitarbeiter im Gemeindedienst äußert sich abfällig über den Glauben.

In der näheren Umgebung dieser Personen entsteht zwangsläufig eine große Ratlosigkeit, wie dieses Verhalten einzuordnen sei. Der demente Mensch wirkt völlig verändert. Dies ist besonders dann tragisch, wenn eine Demenz noch gar nicht erkannt und diagnostiziert wurde. Aber auch nach einer erfolgten Diagnose entsteht leicht der Eindruck, der Demente „zeige nun sein wahres Gesicht“. Es scheint, als habe er über viele Jahre nur eine „Rolle gespielt“ und „allen etwas vorgemacht“! (Zur Information: Die beschriebenen Beispiele sind zwar real erlebte Verläufe, mit diesen ist aber nicht bei allen Dementen zu rechnen. Wichtig wäre, die möglichen Hintergründe, Ursachen und kognitiv-mentalen Prozesse und Reaktionsmuster zu verstehen.)

Auf den ersten Blick könnte tatsächlich eine naheliegende Erklärung die sein, dass durch die Krankheit die Kontrolle über gesellschaftliche und gemeindliche Verhaltensnormen verloren gegangen ist und anstößige Neigungen und Vorlieben, die über lange Zeit im Verborgenen „schlummerten“, nun sichtbar werden. Nun kommt also die „wahre Natur“ des Dementen zum Vorschein und lässt seine frühere Haltung als geheucheltes „Theaterspiel“ erscheinen.

Tatsächlich ist es so, dass auch alte und demente Menschen sehr starke emotionale Regungen empfinden. Wir haben längst gesehen, dass eine Demenz für alle Beteiligten eine starke Herausforderung bedeutet und es sehr häufig zu Spannungen, zu verbalen Angriffen und gegenseitigen Verletzungen kommt. Dabei entstehen natürlicherweise auch unangenehme Regungen wie Wut, Zorn, Ungeduld, Angst, Verzweiflung u.v.m.

Und immer gibt es in der Erinnerung (und damit auch in der Fantasie) auch Bilder, Worte, Gesten und Verhaltensweisen, die mit solchen emotionalen Situationen verbunden sind oder verbunden werden. Es entstehen „assoziative Prozesse", die zu ganz realen Reaktionen führen. Diese Erinnerungen, Worte und Bilder müssen nicht zwangsläufig *eigene* Erwartungen oder Neigungen widerspiegeln, sondern es können auch Worte, Bilder und Verhaltensweisen im Gedächtnis gespeichert sein, die der Betreffende in ähnlichen Situationen nur als Beobachter erlebt und wahrgenommen hat. Es wäre sogar möglich, dass er sie ursprünglich als unangemessen und falsch erlebt hat. Aber gerade solche Situationen, die emotional besonders stark (positiv oder negativ) erlebt wurden, sind nun als komplexe Gedächtnis-Einheiten vorhanden. Menschen, die in früheren Jahren Opfer starker Traumatisierungen waren, können daher plötzlich sogar Worte und Formulierungen gebrauchen, die sie von ihren Tätern gehört und erlebt haben! (Vergleiche auch Erklärungen zur Besonderheit der frontotemporalen Demenz[30]).

Im Verhalten eines dementen Menschen kann also auch das „wahre Gesicht" eines beliebigen anderen Menschen auftauchen, das zufällig als Erinnerungs-Einheit und potentielles Reaktionsmuster gespeichert ist! Ein dementer Mensch wird damit gewissermaßen zu einem Expressionisten, der sich bemüht, sein erlebtes Innenleben sichtbar zu machen. Was dabei von außen zu sehen ist, sind daher oft nur Stil- und Ausdrucksmittel, die nicht selten in einer unangemessenen oder „ungeschickten" Weise emotionale Haltungen vermitteln.

Selbstverständlich haben auch tiefgläubige Menschen positive Empfindungen. Neben Ungeduld, Angst, Wut, Zorn erleben sie auch Bedürfnisse nach Sicherheit und Geborgenheit und nach körperlicher

---

30 siehe Seite 104

Nähe und Zuwendung. Sie haben Erinnerungen an sehr intime Momente aus früheren Zeiten und sie haben möglicherweise auch noch unerfüllte Sehnsüchte. Und alles (alles!) kann in spezifischen Situationen zu einer sonderbaren Mixtur aus verschiedenen Verhaltens- und Reaktionsmustern führen, die beim Beobachter zunächst nur große Ratlosigkeit auslösen.

Als Begleitende sollten wir uns daher bemühen, das Verhalten dementer Menschen nicht zu bewerten oder zu verurteilen, sondern darin zu „lesen" und die Verhaltensmuster zu „de-codieren".

„Verlieren" demente Menschen ihren Glauben?

Es ist leicht nachzuvollziehen, dass gläubige Menschen in ihrer Erkrankung auch vergessen können, was sie ein Leben lang geglaubt haben. Inhalte, Bekenntnisse und auch die gelebten Formen ihrer Frömmigkeit kommen ihnen abhanden. Besonders in Kreisen, in denen der persönlich gelebte Glaube, die unmittelbare Gottesbeziehung im Alltag, Gemeinschaft, Bibellektüre, Gebet, die Glaubensbeziehung zu Jesus Christus und eine erkennbare „Alltags-Frömmigkeit" sehr geschätzt wird[31], berührt dieser Verlust ganz zentrale Aspekte:

Wenn es stimmt, dass der Mensch nach dem Zeugnis des Neuen Testamentes nicht durch gute Werke, sondern „durch den Glauben gerecht wird"[32], muss ja die Frage entstehen, die ich bereits in der Einleitung zu diesem Buch formuliert habe:

Was geschieht, wenn der Mensch *nicht mehr glaubt*!? Was passiert, wenn er seinen Glauben verliert oder sogar den Glauben ablehnt, verachtet oder verspottet? Geht damit auch die unmittelbare Gottesbeziehung verloren, wenn „der Verstand verloren geht"? Und ist der gläubige Mensch nicht sogar selbst „verloren", wenn er nicht mehr glauben *kann*? Was also geschieht mit ihm?

---

31 In vielen Gemeinden und Gemeinschaften ist der Grundsatz aus der Apostelgeschichte geradezu konstituierend für einen lebendigen Glauben: „Sie blieben aber beständig in der Apostel Lehre und in der Gemeinschaft und im Brotbrechen und im Gebet." (Apostelgeschichte 2,42)

32 Etwa nach dem Johannesevangelium, Kapitel 3,36: „Wer an den Sohn glaubt, der hat das ewige Leben. Wer dem Sohn nicht glaubt, der wird das Leben nicht sehen, sondern der Zorn Gottes bleibt über ihm." Ähnlich im Römerbrief, Kapitel 3,28: „So halten wir nun dafür, dass der Mensch gerecht werde ohne des Gesetzes Werke, allein durch den Glauben."

Diese berechtigten Fragen und Sorgen erfordern einige notwendige Klärungen über die Grundlagen des christlichen Glaubens.

Grundlagen des christlichen Glaubens

Es ist eine wichtige Erkenntnis, dass der Glaube nach dem Zeugnis der biblischen Schriften keine *aktive Leistung* ist, sondern immer eine Reaktion auf das Handeln Gottes in der persönlichen Geschichte eines Menschen. Das Heil des Menschen liegt auch nicht in der Qualität seines Glaubens, weder in der Tiefe seines Vertrauens noch in der anhaltenden Treue in der Beziehung zu Gott und zur Gemeinschaft der Glaubenden. Selbstverständlich gilt, dass Glaube, Vertrauen und Treue wichtige Aspekte des christlichen Glaubens sind, aber der Glaube ist mehr als eine Bedingung. Der Glaube beschreibt vor allem die Art und Weise, wie die Beziehung zu Gott erlebt und gelebt wird. Ohne den Glauben kann Gott weder erkannt noch erfahren werden. Ohne Vertrauen ist keine persönliche und verlässliche Beziehung möglich. Ohne Treue wird der Glaube unverbindlich und beliebig. Und wenn Paulus im 1. Korintherbrief in Kapitel 13 von der Liebe schreibt, *die nicht aufhört*, dann ist auch diese Liebe ohne Vertrauen und Glauben kaum möglich.

Der Glaube fußt auf der Erkenntnis, dass Jesus Christus gekommen ist, um Menschen aus ihrer Verlorenheit zu retten.

In Lukas 5,32 findet sich die Aussage, die in Varianten vielfach bezeugt ist: *„Ich bin gekommen zu rufen die Sünder zur Buße und nicht die Gerechten."* Paulus betont das in Römer 5, 6+8+10 (LU84) mit den Worten: *Denn Christus ist schon zu der Zeit, als wir noch schwach waren, für uns Gottlose gestorben ... Gott aber erweist seine Liebe zu uns darin, dass Christus für uns gestorben ist, als wir noch Sünder waren ... Denn wenn wir mit Gott versöhnt worden sind durch den Tod seines Sohnes, als wir noch Feinde waren, um wie viel mehr werden wir selig werden durch sein Leben, nachdem wir nun versöhnt sind.*

Die tiefste Bestätigung und die große Entschlossenheit von Jesus finden wir in seinem stellvertretenden Leiden und Sterben am Kreuz von Golgatha! Die biblischen Schriften bezeichnen Jesus schon sehr früh als das „Lamm Gottes, welches der Welt Sünde trägt" (Johannes 1,29). Der Ausdruck „der Welt Sünde" beschreibt von Beginn seiner Sendung an eine geradezu universale Dimension! Wenn es zutrifft, dass die Versöhnung durch Jesus Christus potentiell für die Schuld einer ganzen Welt ausreicht, dann wird es allemal auch für jeden einzelnen Menschen genügen, der sich im Glauben an dieses Bekenntnis hält! Die Gnade, die Vergebung, die Versöhnung durch Jesus kann niemals „zu wenig" sein.

Das Zeugnis der Bibel ist darüber hinaus wichtig, um zu verstehen, dass Jesus Christus nicht kam, um die Frommen, die Guten und die „Gerechten" zu erlösen, sondern solche, die keinerlei eigene Leistungen oder Voraussetzungen einzubringen haben. Dass damit die Frommen, Guten und Gerechten seiner Zeit jedoch nicht per se vom Heil ausgeschlossen sind, versteht sich von selbst. Aber durch diese Aussage wird überdeutlich betont, dass die Erlösung durch Jesu Kommen und durch seinen stellvertretenden Tod am Kreuz bedingungslos ist. Dieses Erlösungshandeln kann nicht anders erfasst werden als durch „Glauben". Darum muss es und kann es nur „geglaubt" werden.

Das bedeutet allerdings nicht, dass diese Erlösung hinfällig wird, wenn der Mensch aufgrund einer schweren Erkrankung nicht mehr glauben *kann*. (Es käme auch kaum jemand auf den Gedanken, dass ein Wachkoma-Patient dieses Heil verlieren könnte, weil er seinen Glauben nicht mehr aktiv äußern oder sich entsprechend verhalten kann.) Es wäre eine sonderbare Vorstellung von der Liebe und der Treue Gottes, die einen Menschen ausgerechnet in seiner größten Not verstoßen sollte.

Auch andere Zeugnisse erlauben eine tiefe Gewissheit des Heils. Da ist etwa die gleich zweifache Formulierung im 1. Korintherbrief, Kapitel 6,20 und 7,23 mit der Aussage: *Ihr seid teuer erkauft*. Nach diesen Worten hat für den Gläubigen, der diesen „Loskauf" im Glauben annimmt, ein Eigentumswechsel beziehungsweise eine Eigentumsübertragung stattgefunden. Hier geht es weniger um den Verlust der Selbstbestimmung oder gar eine „Versklavung" als vielmehr um die

Vergewisserung, dass ein Mensch durch den Glauben zum Eigentum seines Herrn geworden ist und damit unter dessen besonderem Schutz steht. Der Gedanke ist: Gott beziehungsweise Jesus Christus lässt sich sein Eigentum nicht wegnehmen! *Niemand wird sie aus meiner Hand reißen*, lautet die Verheißung in Johannes 10,28. Auch das wird nochmals im Römerbrief, Kapitel 8,38+39 bestätigt: *Denn ich bin gewiss, dass weder Tod noch Leben, weder Engel noch Fürstentümer noch Gewalten, weder Gegenwärtiges noch Zukünftiges, weder Hohes noch Tiefes noch eine andere Kreatur mag uns scheiden von der Liebe Gottes, die in Christo Jesus ist, unserm Herrn.*

Ein weiteres Motiv wird von Jesus Christus selbst beschrieben in dem bekannten Gleichnis vom verlorenen Sohn (Lukas 15), das vor allem *eine* wichtige Lehre enthält: Das Kind eines Vaters *bleibt* zeitlebens das Kind seines Vaters – was auch immer geschehen mag! Das ist ein wesentlicher Unterschied zu einem „Knecht" (heute würden wir von einem Menschen in einem Angestelltenverhältnis sprechen). Es ist sicher nicht zu viel in dieses Gleichnis hineingedeutet, wenn man sagt, dass damit ausgedrückt wird, dass die Beziehung zwischen Vater und Sohn beziehungsweise einem Vater und seinem Kind niemals aufgelöst werden kann. Dieser Grundsatz gilt nach diesem Gleichnis selbst dann, wenn der Sohn in seiner Torheit mutwillig sein Erbe verspielt und durchgebracht hat. Aus diesem Gleichnis lässt sich weiter ableiten, dass ein Sohn sogar alles falsch machen kann, was sich falsch machen lässt, und trotzdem „Sohn" bleibt. Der jüngere Sohn in Jesu Gleichnis versinkt so sehr in Schuld gegenüber seinem Vater, dass er von sich aus das Kindschaftsverhältnis und die Rechte eines Kindes infrage stellt: *Ich bin hinfort nicht mehr wert, dass ich dein Sohn heiße; mache mich zu einem deiner Tagelöhner!* (Lukas 15,19). Die Reaktion des Vaters jedoch zeigt, dass eine solche Konsequenz für ihn weder denkbar noch möglich noch von ihm gewollt, sondern vollkommen ausgeschlossen ist.

Dass dagegen ein Knecht zu jedem beliebigen Zeitpunkt entlassen werden kann, seinen Lohn erhält und gehen muss, selbst wenn er alle seine Aufgaben vorbildlich erledigt hat, galt in früheren Zeiten als selbstverständlich. Für ein Kindschaftsverhältnis jedoch gelten andere Maßstäbe. Das Gleichnis vom verlorenen Sohn scheint vor allem an dieses unauflösliche „Zugehörigkeits-Gesetz" zu erinnern, das in ähnlicher Weise bereits im Alten Testament deutlich genannt ist (Jesaja 49,15; LU84): *„Kann auch eine Frau ihr Kindlein vergessen, dass sie sich nicht erbarme über den Sohn ihres Leibes? Und ob sie seiner vergäße, so will ich doch deiner nicht vergessen."*

An diesen ausdrücklichen Grundsatz erinnert auch nochmals ein Bibelwort, das wohl zu den bekanntesten überhaupt gehört: *Wie viele ihn aber aufnahmen, denen gab er Macht, Kinder Gottes zu werden!* (Johannes 1,12). Damit ist ein außergewöhnlicher Wechsel beschrieben, der sonst in der Realität kaum vorkommt: Die Möglichkeit, ja sogar die Macht zu erhalten, aus einem Knechtsschaftsverhältnis beziehungsweise aus einem „Nicht"-Verhältnis in ein unauflösliches Kindschaftsverhältnis zu wechseln.

Bestätigt und beglaubigt wird dieser Wechsel nach den Bekenntnissen der Kirchen durch das äußere Zeichen der Taufe. Auch hier ist der Glaube an Jesus Christus und das Glaubensbekenntnis eine wesentliche Voraussetzung, bevor es zu einer Taufe kommt. Hier wird ein Eigentumswechsel durch den Empfang der Taufe auch äußerlich (zeichenhaft) vollzogen und bestätigt.

Wohl einer der bekanntesten Bibelverse, der diesen Wechsel der „Eigentumsrechte" begründet, findet sich in Jesaja 43,1: *Und nun spricht der Herr, der dich geschaffen hat, Jakob, und dich gemacht hat, Israel: Fürchte dich nicht, denn ich habe dich erlöst; ich habe dich bei deinem Namen gerufen; du bist mein.* Entsprechend bestätigt wird diese Zusage auch durch ein Wort von Jesus im Neuen Testament (Lukas 10,20b): *Freut euch aber, dass eure Namen im Himmel geschrieben sind.*

Es ist nicht denkbar, dass eine neurologische Erkrankung – welche Symptome sie auch immer zeigen mag – diese Eindeutigkeit auch nur infrage stellen sollte.

Darum ist es gerade bei dementen Menschen mit einer unmittelbaren Gottesbeziehung hilfreich, auch solche persönlichen biblischen Gedenkworte an bestimmte Lebensereignisse wie Taufe, Firmung,

Konfirmation oder Eheschließung zu dokumentieren. In der älteren Generation haben solche Worte häufig noch einen sehr verbindlichen Charakter.

Wenn die Wüste zu blühen beginnt ... – Keine Predigt im üblichen Sinn

In Gottesdiensten für Demente und mit Dementen geht es auf keinen Fall mehr um Wissensvermittlung. Wir können nur anknüpfen an Erfahrungen und Gewissheiten, über die der Demente bereits verfügt und die in seinen Erinnerungen ebenfalls verankert sind. In seinem Brief an die Epheser hat der Apostel Paulus dafür eine wunderbare Formulierung gefunden (die sicher für eine völlig andere Zielgruppe geschrieben wurde und trotzdem kaum für jemanden so zutrifft, wie für Menschen, die über das eigene Glaubensleben keine Kontrolle mehr haben). Paulus ringt in seinem Gebet zum Vater darum, *dass er euch Kraft gebe nach dem Reichtum seiner Herrlichkeit, stark zu werden durch seinen Geist an dem inwendigen Menschen, dass Christus wohne durch den Glauben in euren Herzen und ihr durch die Liebe eingewurzelt und gegründet seid* (Epheser 3,16+17).

Paulus weist damit auf die starke Verbindung hin, die nicht durch eigene Gedanken und Überzeugungen oder eigenes Festhalten besteht, sondern durch den Heiligen Geist, der in den Gläubigen wohnt und diese zeitlebens versiegelt (vgl. Epheser 1,13+14). In dieser „Versiegelung als Eigentum Christi" liegt das Geheimnis der „Unverlierbarkeit" des Heils in Jesus – auch (oder gerade?) im Zustand einer demenziellen Veränderung.

Wie vorher bereits ausgeführt, sind viele der dementen Menschen, die an einem Gottesdienst oder einer Andacht teilnehmen, im christlichen Glauben aufgewachsen und wurden dadurch geprägt. Viele Bibelworte, Bekenntnisse, Lieder und liturgische Formen sind aber sicherlich ebenso verschüttet, wie andere ehemals wichtige Aspekte des Lebens. Doch gerade die Symbolkraft von Formulierungen, biblischen Bildern und liturgischen Formen hat ja genau jene Ressourcen in den Menschen angelegt, die jetzt im hohen Alter so dringend gebraucht werden. Es bewahrheitet sich folgende biblische Aussage: Der Same des Wortes ist lebendig, und er bleibt auch in Dürrezeiten lebendig, bis der Früh- und Spätregen fällt (vergleiche Jakobus 5,7).

Diese sehr bildhafte Sprache der Bibel kommt nicht von ungefähr, sondern ist geprägt von den vielen Wüstenerfahrungen des Gottesvolkes. Man wusste um das Geheimnis, dass die Samen von allerlei Pflanzen unter Umständen Jahre und Jahrzehnte im Wüstenland verborgen sein können und wie tot auf „ihre Zeit“ warten. Ein einziger kräftiger Regenguss reichte manchmal aus, um die Wüste zum Blühen zu bringen. Nach unseren Glaubensbekenntnissen und -überzeugungen haben die Bekenntnisse, die Worte und die starken Bilder und Gleichnisse der Bibel eine ähnliche Wirkung: Sie behalten ihre Dynamik auch in den tiefen Wüstenzeiten eines Lebens.

Ein Kollege hat einmal gefragt, was man in einem Gottesdienst für Demente denn Sinnvolles tun könne. Er meinte, es sei doch für die Dementen relativ gleich, ob wir ihnen aus der Bibel oder beispielsweise aus dem Telefonbuch vorlesen würden. Diese Überlegung ist auf den ersten Blick gar nicht unberechtigt, sondern eher realistisch. Aber mit Blick auf die Qualität und die Wirkungen der biblischen Verheißungen, auf die Aussagen von Jesus und auf die Worte, die wir in den Büchern des Alten Testamentes und den Schriften der Apostel haben, gilt etwas anderes. Wenn wir noch die Bekenntnisse, die liturgischen Formen, Gebete und Lieder der Kirche dazunehmen, in denen sich biblische Zeugnisse quasi „konserviert“ haben, dann haben wir einen riesigen Schatz an Möglichkeiten, an die geistlichen Ressourcen dementer Menschen anzuknüpfen. Es ist vielleicht nicht viel mehr als ein kleiner, auffrischender Regenguss, den wir zu bieten haben, aber der hat es mitunter in sich.

Und das bedeutet gerade für gläubige, demente Menschen, dass eine alte und bewährte Orientierung erneuert oder noch einmal ermöglicht wird: eine Antwort auf das Woher und Wohin, eine Klarheit, eine Gewissheit und ein starker Trost durch die Gestaltung eines einfachen Gottesdienstes, der nach Möglichkeit auch von der Symbolkraft der Formen geprägt ist. Gerade hier zeigt sich, dass

Liturgie eben doch viel mehr als nur eine starre und veraltete Form ist. Es ist vielmehr ein Gefäß, mit dem lebenswichtige Inhalte weitergetragen werden.

Den Glauben nutzen

Eine kurzzeitige Reaktivierung von Glaubensinhalten greift natürlich besonders bei Menschen, die ein ganzes Leben lang eine sehr aktive Frömmigkeit gelebt haben. Für sie haben die biblischen Zeugnisse und Formulierungen nicht nur eine formelhafte Randbedeutung. Für viele ist die christliche Gemeinde oder Gemeinschaft so etwas wie ein Zuhause gewesen. Viele haben sich ehrenamtlich engagiert, haben viel Zeit in ihre Gemeinde investiert, finanzielle Mittel beigesteuert und in und mit ihrer Gemeinde gelebt.

Es ist sehr tragisch, wenn ein Mensch, der ein Leben lang mit seiner Gemeinde eng verbunden war und für den der christliche Glaube das wesentliche Zentrum seines Lebens, Handelns und Denkens war, (ausgerechnet) am Ende seines Lebens in seiner Gemeinde nicht mehr willkommen ist, da er sich möglicherweise nicht immer „vernünftig" zu verhalten weiß und den Gottesdienst stört und andere Besucher dadurch irritieren könnte. Ja, es lässt sich nicht leugnen und ist gewöhnungsbedürftig, dass demente Menschen auch sehr auffällig stören können, wenn sie plötzlich einem spontanen Impuls folgen und mitten in der Predigt aufstehen und „Schluss jetzt!" rufen oder unangenehme Geräusche von sich geben oder einfach nach vorn kommen, um sich ein Detail des Raumes genauer anzuschauen.

Kirchengemeinden richten Räume für Krabbelkinder und ihre Begleitpersonen ein oder sie bieten spezielle Veranstaltungen für Familien mit Kindern an, wo jeder Besucher weiß: Hier kann es unruhig werden. Im Umgang mit dementen Menschen in Gemeinden sind allerdings bisher kaum Erfahrungen gemacht worden und dementsprechend sind gar keine oder nur wenige Angebote vorhanden. Das mag vor allem an der großen Unsicherheit liegen, wie sich Veranstaltungen für beziehungsweise mit Dementen gestalten lassen. Es wäre jedoch sehr wünschenswert, dass auch für demenziell Erkrankte spezielle Angebote in Gemeinden etabliert werden. Denn selbst manche Cafés bieten zu bestimmten Zeiten Angebote für Demente mit ihren Angehörigen an; manche Theater- und Opernhäuser geben die Möglichkeit, dass auch demenziell veränderte Menschen noch einmal in den Genuss eines Konzertes oder einer Aufführung kommen. Wäre es da nicht auch ein „Gebot der Stunde“, wenn Gemeinden sich auf die veränderten Bedürfnisse dementer Menschen und ihrer Angehörigen einstellen würden?

Wo dies jedoch nicht möglich ist, kann man auch mit gottesdienstlichen Angeboten zu den Dementen kommen und sie dort erreichen, wo sie jetzt leben. Meine Überzeugung ist: Es gibt keinen größeren Dienst der Gemeinde Jesu als den Dienst an den Schwächsten!

In vielen Pflegeheimen werden längst Andachten oder Gottesdienste für demenziell erkrankte Menschen angeboten. In manchen Häusern ist solch ein Gottesdienst jedoch nicht ohne Weiteres realisierbar, weil die Räume oder das Personal dafür nicht vorhanden sind oder manche alte Menschen nicht mehr in der Lage sind, eine Andacht eigenständig zu besuchen. Dennoch lässt sich mit ein wenig Vorbereitung solch ein „kleiner“ Gottesdienst gut und leicht gestalten.

Geistliches für „Ent-Geisterte“

Aufgrund dieser Erfahrungen und Überlegungen entstand die Idee für dieses Buch: Es soll eine Hinführung zum Verständnis von Formen und Erscheinungsweisen einer Demenzerkrankung sein, und zugleich möchte es eine Anleitung bieten, auch ohne einen ordinierten Geistlichen einen Gottesdienst oder eine Andacht für demente Menschen – eventuell sogar mit dem Angebot einer Abendmahlsfeier – durchzuführen. Geistlicher Beistand, geistliche Erfahrungen und die Verkündigung des Wortes Gottes sind nicht allein die Aufgaben von hauptamtlichen Pfarrern und Predigern. Das „Priestertum aller Gläubigen“ (nach 1.Petrus 2,9) darf hier ganz praktisch umgesetzt und ernst genommen werden und gehört seit 1964 – mit gewissen Einschränkungen – auch zur Lehre der römisch-katholischen Kirche.

Die Möglichkeit zur Teilnahme an Gottesdiensten gehört für viele Christen zu den Grundlagen menschlicher Bedürfnisse. Besonders bei alten Menschen auf ihrem letzten abzusehenden Weg gilt vielleicht umso mehr das Wort von Jesus: *Der Mensch lebt nicht vom Brot allein, sondern von einem jeglichen Wort, das durch den Mund Gottes geht* (Matthäus 4,4). Und wir dürfen ganz sicher sein: Wenn auch der menschliche Geist (= Vernunft) anscheinend verloren geht, wird der Heilige Geist, durch den der Gläubige „versiegelt" ist, niemals abhandenkommen.

7. Die Gestaltung von gottesdienstlichen Feiern

Praktische und organisatorische Hinweise

Wichtig für die Durchführung einer gottesdienstlichen Feier, zu der man ganz sicher auch einen Pfarrer oder Prediger einladen kann, ist eine gründliche Vorbereitung. Ob in privaten Wohnungen oder in Pflegeheimen, ob evangelisch oder katholisch geprägt, ob eher in liturgischer Form oder als gottesdienstliche Feier mit viel persönlicher Gestaltung und kreativen Elementen – mit wenigen Mitteln lässt sich ein kleines Zimmer in eine Mini-Kirche umgestalten.

Die Gestaltung des Raumes

Dieser Abschnitt konzentriert sich vor allem auf die Vorbereitungen im „öffentlichen Raum", also auf die Gestaltung in einer Pflegeeinrichtung oder im Raum einer Kirchengemeinde. Bevor die Feier beginnt, sollten alle Vorbereitungen abgeschlossen sein[33]. Dem Maß und der Kreativität in der Gestaltung mit Material sind kaum Grenzen gesetzt. Es könnte eine stets wiederkehrende und wiedererkennbare „Standard"-Gestaltung sein oder auch eine themengeleitete Gestaltung (je nach Jahreszeit, Anlass, „Kasus"[34]). So wird ein Gottesdienstraum zum Erntedankfest völlig anders gestaltet sein als ein Gottesdienst zum Gedenken an die verstorbenen Bewohner des vergangenen Kirchenjahres oder ein Gottesdienst in der Adventzeit. Der Raum sollte in jedem

33 Wenn möglich, könnte es dafür einen besonderen Materialschrank geben. Nach meiner Erfahrung reichen für die gesamte Vorbereitung für eine Gruppe von 15-20 Teilnehmern eine Zeit von etwa 15 Minuten, falls eine ausreichende Zahl von Sitzgelegenheiten schon vorhanden ist.

34 Kirchliche Feiertage, Gedenktage, festliche Veranstaltungen; alle Elemente sollten einen sehr eindeutigen Bezug zu diesem Anlass haben und sollten auch im Verlauf des Gottesdienstes jeweils verwendet und erläuternd eingebunden werden.

Fall so gestaltet sein, dass er einen feierlichen, würdigen, annähernd sakralen Charakter bekommt. Störende Gegenstände (wie Essenswagen, Toilettenstühle oder ähnliches) sollten möglichst entfernt oder verdeckt werden.

Wichtig ist, ausreichend Platz zu schaffen für Personen mit Rollstühlen und Rollatoren. Für den Fall, dass jemand während des Gottesdienstes den Raum verlassen möchte, sollte dazu genug Platz (und eventuell ein Begleiter) anwesend sein.

Auch sollte man darauf achten, eventuelle „Störquellen" schon im Vorfeld zu minimieren. Schlecht eingestellte Hörgeräte zum Beispiel sind erfahrungsgemäß für demente Menschen sehr störend – besonders für solche mit einem gesunden Hörvermögen. Ein ständiges Pfeifen mit hoher Frequenz kann laute Beschwerden und ungeduldige Vorwürfe auslösen, während der Betreffende selbst oft nicht einmal merkt, dass er die Ursache ist.

Die sichtbare Mitte des Gottesdienstes

Eine beruhigende Atmosphäre mit einem stilisierten, altarähnlichen Tisch mit einer Bibel, einem Kreuz, einem Blumenschmuck und – sofern es gestattet ist[35] – mit ein oder zwei Kerzen und weiteren Elementen verleihen einem beliebigen Raum bereits einen wiedererkennbaren Charakter. Die Teilnehmer verstehen in der Regel auf Anhieb, dass sie sich mit dem Betreten des Raumes in einer sakralen Umgebung befinden und wissen sich darauf einzustellen. Je nach Anzahl der Teilnehmer (Gruppe, Angehörige, Familie plus nahestehende Freunde?) müssen ausreichend Sitzgelegenheiten vorbereitet sein, die zur Mitte des Geschehens ausgerichtet sind und einen freien Blick ermöglichen.

Im privaten Rahmen sollten nach Möglichkeit keine „Überraschungsgäste" dazukommen, sondern nur solche, die gut informiert und vorbereitet sind.

35 Das muss in einer Pflege-Einrichtung in jedem Fall vorher geklärt und vereinbart werden, da für solche Gebäude spezielle Brandschutz-Verordnungen gelten. Alternativ können elektrische Kerzen verwendet werden.

Technische Geräte

Eventuell braucht es ein Gerät, mit dem ruhige, angemessene geistliche Musik und auch eine Liedbegleitung eingespielt werden kann – dafür reicht häufig schon ein handelsübliches Smartphone mit einer entsprechenden App sowie einer guten Verstärkeranlage, die in den meisten Einrichtungen ohnehin vorhanden ist oder die eigens dafür kostengünstig angeschafft werden kann. (Es gibt übrigens auch Firmen, die eigens für diesen Zweck entsprechende Geräte spenden.)

Falls die Angebote zu diesem Buch mit den Online-Andachten[36] genutzt werden, braucht es ein internetfähiges Gerät mit Monitor (Laptop, geeignetes Smartphone plus TV-Gerät, Leinwand oder ähnliches).

Benötigte Materialien: Lieder- und Textblätter

Für die Teilnehmer wird eine entsprechende Anzahl an Liedblättern gebraucht, auf denen die Liedtexte ohne Noten abgedruckt sind. Dabei ist darauf zu achten, dass nur solche Liedstrophen enthalten sind, die jeweils auch gesungen werden, und zwar auch dann, wenn wir sie als „auswendig bekannt" voraussetzen können. Demente können sonst nicht schnell genug erkennen, welches Lied gerade gesungen wird. Es sollten daher keine Lieder oder Texte enthalten sein, die im Gottesdienst nicht gebraucht werden und den oder die Dementen verwirren. So könnte man zum Beispiel zehn verschiedene, wiederkehrende Vorlagen erstellen[37].

Diese werden jeweils vor Beginn der Feier ausgeteilt und anschließend wieder eingesammelt. Laminierte Blätter sind eine Hilfe, da sie ein gewisses Maß an Hygiene ermöglichen. Häufig möchten die Teilnehmer die Blätter anschließend mitnehmen, was wir in jedem Fall ermöglichen sollten; dafür eventuell einige Exemplare ohne Laminierung bereithalten.

---

36 Die Online-Andachten sind gezielt für Gottesdienste mit dementen Menschen gestaltet. Siehe Hinweis auf Seite 174

37 Die Anzahl der Vorlagen orientiert sich zumindest hier an den 10 vorgesehenen Abläufen, die mit diesem Buch angeboten werden, und können natürlich ergänzt und erweitert werden. Muster hierfür finden Sie unter dem Link auf Seite 220.

Auf den Blättern können neben den Liedtexten auch wenige weitere Texte enthalten sein – bei einem „normalen" Ablauf auch der 23. Psalm sowie das Vaterunser, bei einer Abendmahlsfeier[38] das Apostolische Glaubensbekenntnis. Alle Texte sollten in der Reihenfolge abgedruckt werden, die im Gottesdienst eingehalten wird, und die Anfänge sollten nach Möglichkeit durch Hervorhebungen, Überschriften und/oder Einrückungen gut unterscheidbar sein und unbedingt in Großdruck.

Weiteres Material

Für die jeweiligen Gottesdienste sollte es ebenfalls ein erweitertes Materialangebot geben, damit die Inhalte nicht nur verbal und „wortlastig" vermittelt werden, sondern mit möglichst vielen Sinnen erfahren werden können. Sehr gut geeignet sind beispielsweise laminierte Blätter mit aussagekräftigen Bildern[39], handliche Figuren und Gegenstände, „Handschmeichler"[40], die zum Teil auch als Erinnerung mitgenommen werden könnten, und andere Materialien, die sich gut anfassen und „fühlen" lassen, hinterlassen einen vielfältigen Eindruck. Der Fantasie sind hier keine Grenzen gesetzt.

Ein Beispiel: Einer der Wochensprüche in der Passionszeit ist: *Wahrlich, wahrlich, ich sage euch: Wenn das Weizenkorn nicht in die Erde fällt und erstirbt, bleibt es allein; wenn es aber erstirbt, bringt es viel Frucht* (Johannes 12,24; LU84). Dazu passend kann man zu Beginn der Passionszeit den Teilnehmern an einer gottesdienstlichen Feier das haptische Erlebnis bieten, in eine Schüssel mit Weizenkörnern zu greifen. Dies löst in der Regel großes Wohlbefinden aus.

Es ließe sich im Umfeld – direkt nach dem Gottesdienst oder am Folgetag – auch ein kleines „Weizenfeld" einsäen (auf einem mittelgroßen Tablett mit Blumenerde), das bis zum Ostersonntag in leuch-

---

38 siehe Kapitel ab Seite 164

39 Unter dem Link auf Seite 220 finden Sie zu jeder Andacht ein passendes Motiv, das Sie ausdrucken und laminieren können.

40 Heimwerker können sehr einfache, handliche Holzkreuze herstellen, die sich für einen Gottesdienst in der Passionszeit oder für das Ende des Kirchenjahres eignen und auch noch nach Ostern das „leere Kreuz" vergegenwärtigen; ein Erntedankfest mit Obst und Kräutern lässt sich durch Nutzung des Geruchssinns „erleben".

tendem Grün erstrahlt und viel Freude bereitet. Bei guter Pflege und ausreichender Erde ließe sich die Saat sogar bis zur vollen Reife verfolgen. Es lassen sich noch viele Bibelworte mit dem Themenkomplex Saat / Weizen / Ernte / Frucht / Schöpfung / Dank / Brot / Wachstum verbinden und auch außerhalb der Gottesdienste unterschiedlichste Gestaltungsoptionen dazu entwickeln[41]!

Alles Material, das im Verlauf des Gottesdienstes angeboten wird, sollte allerdings einen eindeutigen und ausschließlichen Bezug zum Thema des Gottesdienstes beziehungsweise der Andacht haben und nicht ablenken und verwirren. Ein Verweis auf eine Aktion am nächsten Tag ist nicht hilfreich, wohl aber eine Bezugnahme am nächsten Tag auf den Gottesdienst, der nun wie ein „roter Faden" eine Fortsetzung findet. Auch wenn manchen die Verknüpfung nicht mehr gelingt, könnte es Menschen mit einer leichten Demenz noch helfen, sich am Verlauf der Woche zu orientieren.

Liturgische Texte, Gebete und Bekenntnisse

Wer nach verschiedenen „Textbausteinen" und Variationsmöglichkeiten für eine Gottesdienstgestaltung mit dementen Menschen sucht, wird in aller Regel ein breites Angebot finden.

Wir raten, als Grundlage dafür die Gesangbücher der verschiedenen Kirchen zu verwenden. Sowohl das Evangelische Gesangbuch als auch das Gesangbuch der katholischen Kirchen („Gotteslob") enthalten eine Fülle an gutem Material über die Kirchenlieder hinaus. Liturgische Vorlagen für häusliche Andachten sowie für Gruppen, Gebete und Gebetshilfen für sehr verschiedene Anlässe und unterschiedliche Bekenntnisse sind in großer Zahl vorhanden und können verwendet werden.

Bei konfessionsübergreifenden Texten müsste jeweils geprüft werden, ob sie tatsächlich geeignet sind oder eher Verwirrung auslösen. Heiligen-Anrufungen und Marienverehrung sind für evangeli-

41 Ähnliches ließe sich mit Themenkomplexen „Wasser / Quelle / Strom...", „Schafe / Hirte / Vertrauen / gefunden werden / Geborgenheit...", „Türen / nach Hause kommen / Wohnung / erwartet werden..." usw. gestalten. Besonders das Johannes-Evangelium bietet dafür viele Texte und Gleichnisse, die auf die Person von Jesus Christus hinweisen und zugleich zu den bekanntesten Worten des Neuen Testamentes gehören.

sche Christen ein grundsätzliches Hindernis und sollten vermieden werden, ohne diese Thematik zu einem Diskussionsgegenstand werden zu lassen. Es sollte vielmehr darauf geachtet werden, dass wir überragende geistliche Schätze an Liedern und Worten aus vielen Jahrhunderten zur Verfügung haben, die wir dankbar und fröhlich nutzen können!

Ein Teil dieser Texte, Bekenntnisse und Gebete befinden sich auch hier ab Seite 159. Sie bilden aber nur einen kleinen Ausschnitt.

Ablauf und liturgische Form des Gottesdienstes

Es braucht nicht für jeden Gottesdienst einen besonderen Ablauf. Im hinteren Teil dieses Buches[42] sind verschiedene Auswahlmöglichkeiten enthalten, die jeweils für die Gottesdienste vor Ort denkbar wären.

Da wir es mit dementen Besuchern zu tun haben und die Feier vor allem für sie gestalten, ist es sinnvoll, jeden Gottesdienst mit ähnlichen oder sogar identischen Elementen zu feiern. Wiederholungen mögen gesunden Teilnehmern ein wenig sonderbar erscheinen, für Demente geht es vor allem um die Wiedererkennbarkeit. So könnte jeder Gottesdienst mit einer standardisierten **Begrüßung** und dem sog. **„Votum“** beginnen.

Das ist in der Regel die trinitarische Formel „Im Namen Gottes, des Vaters, des Sohnes und des Heiligen Geistes“. Häufig wird dieses Votum durch ein bekanntes Bibelwort ergänzt. Auch dieses kann immer dasselbe sein.

Für die **Liturgie** vor der Andacht eignet sich zum Beispiel Psalm 23 als Standard-**Lesung** in jedem Gottesdienst und kann von fast allen Teilnehmern mitgesprochen werden. Manche sprechen dabei vielleicht zu schnell und andere eher schleppend. Wichtig ist, dass die Leitenden mit einem guten Sprechrhythmus und klarer, verständlicher Stimme Orientierung geben.

Auch die **Lieder** dürfen immer dieselben sein. Die Teilnehmer sollen sich nicht konzentrieren müssen, sondern ohne große An-

42 ab Seite 159

strengung durch die Feier geleitet werden. Demente Menschen können sich nicht wesentlich länger als maximal 20 Minuten am Stück auf den Gottesdienst konzentrieren beziehungsweise dem Geschehen folgen; daher beschränken wir uns in unseren Vorlagen und Online-Materialien in den variablen Elementen der Gottesdienste auf den jeweiligen Kerninhalt: *Ein* bekanntes **Kirchenlied / Choral** als leitender Impuls und eine kurze **Andacht**, die diesen Impuls jeweils aufnimmt.

Der Abschluss der gottesdienstlichen Feier mit **Gebet** und der **Segensbitte** bleibt jeweils unverändert und vermittelt dementen Menschen den Eindruck, dass sie einen „normalen, richtigen" Gottesdienst in gewohnter Form erlebt haben. Eine freundliche **Verabschiedung** rundet das Geschehen ab.

Eine Begleitperson sollte während der gottesdienstlichen Feier im Raum bleiben, bis alle Teilnehmer den Raum verlassen haben beziehungsweise vom Personal oder Angehörigen abgeholt wurden.

Sehr viel individueller lassen sich Gottesdienste gestalten, die **mit einem alten Menschen allein** (eventuell mit Begleitung) gehalten werden. Auch dies ist gut möglich durch die Einspielung der Online-Andacht, sodass im Raum nicht ein Teilnehmer und ein Anleiter wie in einem „Rollenspiel" miteinander agieren, sondern zwei Personen im Sinne von Matthäus 18,20 beieinander sind: *Wo zwei oder drei versammelt sind in meinem Namen, da bin ich mitten unter ihnen.* Auch das ist ein wunderbares Geschenk.

Die liturgische Form kann je nach Möglichkeit des dementen Menschen der Vorlage einer Hausandacht oder auch einer Kranken-Abendmahlsfeier folgen. Hier verweise ich nochmals auf das Material im Anhang sowie auf die vielen Angebote in den Gesangbüchern der Kirchen und ermutige zu einem intensiven Gebrauch.

Besonderheiten für eine Abendmahlsfeier

In vielen christlichen Einrichtungen gehört eine regelmäßige Abendmahlsfeier zum Standard. Ein guter Rhythmus wäre mindestens ein Mal pro Monat.

Bitte beachten Sie: Für die Durchführung einer Abendmahlsfeier muss möglicherweise das Einverständnis des / der zuständigen Seelsorgers / Seelsorgerin und Angehörigen eingeholt werden.

Zur Gestaltung einer Abendmahlsfeier (beziehungsweise der Kommunion) ist in jedem Fall Rücksicht auf die eigene Tradition der alten Menschen zu nehmen, da dies häufig – besonders bei Angehörigen der römisch-katholischen Kirche – an die Gegenwart eines ordinierten Geistlichen gebunden ist.

Für die Durchführung benötigt es bei Abwesenheit eines Geistlichen zumindest eine Genehmigung oder Beauftragung durch die Gemeindeleitung. Besonders bei Gläubigen aus dem katholischen Umfeld könnte eine Abendmahlsfeier Unsicherheit oder sogar Angst auslösen, da das Verständnis von Mahlfeier und Kommunion zwischen Protestanten und Katholiken sehr unterschiedlich ist. Häufig wird seitens der Kirchen ein Diakon oder eine Diakonin dafür abgeordnet.

Darüber hinaus wissen nicht mehr alle dementen Teilnehmer, was sie mit dem Brot und dem Kelch[43] anfangen sollen. Manche haben vergessen, dass dieses Brot einen Symbolcharakter hat, und fordern mehr; andere sind erschrocken über den Geschmack des Weines und könnten das auch laut und protestierend äußern oder den Wein wieder in den Kelch speien. Daher sollten vorher manche Fragen geklärt werden, wie etwa

- ob Teilnehmer aus verschiedenen Konfessionen anwesend sind
- ob alle in der Lage sind, Brot und Wein eigenständig entgegen- und einzunehmen
- ob es Teilnehmer gibt, die unter Schluckbeschwerden leiden
- ob es (auch sog. „trockene“) Alkoholiker unter den Teilnehmern gibt

---

43 Für eine Abendmahlsfeier mit dementen Teilnehmern sind grundsätzlich Einzelkelche zu verwenden, was aber seit der Corona- / Covid-19-Pandemie ohnehin Standard geworden sein dürfte. Sind keine Einzelkelche vorhanden, gibt es preisgünstige kleine Gläser, die jedoch nicht zu viel Ähnlichkeit mit typischen Schnapsgläsern haben sollten. Vor allem männliche Teilnehmer könnten das verwechseln und das Glas mit einem lauten Trinkspruch leeren, was man ihnen nicht verübeln dürfte.

- ob prinzipiell Traubensaft statt Wein angeboten werden soll
- ob es starke geschmackliche Irritationen gibt (zum Beispiel durch demenzielle Symptomatik verursacht, durch Long-Covid, eine Chemotherapie oder andere Medikamentengaben ausgelöst)
- ob ausreichend Platz in den Reihen ist, damit die Ausführenden problemlos mit Brot und Wein hindurchgehen und auch vor jedem Teilnehmer stehen bleiben können, bis er den Kelch ohne Eile genommen und wieder aus der Hand gegeben hat

Nicht zu vergessen: Eine Mahlfeier mit mehreren Teilnehmern braucht entsprechend Zeit. Manche Teilnehmer müssen noch einmal direkt während der Austeilung individuell ermutigt werden, dass sie das Brot essen und aus dem Kelch / Becher trinken dürfen.

Grundsätzliche Fragen, ob eine Abendmahlsfeier mit dementen Menschen überhaupt sinnvoll ist, müssten vorher geklärt sein. Eine Diskussion mit anwesenden Angehörigen über Sinn und Zweck (oder über eine korrekte und angemessene Durchführung) sollte während des Gottesdienstes vermieden werden. Es mag in der Tat so sein, dass einzelne demente Teilnehmer im Augenblick nicht oder nicht mehr verstehen, was diese besondere Feier zu bedeuten hat, und es mag auch sein, dass Teilnehmer das Abendmahl einnehmen, die in ihrer eigenen kirchlichen Denomination möglicherweise von der Mahlfeier ausgeschlossen würden – nachvollziehbare Gründe gibt es dafür immer wieder in verschiedenen Traditionen. Diese Diskussion lässt sich mit und über demente Menschen nicht mehr führen und lösen. Da darf das Angebot der Gnade größer sein als jede Skepsis, und manche Teilnehmer erleben die Mahlfeier als einen Höhepunkt, weil sie schon ein halbes Leben lang einen besonderen Bezug zum Abendmahl hatten. Es ist und bleibt ein sehr geheimnisvoller, aber auch ein sehr besonderer Moment im Leben von gläubigen Menschen und sollte ihnen auch im Dämmerzustand einer Demenz nicht vorenthalten werden.

Ordnung für gottesdienstliche Feiern

Die folgenden Andachten sind speziell für Menschen mit demenzieller Erkrankung konzipiert.

Alle hier angebotenen Andachten gehen jeweils von einem bekannten Liedtext aus. Der Ablauf des Gottesdienstes sollte so gestaltet sein, dass das jeweilige Lied möglichst direkt vor der Einspielung oder dem Vortragen der Andacht erfolgt, damit der Zusammenhang unmittelbar hergestellt werden kann.

Ein paar formale Hinweise vorab: Der Ablauf der Andachten sollte nach Möglichkeit einer festen Ordnung folgen, sowie bekannte Elemente und Formulierungen enthalten, wie sie im Folgenden vorgeschlagen sind.

Bei einer fortgeschrittenen demenziellen Veränderung der Teilnehmenden ist es allerdings sinnvoll, den Ablauf und die Texte und Lieder nicht zu variieren, sondern sich auf einen Standardablauf festzulegen. Dabei können besonders die Lieblingslieder und -texte der Teilnehmenden berücksichtigt werden.

Für die einzelnen liturgischen Elemente des Gottesdienstes / der Andacht gibt es jeweils eine Auswahl an Formulierungen und Worten, die verwendet werden können. Eine erkennbare liturgische beziehungsweise gottesdienstliche Form der Feier sollte dabei in jedem Fall gewährleistet bleiben.

Falls kein Gesangbuch oder Liederbuch vorhanden ist, ist eine ausreichende Anzahl von Liedblättern oder -sammlungen hilfreich. Die anleitende Person sollte in jedem Fall die Liedtexte zur Hand haben. Bekannte Strophen können auch von demenziell veränderten Menschen häufig auswendig gesungen werden; weniger bekannte Strophen können auch gelesen werden.

Alle hier zur Auswahl stehenden Lieder dienen wechselweise als Grundlage oder Hinführung zu einer Andacht. Das jeweils gewählte Lied wird dementsprechend direkt vor der Andacht gesungen beziehungsweise eingespielt. Weitere Lieder können dem Anlass entsprechend hinzugefügt werden (Advent, Weihnachten, Passion, Ostern, Frühling, Erntezeit, Abendmahlsfeier usw.).

Vorschlag einer festen Ablauf-Ordnung:

- Musikalisches Vorspiel, eventuell eingespielt
- Eröffnung mit trinitarischem Votum
- Eingangswort und Begrüßung
- Gemeinsame Lesung / Glaubensbekenntnis
- Gemeinsames Lied
- Andacht
- Gebet
- Vaterunser
- Gemeinsames Lied
- Segensbitte
- Verabschiedung

Nachfolgend finden Sie eine ausführliche Vorlage. Die festen Elemente sowie die verschiedenen Varianten sind in folgender Weise markiert:

Feste Elemente

→ variable Elemente zur Auswahl

Gottesdienstliche Feier

Musikalisches Vorspiel (eventuell eingespielt)

Eröffnung mit trinitarischem Votum

→ Wir feiern diesen Gottesdienst im Namen Gottes, des Vaters, des Sohnes und des Heiligen Geistes. Amen.

→ Wir beginnen unsere Andacht im Namen Gottes, des Vaters, des Sohnes und des Heiligen Geistes. Amen.

Eingangswort und Begrüßung

→ *Lobe den Herrn, meine Seele, und was in mir ist, seinen heiligen Namen! Lobe den Herrn, meine Seele, und vergiss nicht, was er dir Gutes getan hat.* (Psalm 103, 1+2)

→ *Gott spricht: Fürchte dich nicht, denn ich habe dich erlöst; ich habe dich bei deinem Namen gerufen; du bist mein!* (Jesaja 43,1b)

→ *Jesus Christus spricht: Kommt her zu mir, alle, die ihr mühselig und beladen seid; ich will euch erquicken.* (Matthäus 11,28)

Gemeinsame Lesung / Glaubensbekenntnis

→ **Schriftlesung Psalm 23**

Der Herr ist mein Hirte, mir wird nichts mangeln. Er weidet mich auf grüner Aue und führet mich zum frischen Wasser. Er erquicket meine Seele. Er führet mich auf rechter Straße um seines Namens willen. Und ob ich schon wanderte im finstern Tal, fürchte ich kein Unglück; denn du bist bei mir, dein Stecken und dein Stab trösten mich. Du bereitest vor mir einen Tisch im Angesicht meiner Feinde. Du salbest mein Haupt mit Öl und schenkest mir voll ein. Gutes und Barmherzigkeit werden mir folgen mein Leben lang, und ich werde bleiben im Hause des Herrn immerdar.

→ **Schriftlesung Psalm 103, 1-4. 8. 10-13. 22b**

Lobe den Herrn, meine Seele, und was in mir ist, seinen heiligen Namen! Lobe den Herrn, meine Seele, und vergiss nicht, was er dir Gutes getan hat: der dir alle deine Sünden vergibt und heilet alle deine Gebrechen, der dein Leben vom Verderben erlöst, der dich krönt mit Gnade und Barmherzigkeit. Barmherzig und gnädig ist der Herr, geduldig und von großer Güte. Er handelt nicht mit uns nach unsern Sünden und vergilt uns nicht nach unsrer Missetat. Denn so hoch der Himmel über der Erde ist, lässt er seine Gnade walten über die, so ihn fürchten. So ferne der Morgen ist vom Abend, lässt er unsre Übertretungen von uns sein. Wie sich ein Vater über Kinder erbarmt, so erbarmt sich der Herr über die, so ihn fürchten. Lobe den Herrn, meine Seele!

→ **Apostolisches Glaubensbekenntnis**
Ich glaube an Gott, den Vater, den Allmächtigen, den Schöpfer des Himmels und der Erde, und an Jesus Christus, seinen eingeborenen Sohn, unsern Herrn, empfangen durch den Heiligen Geist, geboren von der Jungfrau Maria, gelitten unter Pontius Pilatus, gekreuzigt, gestorben und begraben, hinabgestiegen in das Reich des Todes, am dritten Tage auferstanden von den Toten, aufgefahren in den Himmel; er sitzt zur Rechten Gottes, des allmächtigen Vaters; von dort wird er kommen, zu richten die Lebenden und die Toten. Ich glaube an den Heiligen Geist, die heilige christliche Kirche, Gemeinschaft der Heiligen, Vergebung der Sünden, Auferstehung der Toten und das ewige Leben. Amen.

Gemeinsames Lied passend zur Andacht (eventuell eingespielt zum Mitsingen)

Andacht[44]

44 ab Seite 174

Gebet

→ Freies Gebet

→ Vorformuliertes Gebet

Allmächtiger Gott und Vater, wir danken dir für diesen Tag und für diese Stunde. Wir danken dir für diese Augenblicke in deiner Gegenwart. Wir danken dir, dass du gnädig und barmherzig und von großer Güte bist. Wir danken dir, dass du über unserem Leben wachst. Und wir danken dir, dass wir bei dir zur Ruhe kommen dürfen. Du siehst uns; du kennst uns; du weißt um unsere Wege. Wir befehlen uns und unsere Lieben dir an. Wir vertrauen dir, dass du uns von allen Seiten umgibst. Dein Friede sei mit uns. Dein Name sei gelobt! Amen.

→ Morgensegen von Martin Luther

Das walte Gott, Vater, Sohn und Heiliger Geist! Amen. Ich danke dir, mein himmlischer Vater, durch Jesus Christus, deinen lieben Sohn, dass du mich diese Nacht vor allem Schaden und Gefahr behütet hast, und bitte dich, du wollest mich diesen Tag auch behüten vor Sünden und allem Übel, dass dir all mein Tun und Leben gefalle. Denn ich befehle mich, meinen Leib und Seele und alles in deine Hände. Dein heiliger Engel sei mit mir, dass der böse Feind keine Macht an mir finde.

→ Vaterunser

Vater unser im Himmel, geheiligt werde dein Name. Dein Reich komme. Dein Wille geschehe wie im Himmel so auf Erden. Unser tägliches Brot gib uns heute, und vergib uns unsere Schuld, wie auch wir vergeben unseren Schuldigern. Und führe uns nicht in Versuchung, sondern erlöse uns von dem Bösen, denn dein ist das Reich und die Kraft und die Herrlichkeit in Ewigkeit. Amen.

Gemeinsames Lied (eventuell eingespielt zum Mitsingen)

Segensbitte

→ **Aaronitischer Segen** (4. Mose 6,24-26)
Der Herr segne dich und behüte dich. Der Herr lasse sein Angesicht leuchten über dir und sei dir gnädig. Der Herr hebe sein Angesicht über dich und gebe dir Frieden. Amen.

→ **Segen** (2. Korinther 13,13)
Die Gnade unsers Herrn Jesu Christi und die Liebe Gottes und die Gemeinschaft des Heiligen Geistes sei mit euch allen.

→ **Segen** (1. Thessalonicher 5,23+24; LU84)
Er aber, der Gott des Friedens, heilige euch durch und durch und bewahre euren Geist samt Seele und Leib unversehrt, untadelig für die Ankunft unseres Herrn Jesus Christus. Treu ist er, der euch ruft; er wird's auch tun.

→ **Trinitarischer Segen**
Es segne und behüte dich der allmächtige und barmherzige Gott, der Vater, der Sohn und der Heilige Geist.

Musikalisches Nachspiel (eventuell eingespielt)

Gottesdienstliche Feier mit Abendmahl

Falls in die gottesdienstliche Feier eine Abendmahlsfeier integriert werden soll, kann sie *nach* oder *anstelle* der Andacht nach dem folgenden Muster gestaltet werden.

Einladung und Bekenntnis

Jesus Christus spricht: Kommt her zu mir, alle, die ihr mühselig und beladen seid; ich will euch erquicken. (Matthäus 11,28)

Im Prophet Jesaja, Kapitel 53,4+5 heißt es: *Fürwahr, er trug unsere Krankheit und lud auf sich unsre Schmerzen. Wir aber hielten ihn für den, der geplagt und von Gott geschlagen und gemartert wäre. Aber er ist um unsrer Missetat willen verwundet und um unsrer Sünde willen zerschlagen. Die Strafe liegt auf ihm, auf dass wir Frieden hätten, und durch seine Wunden sind wir geheilt.*

Der Apostel Johannes schreibt (1. Johannes 1,9): *So wir aber unsere Sünden bekennen, so ist er treu und gerecht, dass er uns die Sünden vergibt und reinigt uns von aller Untugend.*

Einsetzungsworte

Der Herr Jesus, in der Nacht, da er verraten ward, nahm er das Brot, dankte und brach's und sprach: Dies ist mein Leib, der für euch gebrochen wird, solches tut zu meinem Gedächtnis.

Desgleichen nahm er auch den Kelch nach dem Mahl und sprach: Dieser Kelch ist der neue Bund in meinem Blut, solches tut, so oft ihr daraus trinkt, zu meinem Gedächtnis.

Denn so oft ihr von diesem Brot esst und von diesem Kelch trinkt, verkündigt ihr des Herrn Tod, bis dass er kommt. (1. Korinther 11,23–26; LU84)

Und nun kommt, denn es ist alles bereit. Schmecket und sehet, wie freundlich der Herr ist.

Gebet

Herr Jesus Christus, du bist Mensch geworden und hast dein Leben um unseretwillen hingegeben. Du bist auferstanden und hast uns mit Gott versöhnt. Wir danken dir von Herzen und preisen deinen Namen. Wie du mit den Jüngern das Mahl gefeiert hast, so sei jetzt auch durch deinen Heiligen Geist bei uns, wenn wir an deinen Tisch treten. Mach uns durch die Zeichen deiner Gnade aufs Neue dessen gewiss, dass wir dir gehören und du unser bist.[45]

Austeilung

Jesus Christus spricht: Ich bin das Brot des Lebens. Wer zu mir kommt, den wird nicht hungern; und wer an mich glaubt, den wird nimmermehr dürsten. (Johannes 6,35)

- Christi Leib, für dich gebrochen. (Brot wird gereicht.)

- Christi Blut, für dich vergossen. (Kelch wird gereicht.)

Gebet

Himmlischer Vater, wir danken dir herzlich für dein heiliges Mahl als Zeichen und Unterpfand unsrer Erlösung. Du hast uns neu gestärkt im Glauben. Gib uns Geduld in den Tagen der Krankheit, schenke uns Kraft, auch unser Leid zu tragen. Bring uns alle zu dem Ziel, das du uns bereitet hast. Du bist unser Trost und unsre Hoffnung. Amen.[46]

→ **Freies Gebet**

---

45 nach der Agende der Evangelisch-methodistischen Kirche, 2014

46 nach der Agende der Evangelisch-methodistischen Kirche, 2014

→ **Gebet** (Justus Delbrück 1902–1945)
In den Tiefen, die kein Trost erreicht,
lass doch deine Treue mich erreichen.
In den Nächten, da der Glaube weicht,
lass nicht deine Gnade von mir weichen.

Auf dem Weg, den keiner mit mir geht,
wenn zum Beten die Gedanken schwinden,
wenn mich kalt die Finsternis umweht,
wollest du in meiner Not mich finden.

Wenn die Seele wie ein irres Licht
flackert zwischen Werden und Vergehen,
wenn es mir an Trost und Rat gebricht,
wollest du an meinem Lager stehen.

Wenn ich deine Hand nicht fassen kann,
nimm die meine du in deine Hände,
nimm dich meiner Seele gnädig an,
führe mich zu einem guten Ende.

→ **Abendsegen von Martin Luther** (1483–1546)
Das walte Gott Vater, Sohn und Heiliger Geist! Amen. Ich danke dir, mein himmlischer Vater, durch Jesus Christus, deinen lieben Sohn, dass du mich diesen Tag gnädiglich behütet hast, und bitte dich, du wollest mir vergeben alle meine Sünde, wo ich Unrecht getan habe, und mich diese Nacht auch gnädiglich behüten. Denn ich befehle mich, meinen Leib und Seele und alles in deine Hände. Dein heiliger Engel sei mit mir, dass der böse Feind keine Macht an mir finde.

Vaterunser

Vater unser im Himmel, geheiligt werde dein Name. Dein Reich komme. Dein Wille geschehe wie im Himmel so auf Erden. Unser tägliches Brot gib uns heute, und vergib uns unsere Schuld, wie auch wir vergeben unseren Schuldigern. Und führe uns nicht in Versuchung, sondern erlöse uns von dem Bösen, denn dein ist das Reich und die Kraft und die Herrlichkeit in Ewigkeit. Amen.

Gemeinsames Lied (eventuell eingespielt zum Mitsingen)

Segensbitte

→ **Aaronitischer Segen** (4. Mose 6,24-26)
Der Herr segne dich und behüte dich. Der Herr lasse sein Angesicht leuchten über dir und sei dir gnädig. Der Herr hebe sein Angesicht über dich und gebe dir Frieden. Amen.

→ **Segen** (2. Korinther 13,13)
Die Gnade unsers Herrn Jesu Christi und die Liebe Gottes und die Gemeinschaft des Heiligen Geistes sei mit euch allen.

→ **Segen** (1. Thessalonicher 5,23+24; LU84)
Er aber, der Gott des Friedens, heilige euch durch und durch und bewahre euren Geist samt Seele und Leib unversehrt, untadelig für die Ankunft unseres Herrn Jesus Christus. Treu ist er, der euch ruft; er wird's auch tun.

→ **Trinitarischer Segen**
Es segne und behüte dich der allmächtige und barmherzige Gott, der Vater, der Sohn und der Heilige Geist.

Musikalisches Nachspiel (eventuell eingespielt)

Vorlage für eine Aussegnung am Sterbebett[47]

Hinweise für die Durchführenden: Die Texte können auch von zwei Personen im Wechsel gelesen werden. Vor der Aussegnungsfeier sollten die persönlichen Daten des / der Verstorbenen in die vorgesehenen Felder eingetragen werden.

Einige der in diesem Buch und CD vorhandenen Lieder eignen sich sehr gut für eine Aussegnung, andere passen je nach Situation und Todesumständen des Verstorbenen. Sie können jeweils als Gebet oder als liturgisches Element gelesen, gemeinsam gesungen oder eingespielt werden:

- Befiehl du deine Wege (Text siehe Seite 191)
- So nimm denn meine Hände (Text siehe Seite 173)
- Stern, auf den ich schaue (Text siehe Seite 199)
- Gott ist die Liebe (Text siehe Seite 195)
- Nun danket alle Gott (Text siehe Seite 211)
- Nun ruhen alle Wälder (Text siehe Seite 204)
- Großer Gott, wir loben dich (Text siehe Seite 179)

Eröffnung mit trinitarischem Votum

→ Im Namen Gottes, des Vaters, des Sohnes und des Heiligen Geistes. Amen.

Eingangswort

→ *Die mit Tränen säen, werden mit Freuden ernten. Sie gehen hin und weinen und streuen ihren Samen und kommen mit Freuden und bringen ihre Garben. Amen.* (Psalm 126,5+6; LU84)

---

47 Weitere Liedvorschläge und Texte können über den Link / QR-Code auf Seite 220 heruntergeladen werden.

→ *Herr, neige deine Ohren und erhöre mich; denn ich bin elend und arm. Bewahre meine Seele, denn ich bin dein. Denn du, Herr, bist gut und gnädig, von großer Güte allen, die dich anrufen. Amen.* (Psalm 86,1.2a.5; LU84)

→ *Ich bin gewiss, dass weder Tod noch Leben, weder Engel noch Fürstentümer noch Gewalten, weder Gegenwärtiges noch Zukünftiges, weder Hohes noch Tiefes noch eine andere Kreatur mag uns scheiden von der Liebe Gottes, die in Christus Jesus ist, unserm Herrn. Amen.* (Römer 8,38+39)

→ *Und Gott wird abwischen alle Tränen von ihren Augen, und der Tod wird nicht mehr sein, noch Leid noch Geschrei noch Schmerz wird mehr sein; denn das Erste ist vergangen. Und der auf dem Thron saß, sprach: Siehe, ich mache alles neu! Amen.* (Offenbarung 21,4+5; LU84)

Begrüßung

→ Wir sind hier zusammen, um gemeinsam Abschied zu nehmen von Herrn / Frau ....
geboren am .... verstorben am .... im Alter von .... Jahren.

→ Unsere Anteilnahme gilt den Angehörigen von Herrn / Frau .... die wir besonders unter uns begrüßen.

Schriftlesung

→ **Psalm 23**

Der Herr ist mein Hirte, mir wird nichts mangeln. Er weidet mich auf grüner Aue und führet mich zum frischen Wasser. Er erquicket meine Seele. Er führet mich auf rechter Straße um seines Namens willen. Und ob ich schon wanderte im finstern Tal, fürchte ich kein Unglück; denn du bist bei mir, dein

Stecken und Stab trösten mich. Du bereitest vor mir einen Tisch im Angesicht meiner Feinde. Du salbest mein Haupt mit Öl und schenkest mir voll ein. Gutes und Barmherzigkeit werden mir folgen mein Leben lang, und ich werde bleiben im Hause des Herrn immerdar.

→ **Psalm 103, 1-4. 8. 10-13. 22b**

Lobe den Herrn, meine Seele, und was in mir ist, seinen heiligen Namen! Lobe den Herrn, meine Seele, und vergiss nicht, was er dir Gutes getan hat: der dir alle deine Sünden vergibt und heilet alle deine Gebrechen, der dein Leben vom Verderben erlöst, der dich krönt mit Gnade und Barmherzigkeit. Barmherzig und gnädig ist der Herr, geduldig und von großer Güte. Er handelt nicht mit uns nach unsern Sünden und vergilt uns nicht nach unsrer Missetat. Denn so hoch der Himmel über der Erde ist, lässt er seine Gnade walten über die, so ihn fürchten. So ferne der Morgen ist vom Abend, lässt er unsre Übertretungen von uns sein. Wie sich ein Vater über Kinder erbarmt, so erbarmt sich der Herr über die, so ihn fürchten. Lobe den Herrn, meine Seele!

→ **Psalm 139,1–3,5.13.14b.16**

Herr, du erforschest mich und kennest mich. Ich sitze oder stehe auf, so weißt du es; du verstehst meine Gedanken von ferne. Ich gehe oder liege, so bist du um mich und siehst alle meine Wege. Von allen Seiten umgibst du mich und hältst deine Hand über mir. Du hast meine Nieren bereitet und hast mich gebildet im Mutterleib. Ich danke dir dafür, dass ich wunderbar gemacht bin; wunderbar sind deine Werke; das erkennt meine Seele wohl. Deine Augen sahen mich, da ich noch unbereitet war, und alle Tage waren auf dein Buch geschrieben, die noch werden sollten, als derselben keiner da war.

Gebet

→ **von Justus Delbrück** (1902–1945)

In den Tiefen, die kein Trost erreicht,
lass doch deine Treue mich erreichen.
In den Nächten, da der Glaube weicht,
lass nicht deine Gnade von mir weichen.

Auf dem Weg, den keiner mit mir geht,
wenn zum Beten die Gedanken schwinden,
wenn mich kalt die Finsternis umweht,
wollest du in meiner Not mich finden.

Wenn ich deine Hand nicht fassen kann,
nimm die meine du in deine Hände,
nimm dich meiner Seele gnädig an,
führe mich zu einem guten Ende.

→ **Gedicht von Ludwig Uhland** (1787–1862)

Du kamst, du gingst mit leiser Spur,
ein flücht'ger Gast im Erdenland.
Woher? Wohin? Wir wissen nur:
aus Gottes Hand – in Gottes Hand.

Persönliche Worte oder Andacht (hier können einige Auswahl-Elemente auch kombiniert werden)

→ Herr / Frau .... war seit .... Jahren bei uns. Sie hat in diesen Jahren immer wieder gerne von (Themen, Ereignisse, Wünsche, Menschen) .... gesprochen.

→ Wir wollen einige Augenblicke still werden; ich lade uns ein, dass wir noch einmal laut aussprechen,

- woran wir uns besonders aus der Zeit mit Herrn / Frau .... erinnern
- und / oder was uns den Abschied von Herrn / Frau .... besonders schwer macht
- und / oder wofür wir besonders dankbar sind, wenn wir an die Zeit mit Herrn / Frau .... denken.

→ Wir wollen nun einige Augenblicke schweigen und in der Stille Abschied nehmen.

Gebet

→ **Freies Gebet**

→ **Vaterunser**

Vater unser im Himmel, geheiligt werde dein Name. Dein Reich komme. Dein Wille geschehe wie im Himmel so auf Erden. Unser tägliches Brot gib uns heute, und vergib uns unsere Schuld, wie auch wir vergeben unseren Schuldigern. Und führe uns nicht in Versuchung, sondern erlöse uns von dem Bösen, denn dein ist das Reich und die Kraft und die Herrlichkeit in Ewigkeit. Amen.

Gemeinsames Lied (eventuell eingespielt zum Mitsingen)

→ **So nimm denn meine Hände**

Text: Julie Hausmann (1826–1901), Musik: Philip Friedrich Silcher (1789–1860)

1. So nimm denn meine Hände und führe mich
bis an mein selig Ende und ewiglich.
Ich mag allein nicht gehen, nicht einen Schritt;
wo du wirst gehn und stehen, da nimm mich mit.

2. In dein Erbarmen hülle mein schwaches Herz
und mach es gänzlich stille in Freud und Schmerz.
Lass ruhn zu deinen Füßen dein armes Kind;
es will die Augen schließen und glauben blind.

3. Wenn ich auch gleich nichts fühle von deiner Macht,
du führst mich doch zum Ziele auch durch die Nacht.
So nimm denn meine Hände und führe mich
bis an mein selig Ende und ewiglich.

Segensbitte

→ **Aaronitischer Segen** (4. Mose 6,24-26)

Der Herr segne dich und behüte dich. Der Herr lasse sein Angesicht leuchten über dir und sei dir gnädig. Der Herr hebe sein Angesicht über dich und gebe dir Frieden. Amen.

→ **Segen** (Psalm 121,7+8)

Der Herr behüte dich vor allem Übel, er behüte deine Seele. Der Herr behüte deinen Ausgang und deinen Eingang von nun an bis in Ewigkeit.

→ **Trinitarischer Segen**

Es segne und behüte euch der allmächtige und barmherzige Gott, der Vater, der Sohn und der Heilige Geist.

8. Andachten

Auf den nächsten Seiten finden Sie 10 speziell auf Demenzkranke zugeschnittene Andachten zu folgenden Liedern:

Zum Anhören und Mitsingen sind diese Lieder auf der Begleit-CD „Vertraut – Lieder, die mein Herz berühren“ enthalten. Die Liedfolge auf der CD entspricht der Reihenfolge der Andachten.

Alle Andachten sind auch online als Video erhältlich. Neben jeder Andacht finden Sie einen QR-Code, über den die Andacht abrufbar ist. Alternativ sind die Online-Andachten auch über folgenden Link abrufbar: **https://vertraut.bio.to/P01ek**

1. Lobe den Herren, den mächtigen König der Ehren

Text: Joachim Neander (1650–1680)
Musik: 17. Jh., geistlich Stralsund 1665, Halle 1741

1. Lobe den Herren, den mächtigen König der Ehren,
meine geliebete Seele, das ist mein Begehren.
Kommet zuhauf, Psalter und Harfe wacht auf,
lasset den Lobgesang hören!

2. Lobe den Herren, der alles so herrlich regieret,
der dich auf Adelers Fittichen sicher geführet,
der dich erhält, wie es dir selber gefällt;
hast du nicht dieses verspüret?

3. Lobe den Herren, der künstlich und fein dich bereitet,
der dir Gesundheit verliehen, dich freundlich geleitet.
In wie viel Not hat nicht der gnädige Gott
über dir Flügel gebreitet!

4. Lobe den Herren, der sichtbar dein Leben gesegnet,
der aus dem Himmel mit Strömen der Liebe geregnet.
Denke daran, was der Allmächtige kann,
der dir mit Liebe begegnet!

Andacht

Dieses alte und wunderschöne Lied kennt vermutlich fast jeder in unserem Land – zumindest die Älteren unter uns. Wir haben dieses Lied schon als Schüler in der Schule gesungen. Als ich ein junger Bursche war, also vor knapp 60 Jahren, da war das noch so: An jedem Montagmorgen begann der erste Schultag in der neuen Woche mit einer

Andacht unseres Lehrers, und dieses Lied gehörte immer dazu: „Lobe den Herren, den mächtigen König der Ehren".

Ich bin sicher, dass wir damals gar nicht verstanden haben, was wir da singen. Denn es ist natürlich kein Lied für Kinder. Wir kannten „Könige" nur als Gestalten aus den Märchen der Gebrüder Grimm. Wir wussten auch nicht, was das bedeutet: „Psalter und Harfe, wacht auf!" Wir hatten keine Ahnung, wie man „auf Adelers Fittichen sicher geführet" wird. Und spätestens, wenn es in der 3. Strophe heißt: „In wie viel Not hat nicht der gnädige Gott über dir Flügel gebreitet", dann merken wir: Es geht ja um eine Rückschau auf ein längeres Leben, um einen Blick auf schwere Zeiten, um ein dankbares Aufatmen nach bedrückenden Erfahrungen.

Das ist also tatsächlich kein Lied für Kinder, sondern ein Lied für „gestandene" Menschen. Und die meisten von uns könnten sicher viel davon erzählen, „wie viel Not" es in ihrem Leben gegeben hat. Was ist nicht alles geschehen in den 70, 80 und mehr Jahren Ihres und unseres Lebens! Wie oft haben wir nur mühsam ausgehalten und ertragen, was wir erlebt haben! Wie viele Tränen wurden geweint! Wie oft ist uns der Glaube so klein geworden und die Angst und die Sorge so groß! Wie oft wären wir auch nicht in der Lage gewesen, dieses Lied mitzusingen: „Lobe den Herren, den mächtigen König der Ehren!"

Es gibt solche Tage, an denen gelingt dieses Lob Gottes einfach nicht. Und wer sich in der Bibel ein wenig auskennt, der weiß: Auch in der Bibel wird ja nicht nur gelobt. Besonders, wenn wir die Psalmen lesen, dann finden wir an vielen Stellen ganz andere Worte. Da heißt es oft: Herr, wie lange noch!? Wie lange muss ich noch aushalten?

In Psalm 13,2-3 steht zum Beispiel: *Herr, wie lange willst du mein so gar vergessen? Wie lange verbirgst du dein Antlitz vor mir? Wie lange soll ich sorgen in meiner Seele und mich ängstigen in meinem Herzen täglich? Wie lange soll sich mein Feind über mich erheben?*

Und es gibt noch viele weitere Psalmen, in denen die Beter drängende Fragen an Gott stellen: Herr, wie lange willst du dich vor mir verbergen? Wie lange soll ich noch auf deine Hilfe warten?

Die meisten von uns kennen das, wenn wir uns fragen: Wo ist denn der „mächtige König der Ehren"? Wo ist dieser Herr, der „alles so herrlich regiert"? Wo ist der, „der dich erhält, wie es dir selber gefällt"? Das Gefühl, dass da vielleicht doch niemand ist, ist manchmal schwer auszuhalten.

Das hat auch der Mann erlebt, der dieses Lied gedichtet hat. Joachim Neander hieß er. Man hat ihn schlecht behandelt. Er wurde angefeindet. Er wurde benachteiligt. Er wurde übergangen, als es um eine Anstellung als Pfarrer ging. Er musste immer wieder um die einfachsten Dinge seines Lebens bangen – und das vor allem, weil er nicht „angepasst" war. Er dachte anders als andere. Er glaubte anders als andere. Er predigte anders als andere. Er war den Menschen damals zu „fromm".

Dieser Joachim Neander hat als junger Student mit 20 Jahren eine tiefe Gottesbegegnung gehabt, die sein Leben völlig verändert hat. Und durch diese Gottesbegegnung hat er verstanden, dass Gott nicht irgendein weit entfernter, unnahbarer Gott ist, sondern ein Gott, den man erfahren kann. Er ist ein lebendiger Gott. Er ist ein gütiger Gott. Er ist ein barmherziger Gott. Er ist ein Gott, den wir zwar nicht sehen können, der uns aber zugleich „von allen Seiten umgibt". Er ist uns viel näher, als wir begreifen können. So heißt es in Psalm 139, 2-6: *Ich sitze oder stehe auf, so weißt du es; du verstehst meine Gedanken von ferne. Ich gehe oder liege, so bist du um mich und siehst alle meine Wege. Denn siehe, es ist kein Wort auf meiner Zunge, das du, Herr, nicht alles wissest. Von allen Seiten umgibst du mich und hältst deine Hand über mir. Solche Erkenntnis ist mir zu wunderbar und zu hoch, ich kann sie nicht begreifen.*

Für Joachim Neander war das eine der größten Erkenntnisse, dass trotz aller Not und in aller Not Gott immer „gegenwärtig" ist. Dass hinter dem, was wir mit unseren Augen sehen, noch etwas anderes ist, was man nicht sehen kann. Dass man sozusagen „hinter den Vorhang" oder „hinter die Kulissen" sehen muss, um dieses Geheimnis zu verstehen. Das passiert zum Beispiel immer wieder, wenn wir die großen Geschichten der Bibel lesen – die Psalmen, die Evangelien, die Briefe der Apostel. Dann erkennen wir mehr und mehr, wie groß, wie mächtig, wie herrlich dieser Gott ist. Und zugleich erkennen wir, wie freundlich und barmherzig er ist.

Am allerdeutlichsten sehen wir das in der Person von Jesus! In Jesus wird der ewige und verborgene Gott plötzlich „sichtbar". In der Bibel hat Jesus noch einen speziellen Namen, einen besonderen „Adelstitel". In der Bibel wird Jesus „der König" genannt! Er ist ein „wunderbarer König", denn Er ist ein König, der nicht zuerst auf seine Macht und seine Größte verweist, sondern der sich den Schwächsten und Geringsten zuwendet. Dieser König geht den Mühseligen und Beladenen nach. Dieser König sucht die Verlorenen und bringt sie nach Hause. Er sorgt dafür, dass wir in der Not nicht allein sind.

Der Liederdichter Joachim Neander hat das geglaubt. Er hat das Geheimnis verstanden, dass der „König Jesus" immer da ist und sich um die großen und die kleinen Dinge unseres Lebens kümmert – auch dann, wenn wir manches, was passiert, nicht einordnen können. Joachim Neander wurde nur 30 Jahre alt und hat viel durchgemacht in seinem kurzen Leben und trotzdem hat er darauf vertraut, dass sein Gott „herrlich regieret". Und deshalb hat er ihm vor langer Zeit dieses schöne Loblied geschrieben.

Seither wurde es von sehr, sehr vielen Menschen immer und immer wieder gesungen. Gerade vorher auch von uns gemeinsam. Als ich ein junger Schüler war, habe ich nicht verstanden, was der Text bedeutet. Aber heute, 60 Jahre später, kann ich von ganzem Herzen in das Lob miteinstimmen:

Lobe den Herren, der künstlich und fein dich bereitet,
der dir Gesundheit verliehen, dich freundlich geleitet.
In wie viel Not hat nicht der gnädige Gott
über dir Flügel gebreitet!

Lobe den Herren, der sichtbar dein Leben gesegnet,
der aus dem Himmel mit Strömen der Liebe geregnet.
Denke daran, was der Allmächtige kann,
der dir mit Liebe begegnet.

2. Großer Gott, wir loben dich

Text: 4. Jh. / Ignaz Franz (1719–1790)
Musik: Lüneburg 1668 / Wien um 1776

1. Großer Gott, wir loben dich; Herr, wir preisen deine Stärke.
Vor dir neigt die Erde sich und bewundert deine Werke.
Wie du warst vor aller Zeit, so bleibst du in Ewigkeit.

2. Alles, was dich preisen kann, Cherubim und Serafinen,
stimmen dir ein Loblied an, alle Engel, die dir dienen,
rufen dir stets ohne Ruh: „Heilig, heilig, heilig!“ zu.

3. Heilig, Herr Gott Zebaoth! Heilig, Herr der Himmelsheere!
Starker Helfer in der Not! Himmel, Erde, Luft und Meere
sind erfüllt von deinem Ruhm; alles ist dein Eigentum.

4. Herr, erbarm, erbarme dich! Auf uns komme, Herr, dein Segen!
Deine Güte zeige sich allen der Verheißung wegen.
Auf dich hoffen wir allein; lass uns nicht verloren sein.

Andacht

Vor einigen Wochen war ich mit meiner Frau und ungefähr 30 Verwandten und Freunden auf der Schwäbischen Alb. Da wir uns alle lange nicht gesehen hatten, hatten wir uns für dieses Verwandtschaftstreffen ein buntes Programm ausgedacht, das für die Jüngeren und die Älteren geeignet sein sollte.

Wir starteten mit einem gemeinsamen Kaffeetrinken im Freien. Die Sonne stand am blauen Himmel. Die Bäume waren leuchtend grün und die Vögel zwitscherten sich fast die Seele aus dem Leib. Es war sommerlich warm. Wir saßen draußen, tranken Kaffee, aßen

Kuchen und unterhielten uns. Die Kinder spielten nebenan auf einem Spielplatz. Alle waren guter Dinge und zufrieden. Es war ein strahlend schöner Tag.

Dann folgte ein echtes Kontrastprogramm. Wir hatten nämlich geplant, gemeinsam eine der vielen unterirdischen Höhlen, die es auf der Schwäbischen Alb gibt, zu besichtigen. Und so sind wir alle miteinander in eine riesige Höhle gestiegen. Viele Stufen hinab, immer tiefer, immer tiefer. Es roch angenehm frisch und kühl. 500 Meter ging es in den Berg hinein und die Kinder haben gestaunt, was es unter der Erde alles zu entdecken gibt! Und wenn jemand irgendetwas sagte, dann schallte es von allen Seiten als Echo zurück. An manchen Stellen wurde die Höhle ganz weit und die Decke wölbte sich hoch über uns. Das sah so aus, als hätte Gott sich selbst eine riesengroße unterirdische Kathedrale geschaffen.

Bei diesem Anblick fielen mir die ersten Verse aus Psalm 19 ein, in dem es heißt: *Die Himmel erzählen die Ehre Gottes, und die Feste verkündigt seiner Hände Werk. Ein Tag sagt's dem andern, und eine Nacht tut's kund der andern, ohne Sprache und ohne Worte; unhörbar ist ihre Stimme. Ihr Schall geht aus in alle Lande und ihr Reden bis an die Enden der Welt* (Psalm 19, 1-5; LU84).

Und als wir so in dieser großen Höhle standen, in dieser beeindruckenden unterirdischen Kathedrale und den Echos unserer menschlichen Stimmen lauschten, da dachten meine Frau und ich: „Genauso macht es Gott!" Ohne Sprache und ohne Worte erzählt er uns etwas von seiner Größe und Macht, wenn man einen Blick hat für die Schönheit und Größe seiner Schöpfung: Draußen der blaue Himmel, die strahlende Sonne, die grünen Hügel, die zwitschernden Vögel am Himmel, das blühende Leben – und drinnen in den Tiefen der Erde eine natürliche Kathedrale in Form einer Höhle.

Auf einmal machte meine Frau einen Vorschlag: Sollten wir nicht hier in dieser eindrucksvollen Höhle zusammen singen?! Alle Verwandten waren einverstanden und irgendwie konnten wir auf einmal gar nicht anders, als alle miteinander dieses Lied anzustimmen: Großer Gott, wir loben dich, Herr, wir preisen deine Stärke. Vor dir neigt die Erde sich und bewundert deine Werke! Wie du warst vor aller Zeit, so bleibst du in Ewigkeit.

Während des Singens ist mir dann noch etwas anderes wieder klar geworden: Wie klein wir Menschen doch sind! Wie unbedeutend manches wird, wenn man für einige Augenblicke auf die gewaltigen Werke schaut, die Gott gemacht hat. Auf der Erde und sogar *unter* der Erde! Wie faszinierend! Wenn wir einen Blick bekommen für seine Macht und Herrlichkeit, dann können wir nur sagen: Großer Gott, wir loben dich!

Dankbar und singend standen wir nun in dieser Höhle tief unter der Erde, und im Laufe der Zeit war die Kühle und Frische gar nicht mehr so angenehm, sondern es wurde irgendwann etwas kalt und klamm.

Wenn man sich in solch einer riesengroßen Höhle aufhält, tief unter der Erde, und gerade noch über die großen Werke Gottes gestaunt hat – und sich dabei selbst sehr mickrig und klein vorkommt –, dann geht einem das ganz neu auf: Gott geht es in erster Linie gar nicht so sehr um Höhlen oder Berge, um die Sonne oder den Mond, sondern Gott geht es um uns. Bei ihm dreht es sich hauptsächlich um uns Menschen. Dass er uns segnen will. Dass er uns erlösen will. Dass er gnädig und barmherzig und von großer Güte sein will – für uns!

Auch das ist uns in dieser Höhle noch einmal klar geworden: Gott ist ja noch viel tiefer hinabgestiegen als wir in diese Höhle. Wir sind Stufe für Stufe hinuntergegangen, einen halben Kilometer tief in den Berg hinein, und das kam uns schon sehr weit und ungewöhnlich vor. Aber das war gar nichts im Vergleich zu dem Weg, den Gott für uns zurückgelegt hat.

Er ist vom Himmel hinabgestiegen in die Tiefe unseres menschlichen Lebens. Hinabgestiegen in die Dunkelheit unserer Sorgen. Hinabgestiegen in unsere Schwachheit. Hinabgestiegen in unsere Verlorenheit. Hinabgestiegen in unser kleines Leben. Hinabgestiegen in unser Elend, und am Ende sogar hinabgestiegen in das Reich des Todes – weil er dort sein will, wo wir sind.

Und damit wir nicht bleiben müssen, wo wir sind. Nämlich für immer so ganz weit unten, wie in einer kalten, klammen Höhle ohne Sonnenschein, blauen Himmel und Vogelgezwitscher. Er ist zu uns heruntergekommen, damit wir nicht allein bleiben in unserem Elend. Damit wir nicht allein bleiben in unserer Angst. Damit wir nicht allein bleiben in all der Sorge.

Weil Gott zu uns heruntergekommen ist, können wir auch die letzte Strophe von „Großer Gott, wir loben dich" voller Zuversicht singen:

Herr, erbarm, erbarme dich! Auf uns komme, Herr, dein Segen!
Deine Güte zeige sich allen der Verheißung wegen.
Auf dich hoffen wir allein; lass uns nicht verloren sein.

3. Geh aus, mein Herz

Text: Paul Gerhardt (1607–1676)
Musik: August Harder (1775–1813)

1. Geh aus, mein Herz, und suche Freud
in dieser lieben Sommerzeit
an deines Gottes Gaben;
schau an der schönen Gärten Zier,
und siehe, wie sie mir und dir
sich ausgeschmücket haben,
sich ausgeschmücket haben.

2. Die Bäume stehen voller Laub,
das Erdreich decket seinen Staub
mit einem grünen Kleide;
Narzissus und die Tulipan,
die ziehen sich viel schöner an
als Salomonis Seide,
als Salomonis Seide.

3. Die Lerche schwingt sich in die Luft,
das Täublein fliegt aus seiner Kluft
und macht sich in die Wälder;
die hochbegabte Nachtigall
ergötzt und füllt mit ihrem Schall
Berg, Hügel, Tal und Felder,
Berg, Hügel, Tal und Felder.

4. Ich selber kann und mag nicht ruhn,
des großen Gottes großes Tun
erweckt mir alle Sinnen;
ich singe mit, wenn alles singt,
und lasse, was dem Höchsten klingt,
aus meinem Herzen rinnen,
aus meinem Herzen rinnen.

Andacht

Bei diesem Lied hat vermutlich jeder, der es hört oder singt, sofort eine ganze Reihe von Bildern vor Augen – Bilder voller Leben, voller Kraft, voller Farben und voller Bewegung. Wir „sehen, hören und riechen" den Sommer geradezu. Wir sehen die Blumen in ihrer Farbenpracht vor unserem inneren Auge. Die Vögel wetteifern miteinander, wer am schönsten und am lautesten singen kann. Der typische Geruch des Sommers erfreut unsere Nasen. Der leichte und angenehme Wind bewegt Blätter und Gras. Die Luft ist voller Bewegung durch Bienen und Schmetterlinge und anderem Getier. Die Natur explodiert geradezu.

Man hat den Eindruck, der Liederdichter Paul Gerhardt wollte uns mit seinen Worten das Paradies vor Augen malen. Herz und Verstand sollten erfüllt sein vom Staunen über die Natur. Er wollte alle unsere Sinne wecken für die Pracht und Schönheit der Schöpfung Gottes. Wir sollen es fühlen können, wie allein durch gesungene Worte eine neue Kraft in müde Herzen strömt. Dieses Sommerlied vermittelt uns ein tiefes Gefühl für eine Welt voller Heil und Geborgenheit. Und es ist tatsächlich so: Es gibt nicht einmal eine Andeutung von Trauer oder Leid, von Angst oder Schmerz, Krankheit oder Sorge. Nichts trübt den Blick, alles ist voller Freude und Lebendigkeit und Unbeschwertheit.

Wenn ich dieses Lied singe, dann bin ich überzeugt: Paul Gerhardt war sich ganz sicher, dass die Schönheit der Natur unseren Blick auf den lenken *muss*, der das alles geschaffen hat. Wenn wir uns an einem Sommertag draußen umschauen, dann können wir den Schöpfer selbst erkennen, wie er in der Natur sein Werk tut. Und wir können die Kraft und die Weisheit erahnen, mit der er alles erschaffen hat. Und vor allem auch: seine Liebe zu seinen Werken. Gott freut sich an dem, was er geschaffen hat! Gott liebt seine Welt, seine Schöpfung.

Und dazu gehören auch wir: die Menschen. Wir werden sogar als „die Krone der Schöpfung“ bezeichnet. Sie und ich! In der Liebe Gottes stehen wir an erster Stelle, noch vor den schönen Blumen und munteren Tieren, die in diesem Lied besungen werden. Was Paul Gerhardt da geschrieben hat, ist eine liebevolle Aufforderung an uns: Sieh genau hin! Schau dir diese Fülle an und diese Schönheit in der Natur! „Schau an der schönen Gärten Zier und siehe, wie sie mir und dir sich ausgeschmücket haben.“ Das bedeutet: Die ganze Schöpfung ist ein einziges Geschenk Gottes an uns Menschen. Wenn das keine Liebe ist!

Auch der Apostel Paulus hat darauf hingewiesen, dass diese wunderbare Schöpfung unseren Blick fast zwangsläufig zu ihrem Schöpfer lenkt. In einem seiner vielen Briefe hat er geschrieben: *Gott ist zwar unsichtbar, doch an seinen Werken, der Schöpfung, haben die Menschen seit jeher seine ewige Macht und göttliche Majestät sehen und erfahren können.* (Römer 1,20; Hfa).

In den Psalmen ist davon ebenfalls häufig die Rede – etwa in Psalm 19, wo das wunderschön beschrieben wird:

Die Himmel erzählen die Ehre Gottes, und die Feste verkündigt seiner Hände Werk. Ein Tag sagt's dem andern, und eine Nacht tut's kund der andern, ohne Sprache und ohne Worte; unhörbar ist ihre Stimme. Ihr Schall geht aus in alle Lande und ihr Reden bis an die Enden der Welt. Er hat der Sonne ein Zelt am Himmel gemacht; sie geht heraus wie ein Bräutigam aus seiner Kammer und freut sich wie ein Held, zu laufen ihre Bahn. (Psalm 19, 2-6; LU84)

Paul Gerhardt wusste natürlich, dass die Welt, in der wir leben, nicht nur schön und heil und vollkommen ist. Wir leben nunmal nicht im Paradies. Der „Garten Eden" ist uns verloren gegangen. Wir leben „jenseits von Eden". Paul Gerhardt hat selbst unermessliches Leid und Schmerz und Verzweiflung erlebt. Er kannte Krankheit, Krieg und Gewalt. Er hat viele Sterbende gesehen, auch in seiner eigenen Familie. Trotzdem hat er sich einen Blick für die Schönheit der Natur bewahrt. Und den Blick auf den Schöpfer. Er hat daran festgehalten, dass der Schöpfer seine Geschöpfe liebt.

Und Paul Gerhardt war vollkommen davon überzeugt, dass Gott „seine" Welt nicht in ihrem Elend lassen würde. Er glaubte an die Kraft Gottes, die diese Welt bis heute erhält und bewahrt. Er glaubte an die Liebe Gottes, dass Gott diese Welt nicht einfach sich selbst überlässt, sondern sie aus ihrem Elend auch erlösen *kann*. Und er war sich sicher, dass Gott die Welt auch erlösen *wird*! Ein sehr bekannter Bibelvers mag ihn in seiner Überzeugung bestätigt haben: *So sehr hat Gott die Welt geliebt, dass er seinen eingeborenen Sohn gab, damit alle, die an ihn glauben, nicht verloren werden, sondern das ewige Leben haben.* (Johannes 3,16)

Dieser Bibelvers sagt ganz klar: Es wird ein ewiges Leben in einer neuen Welt geben – für diejenigen, die ihr Leben schon in dieser

Welt Jesus anvertrauen. Darum bleibt Paul Gerhardt in seinem Lied auch nicht einfach bei diesen schönen Schilderungen vom Sommer und von der Pracht der Schöpfung stehen. Er weist vielmehr bereits auf diese neue Welt Gottes hin, die einmal die alte Welt, wie wir sie kennen, ablösen wird. Darauf freut er sich mit aller Kraft. Das erkennt man an einigen Versen, die nur sehr selten gesungen werden, die jedoch voller Hoffnung auf Gottes neue Welt sind:

Welch hohe Lust, welch heller Schein
wird wohl in Christi Garten sein;
wie muss es da wohl klingen,
da so viel tausend Serafim
mit unverdrossnem Mund und Stimm
ihr Halleluja singen.

O wär ich da, o stünd ich schon,
du reicher Gott, vor deinem Thron
und trüge meine Palmen,
so wollt ich nach der Engel Weis
erhöhen deines Namens Preis
mit tausend schönen Psalmen.

4. Welch ein Freund ist unser Jesus

Originaltitel: What A Friend We Have In Jesus

Text: Joseph Scriven (1820–1886)

Deutscher Text: Heinrich Ernst Gebhardt (1832–1899)

Musik: Charles C. Converse (1832–1918)

1. Welch ein Freund ist unser Jesus, o wie hoch ist er erhöht!
Er hat uns mit Gott versöhnet und vertritt uns im Gebet.
Wer mag sagen und ermessen, wie viel Heil verloren geht,
wenn wir nicht zu ihm uns wenden und ihn suchen im Gebet!

2. Wenn des Feindes Macht uns drohet und manch Sturm rings um uns weht,
brauchen wir uns nicht zu fürchten, stehn wir gläubig im Gebet.
Da erweist sich Jesu Treue, wie er uns zur Seite steht
als ein mächtiger Erretter, der erhört ein ernst Gebet.

3. Sind mit Sorgen wir beladen, sei es frühe oder spät,
hilft uns sicher unser Jesus, fliehn zu ihm wir im Gebet.
Sind von Freunden wir verlassen und wir gehen ins Gebet,
o so ist uns Jesus alles: König, Priester und Prophet.

Andacht

Ich habe in meinem Leben sehr oft erlebt, was es heißt, gute Freunde zu haben. Dafür bin ich sehr dankbar. Ich habe Freunde, auf die ich mich verlassen kann. Freunde, die mir oft geholfen haben. Freunde, die ich mitten in der Nacht anrufen kann und weiß, dass sie sich sofort auf den Weg machen würden, um mir zu helfen. Freunde, die zuhören. Freunde, die mir einen guten Rat geben können, weil sie in manchen Dingen viel klüger sind als ich. Freunde, denen ich auch ein Geheimnis anvertrauen kann und wissen darf, dass sie es für sich behalten.

Einige dieser Freunde sehe ich nur selten, weil sie weit weg wohnen. Einige sind beruflich oder privat oder familiär sehr eingespannt, und so gibt es wenig Gelegenheiten, sich zu treffen. Gute Freundschaften bleiben trotzdem erhalten. Wir telefonieren ab und zu. Wir hören, wie es dem anderen geht. Wir freuen uns gemeinsam über die schönen Dinge, und wir hören einander zu, wenn es Probleme gibt. Wir wissen uns gegenseitig getragen von Zuneigung, von Wertschätzung und von einem tiefen Verstehen. Wenn einer leidet, dann leidet der andere mit. Mit einzelnen habe ich nur alle paar Jahre Kontakt, und trotzdem verbindet uns eine tiefe Freundschaft. Ein Anruf genügt, und die Verbindung ist wieder da. Es ist ein riesiges Geschenk, solche Menschen zu kennen und sie als Freunde zu haben!

Doch selbst in wirklich guten Freundschaften kommt es leider vor, dass wir enttäuscht werden oder dass wir selbst unsere Freunde enttäuschen. Wir machen Fehler, wir vergessen etwas, wir reagieren ungeduldig oder unbedacht. Manchmal sind wir lieblos oder gedankenlos. Und wahrscheinlich haben wir das alle auch schon einmal erlebt: Auch gute Freunde können bisweilen ziemlich unfreundlich werden. Dann ziehen wir uns erst mal voneinander zurück und reagieren beleidigt oder verletzt. Vielleicht bekommt die Freundschaft auch einen Knacks, weil plötzlich das gegenseitige Vertrauen weg ist. Und wenn wir dann jemanden zum Reden brauchen, wissen wir auf einmal gar nicht mehr, wohin mit unserer Last.

Hier lohnt es sich, auf den Text des Liedes zu achten: „Sind mit Sorgen wir beladen, sei es frühe oder spät, hilft uns sicher unser Jesus, flieht zu ihm wir im Gebet." Jesus wird hier als der einzige und wahre Freund vorgestellt, der wirklich immer ein offenes Ohr für unsere Anliegen hat und uns zur Seite steht. Jesus ist nie weiter von uns entfernt als ein Gebet. Mit ihm kann ich rund um die Uhr in Verbindung bleiben, was selbst mit dem besten menschlichen Freund nicht funktioniert. Besonders großartig ist: Jesus ist nicht enttäuscht, wenn wir uns mal nicht so verhalten, wie er sich das vorstellt. Er zieht sich nicht beleidigt zurück, wie wir Menschen das manchmal tun. Im Gegenteil: Dadurch, dass er alles Üble und Schlechte, was wir immer wieder machen und sagen, auf sich genommen hat, hat er es ermöglicht, dass diese Freundschaft zwischen uns und ihm bestehen kann. Hier in diesem Leben und sogar über den Tod hinaus. Er ist die Art von Freund, der mit offenen Armen dasteht und auf uns wartet, nachdem wir etwas falsch gemacht und uns von ihm zurückgezogen haben. „Er hat uns mit Gott versöhnet" heißt es im Liedtext. Das bedeutet: Er hat dafür gesorgt, dass die Freundschaft zwischen ihm und uns jederzeit wieder in Ordnung kommen kann.

Wenn wir an Freundschaften unter Menschen denken, fällt mir ein: Es gibt auch Lebenswege, bei denen selbst gute Freunde einfach nur „da sein", aber nicht helfen können. Das ist für alle Beteiligten besonders schwer, wenn man dem anderen so gern eine Last abnehmen möchte und merkt, dass die Last zu schwer ist oder dass sie eine Weile ausgehalten und getragen werden muss.

Ich bin sicher, dass die meisten von uns das schon erlebt haben. Das gilt ja besonders in Zeiten von tiefen Lebenskrisen, die sich nicht einfach überwinden oder beseitigen lassen. Meine Frau und ich haben beide lange und schwere Krankheitszeiten erlebt – zum Glück nicht gleichzeitig, sondern mit zehn Jahren Verzögerung. Und wir haben dabei mit Erstaunen festgestellt, wie viele Freunde für uns da waren, die uns alles abgenommen haben, was sie uns abnehmen konnten. Sie haben sich um unsere sechs Kinder gekümmert – einmal sogar über ein Jahr lang, jeden Tag, ohne Ausnahme, ohne ungeduldig zu werden, ohne etwas zu erwarten. Das war unbeschreiblich schön, auf diese Weise zu erleben, wie wunderbar es ist, gute Freunde zu haben.

Vielleicht haben Sie jetzt Gesichter von Ihren eigenen Freunden vor Augen? Vielleicht denken Sie auch: Ach, solche Freunde hätte ich so gerne gehabt, aber es gab sie nicht – oder es gibt sie nicht mehr, weil sie schon heimgegangen sind in die Ewigkeit, zu Gott, zu unserem Vater im Himmel. Die späte Zeit des Lebens wird nicht nur ruhiger, sondern sie wird meist auch einsamer. Und dabei machen wir noch eine wichtige Erfahrung: nämlich, dass jeder von uns den letzten Weg seines Lebens allein gehen muss. Selbst wenn der eine oder andere Freund noch da ist – mitgehen auf diesem letzten Weg kann er nicht.

Umso wichtiger ist es, dass wir unsere Erinnerungen festhalten – an all die, die mit uns unterwegs waren und die für uns da waren. Wir denken an Freunde, die in großer Treue zu uns gehalten haben, an liebe Menschen, die uns auch auf schweren Wegen nicht im Stich gelassen haben. Und selbstverständlich an die *eine* oder den *einen* besonderen Menschen, der für uns das größte Glück auf Erden war.

Und am wichtigsten ist, dass wir dann sicher sein dürfen, dass es doch jemanden gibt, der uns auch auf der letzten Wegstrecke nicht verlässt, wenn kein Mensch uns mehr begleiten kann: Jesus, der Sohn Gottes. Jesus Christus erfüllt all die wunderbaren Aussagen über Freundschaften und Freunde vollkommen. Viel mehr, als ein menschlicher Freund es je könnte. Das gilt für den ganzen Lebensweg, und das gilt auch am Ende unseres Lebens.

Viele von uns haben das unzählige Male gesungen in ihrem Leben. „Welch ein Freund ist unser Jesus, oh wie hoch ist er erhöht. Er hat uns mit Gott versöhnet und vertritt uns im Gebet." Und er ist ganz sicher der einzige „Freund", der am Ende aller unserer Wege immer noch da ist – selbst dann, wenn andere Freunde nicht mehr mitgehen können oder sich längst abgewendet haben.

Selbst dort, wo ich dachte, völlig allein zu sein, sehe ich im Rückblick, dass Jesus immer schon da war. Und dass er es immer gut gemeint hat. Und vielleicht hören Sie dieses Lied noch einmal, vielleicht singen Sie es mit? Was für eine Freundschaft, was für eine Gewissheit, was für eine Geborgenheit, wenn man um diese Freundschaft weiß!

5. Befiehl du deine Wege

Text: Paul Gerhardt (1607–1676)
Musik: Bartholomäus Gesius (um 1560–1613)

1. Befiehl du deine Wege und was dein Herze kränkt
der allertreusten Pflege des, der den Himmel lenkt.
Der Wolken, Luft, und Winden gibt Wege, Lauf und Bahn,
der wird auch Wege finden, da dein Fuß gehen kann.

2. Dem Herren musst du trauen, wenn dir's soll wohl ergehn;
auf sein Werk musst du schauen, wenn dein Werk soll bestehn.
Mit Sorgen und mit Grämen und mit selbsteigner Pein
lässt Gott sich gar nichts nehmen, es muss erbeten sein.

3. Weg hast du allerwegen, an Mitteln fehlt dir's nicht;
dein Tun ist lauter Segen, dein Gang ist lauter Licht.
Dein Werk kann niemand hindern, dein Arbeit darf nicht ruhn,
wenn du, was deinen Kindern ersprießlich ist, willst tun.

Andacht

Als Paul Gerhardt dieses Lied gedichtet hat, hatte er eine geniale Idee. Er hat nämlich einen einzelnen Psalmvers ausgwählt, der ihm für seinen Liedtext Pate gestanden hat. Psalm 37,5: Befiehl dem Herrn deine Wege und hoffe auf ihn, er wird's wohl machen.

Und dann hat Paul Gerhardt aus jedem einzelnen Wort dieses Verses eine ganze Strophe gemacht. Der Psalmvers hat 12 Worte, also hat sein dazu passendes Lied insgesamt 12 Strophen.

Paul Gerhardt war ein Mann, der schon während seiner Kindheit seine Eltern verloren hat. Er war noch ein Kind, als der 30-jährige Krieg begann, und ein Großteil seines Lebens wurde von diesem schrecklichen Krieg begleitet. Er hat miterlebt, wie seine Heimatstadt und damit auch sein Elternhaus vernichtet wurde. Er hat die Pest und die verzweifelte Not der Menschen miterlebt. Und er hat sogar erleben müssen, wie vier seiner fünf Kinder schon in den ersten Lebensmonaten gestorben sind. Als Pfarrer hat er die Streitigkeiten zwischen den Kirchen erlebt.

Umso erstaunlicher ist es, dass Paul Gerhardt bei all diesen schmerzhaften Lebenserfahrungen solch ein Lied dichten konnte: „Befiehl du deine Wege und was dein Herze kränkt der allertreusten Pflege des, der den Himmel lenkt!“

Fast könnte man meinen, Paul Gerhardt sei wohl ein sehr „robuster Typ“ gewesen, der dieses ganze Leid ganz gut wegstecken konnte. Aber so viel Not, wie er erlebt hat, würde auch ganz „harten Kerlen“ schwer zusetzen. Tatsächlich liegen wir wohl richtiger mit der Vermutung, dass Paul Gerhardt eines verstanden hatte: Wir Menschen haben unsere Wege nicht in der Hand. Natürlich können wir viele Pläne schmieden. Wir denken schon früh im Leben darüber nach, was wir einmal mit unserem Leben anfangen werden. Das haben Sie vermutlich auch gemacht, als Sie noch jung waren. Da stellt man sich viele Fragen: Welchen Beruf werde ich erlernen? Welchen Ehepartner werde ich „finden“? Werde ich überhaupt heiraten? Wo werde ich später wohl mal leben? Wie wird mein Leben gelingen? Wird es mir gut gehen oder werde ich schwere Wege gehen müssen?

Und ich kann Ihnen verraten: Ich selbst habe auch schon viele Pläne gehabt. Ich habe mir interessante Dinge ausgedacht. Da waren sogar richtig gute Ideen dabei. Und ich habe tatsächlich auch manches angefangen in meinem Leben. Aber wenn ich heute zurückschaue, muss ich ehrlicherweise gestehen: Es ist alles ganz anders gekommen. Eigentlich hat sich nichts von all meinen schönen Plänen verwirklicht. Ich arbeite nicht mehr dem Beruf, den ich mal erlernt habe. Ich habe mir meinen Wohnort nicht selbst ausgesucht, und manche meiner großen Träume aus jungen Jahren haben sich nicht erfüllt. Und das, was ich heute tue und wie ich jetzt lebe, wäre mir damals nie in den Sinn gekommen.

Bin ich enttäuscht deswegen? Nein, ich bin gar nicht enttäuscht. Ich bin vielmehr unendlich dankbar, dass meine Ideen und Pläne sich nicht erfüllt haben. Denn das, was ich heute leben darf, das hätte ich gar nicht „planen" können. Es ist alles viel, viel besser geworden, als ich es geplant und gedacht hatte!

Und ich habe inzwischen viele Menschen kennengelernt, die haben es ganz ähnlich erlebt: Die wichtigsten Dinge unseres Lebens können wir zwar planen, aber in aller Regel kommt es ganz anders! Trotzdem machen wir weiterhin Pläne: Wir planen, was wir in diesem Jahr tun wollen. Wir planen, was uns wichtig erscheint. Wir bereiten ständig irgendetwas vor. Aber wenn wir schlau sind, überlassen wir es Gott, was am Ende daraus wird.

Wir tun das, weil wir unserem Gott vertrauen. Wir tun das, weil wir unzählige Male erlebt haben, dass wir ihm unsere Wege anvertrauen dürfen. Vielleicht wird manch einer sagen: Das ist aber riskant! Das könnte ja auch mächtig schiefgehen, wenn wir unseren Lebensweg in die Hand eines anderen legen. Ja, das stimmt, es braucht ein großes Vertrauen, dass unser Leben in „guten Händen" ist.

Es könnte aber auch sein, dass es nicht „mächtig schiefgeht", sondern dass es stattdessen „richtig gut" wird. Es könnte sein, dass es „erstaunlich gut" wird. Es könnte sogar sein, dass am Ende alles „viel besser" wird, als wir es gedacht haben.

Ja, ich muss gestehen: Mein Vertrauen in Gottes Pläne war nicht immer besonders groß! Es gab Zeiten, in denen habe ich versucht, meine Wege doch lieber selbst zu bestimmen. Aber ich habe dabei immer wieder diese besondere Erfahrung machen dürfen, dass Gott es besser macht, als ich je könnte. Paul Gerhardt hat das in diesem schönen Vers beschrieben: „Der Wolken, Luft und Winden gibt Wege, Lauf und Bahn, der wird auch Wege finden, da dein Fuß gehen kann."

Was ist das Besondere an diesem Lied von Paul Gerhardt? Es ist nicht nur die geniale Idee, jedes Wort eines Psalmverses als erstes Wort einer neuen Liedstrophe zu nehmen. Das Besondere liegt auch nicht nur in den schönen Formulierungen, nicht im Reim oder in der Melodie oder daran, dass es so viele Strophen hat. Das wirklich ganz

Besondere an diesem Lied ist, dass hier jemand ein tiefes Gottvertrauen bezeugt, der selber allerschwerste Lebenswege erlebt hat. Wenn jemand wusste, wie sich Leid und Kummer und Schmerz anfühlen, dann war es sicherlich Paul Gerhardt, der so viele Verluste in seinem Leben erleiden musste. Und trotzdem bekennt er: „Dem Herren musst du trauen, wenn dir's soll wohl ergehn." Gerade deswegen trösten die Worte seines Liedes unzählig viele Menschen bis heute. Ebenso wie die wunderbare Verheißung aus Psalm 37, die dem Liedtext zugrunde liegt: Befiehl dem Herrn deine Wege und vertraue auf ihn. Er wird's wohl machen.

6. Gott ist die Liebe

Text: August Dietrich Rische (1819–1906)
Musik: Thüringen um 1840

1. Gott ist die Liebe, lässt mich erlösen,
   Gott ist die Liebe, er liebt auch mich.

Refrain: Drum sag ich noch einmal:
Gott ist die Liebe, Gott ist die Liebe, er liebt auch mich.

2. Ich lag in Banden der bösen Sünde,
   ich lag in Banden und konnt nicht los. *Refrain*

3. Er sandte Jesum, den treuen Heiland,
   er sandte Jesum und macht mich los. *Refrain*

4. Dich will ich preisen, du ewge Liebe,
   dich will ich loben, solang ich bin. *Refrain*

Andacht

„Gott ist die Liebe, lässt mich erlösen" – wir haben als Kinder dieses Lied fast jeden Sonntag im Kindergottesdienst gesungen. Manchmal haben wir sogar einen Wettstreit daraus gemacht, wer die Textzeile „Er liebt auch mich!" am lautesten singen konnte. Dann sangen wir nach Leibeskräften. Vermutlich war es nicht gerade ein schöner Gesang, sondern mehr ein „Gebrüll" aus 40 Kinderkehlen … Aber immerhin: Man konnte es auch draußen auf der Straße nicht überhören: „Er liebt auch mich!"

Aber „Gott ist die Liebe" ist natürlich kein Kinderlied, auch wenn es so einfache Worte sind. Es ist ein Lied für Menschen und von Menschen, die das Geheimnis und die Größe der Liebe Gottes verstanden haben. Dieses Lied wiederholt eine wichtige Aussage immer und immer wieder: Gott ist die Liebe. „Drum sag ich's noch einmal" und noch einmal und noch einmal. Damit hinterher keiner behaupten kann, er hätte es nicht mitbekommen:

Wir haben nicht nur einen freundlichen Gott und einen barmherzigen Gott und einen geduldigen Gott – obwohl das alles auch stimmt –, sondern wir haben vor allem einen Gott, der „die Liebe" ist. Pure Liebe.

Kaum irgendwo in der Bibel wird das so deutlich wie in dem Gleichnis vom verlorenen Sohn (Lukas 15, 11-24), das Jesus einmal erzählt hat. Sie kennen diese Geschichte vermutlich. Da war ein junger Mann, der sich sein Erbe vom Vater auszahlen lässt und sich aufmacht in die Welt und damit in die vermeintliche Freiheit. Die meisten von uns können wahrscheinlich nur vermuten, wie das ist, wenn der eigene Sohn oder die eigene Tochter den Eltern den Rücken zukehrt und das Elternhaus verlässt. Vielleicht sogar unter Protest; vielleicht stolz und selbstbewusst; vielleicht mit dem Ziel, nie wieder nach Hause zu kommen. Für die allermeisten Eltern muss das schrecklich sein und ihnen schier das Herz brechen.

Was diesen Sohn im Gleichnis getrieben hat, seinen Eltern so vor den Kopf zu stoßen, wissen wir nicht. Vermutlich wollte er sein eigener Herr sein, unabhängig und keinem anderen Rechenschaft schuldig. Er wollte ein anderes Leben als das, was er bei seinem Vater kennengelernt hatte. Und damit begann ein langer „Abstieg" in der Fremde. Erst geht ihm das Geld aus, dann ziehen sich die Freunde zurück, und am Ende ist er mehr oder weniger abhängig von Almosen, die andere ihm geben. Und es braucht ziemlich lange, bis er endlich begreift, wie gut er es zu Hause hatte. Wie gut es war, liebevolle Menschen um sich zu haben und wie viel Geborgenheit man spürt, wenn eine Familie da ist, auf die man sich verlassen kann.

Ich kann mir gut vorstellen, wie es ihm langsam dämmerte, was er da eigentlich verloren hatte. Was er aufgegeben und sogar verachtet hatte. Ich kann nachvollziehen, dass die Sehnsucht nach seinem Vater immer größer wurde, und dass der Sohn irgendwann nur noch einen Gedanken hatte, nämlich, wie er es anstellen sollte, nach Hause zu kommen.

Aber wie soll einer „nach Hause“ kommen, der freiwillig davongelaufen ist? Der sich schuldig gemacht hat an seinem Vater? Wie soll ihm das vergeben werden? Wie soll dieser Sohn seinem Vater unter die Augen treten, nachdem er ihn so verächtlich behandelt hat?

Und trotz all dieser berechtigten Bedenken macht sich der „verlorenen Sohn“ auf den Weg zu seinem Vater. Inzwischen ist ihm sonnenklar, dass es völlig falsch war, mit dem Geld des Vaters wegzugehen, und deshalb erwartet er nicht, dass sein Vater ihn noch als Sohn aufnehmen wird. Aber das ist ihm egal. Er will nur eines: nach Hause kommen, selbst wenn er nur wie der niedrigste Knecht oder wie ein rechtloser Tagelöhner behandelt wird. Hauptsache, es geht „nach Hause“!

Und so kommt er zurück zu seinem Vater – schmutzig, zerlumpt, halb verhungert; man sieht ihm den Schweinestall an, in dem er zuletzt gelebt hat, und man riecht es auch! Was für ein elendes Leben – und alles selbst verschuldet. Wie schrecklich, wenn man so nach Hause kommt.

Jetzt passiert etwas sehr Unerwartetes und Erstaunliches: Stellen wir uns doch mal den Sohn vor, wie er gebeugt angeschlichen kommt. Wir sehen, wie er sich seiner Schuld bewusst ist und sich als Tagelöhner anbietet. Mehr will er ja nicht. Und dann sehen wir zu unserer Überraschung seinen Vater, der offensichtlich schon lange sehnsüchtig auf diesen Augenblick gewartet hat. Er hat anscheinend jeden Tag nachgeschaut, *ob* sein Sohn nach Hause kommt. *Wann* sein Sohn nach Hause kommt. Und offensichtlich mit aller Kraft gehofft, *dass* sein Sohn nach Hause kommt.

Da steht dieser Vater, ganz eindeutig ein wohlhabender und vornehmer Mann, der allen Grund hätte, seinem Sohn gründlich die Leviten zu lesen oder ihn gleich vom Hof zu jagen. Wir hätten vielleicht sogar Verständnis für diesen Vater.

Aber dieser Vater ist anders. Und er reagiert ganz anders, als wir es erwartet hätten: Er ist außer sich vor Freude. Er sieht nicht den Dreck; er riecht nicht den Gestank; er weicht nicht zurück vor dieser Elendsgestalt, die ihm da entgegenkommt. Und er denkt noch nicht mal an das Unrecht, das sein Kind ihm angetan hat. Das Einzige, was er sieht, ist: Mein Sohn ist wieder da! Und bevor der Sohn sich entschuldigen oder sonst irgendetwas sagen kann, wird er in die Arme geschlossen. Sein Vater küsst und herzt ihn. Er ist außer sich vor Freude über die Rückkehr seines Sohnes. Deshalb lässt er den Tisch decken und ein großes Fest ausrufen, zu dem er alle einlädt. Und er sagt voll Erstaunen: „Dieser mein Sohn war tot und ist wieder lebendig geworden!" So groß ist die Liebe des Vaters, dass er alles übersieht, dass er alles vergibt!

Als Jesus damals diese Geschichte erzählt hat, fragten sich seine Zuhörer vermutlich das Gleiche wie wir heute: Wo gibt es denn so etwas? Wo gibt es so einen großherzigen Vater?! Wo gibt es so viel Vergebung und so eine große Liebe?

Die Antwort ist bei dem zu finden, der diese Geschichte erzählt hat. Bei Jesus. Er wollte uns damit deutlich machen, wie groß und außergewöhnlich die Liebe Gottes ist.

Und wie weit diese Liebe geht, das sehen wir noch deutlicher, wenn wir auf das Kreuz von Golgatha schauen, wo Jesus für uns sein Leben gegeben hat. So weit reicht die Liebe des Vaters, dass er sein Größtes, sein Liebstes, sein Wertvollstes, seinen Sohn für die Schuld der Welt dahingibt.

Der Apostel Paulus hat es einmal so formuliert: *Gott aber erweist seine Liebe zu uns darin, dass Christus für uns gestorben ist, als wir noch Sünder waren* (Römer 5,8; LU84).

Und in dem bekannten Lied, das wir früher immer lautstark in der Sonntagsschule geschmettert haben, heißt es:

Er sandte Jesum, den treuen Heiland,
er sandte Jesum und macht mich los.
Drum sag ich's noch einmal:
Gott ist die Liebe, Gott ist die Liebe, er liebt auch mich.

Drum sag ich's auch heute noch noch einmal und noch einmal und noch einmal, bis wir es verstanden haben, bis wir es glauben können, bis wir es von Herzen mitsingen können: Gott ist die Liebe, er liebt auch mich!

7. Stern, auf den ich schaue

Text: Cornelius Friedrich Adolf Krummacher (1824–1884)
Musik: Minna Koch (1845–1924)

1. Stern, auf den ich schaue; Fels, auf dem ich steh;
Führer, dem ich traue; Stab, an dem ich geh;
Brot, von dem ich lebe; Quell, an dem ich ruh;
Ziel, das ich erstrebe; alles, Herr, bist du.

2. Ohne dich, wo käme Kraft und Mut mir her?
Ohne dich, wer nähme meine Bürde, wer?
Ohne dich zerstieben würden wir im Nu
Glauben, Hoffen, Lieben; alles, Herr, bist du.

3. Drum so will ich wallen meinen Pfad dahin,
bis die Glocken schallen und daheim ich bin.
Dann mit neuem Singen jauchz ich froh dir zu:
Nichts hab ich zu bringen; alles, Herr, bist du!

Andacht

Kennen Sie Abraham? Ich meine Abraham, den Stammvater des biblischen Volkes Israel. Abraham, der sein Vaterland verließ und in ein fremdes Land zog. Abraham, dem so viele Kinder „wie Sterne am Himmel" verheißen wurden, obwohl er im hohen Alter noch kein einziges Kind hatte. Abraham, das große Vorbild des Glaubens. So wird er genannt, denn Abraham „glaubte dem Herrn".

Die meisten von uns haben schon als Kinder diese Geschichte von Abraham gehört (1.Mose 12,1+2), die mit den Worten beginnt: „Und der Herr sprach zu Abram[48]: *Geh aus deinem Vaterlande und von deiner*

48 Sein Name lautete ursprünglich „Abram" und wurde später in „Abraham" geändert.

Freundschaft und aus deines Vaters Hause in ein Land, das ich dir zeigen will. Und ich will dich zum großen Volk machen und will dich segnen und dir einen großen Namen machen, und du sollst ein Segen sein". Damit begann eine lebenslange Reise Abrahams.

Wenn wir eine Reise machen, dann schauen wir uns vorher genau an, wohin die Reise geht. Wir schauen auf die Landkarte oder in den Atlas. Wir sehen uns an, wo das Ziel ungefähr liegt und ob es eine „schöne" Umgebung gibt. Wir planen, ob wir mit dem Auto fahren oder mit dem Zug oder ob man ein Flugticket braucht. Wir informieren uns im Vorfeld der Reise. Wie viele Reise-Prospekte haben wir schon angeschaut, wie viele Fotos gesehen von den „Urlaubs-Paradiesen". Wie leicht gelangt man heute an die schönsten Orte der Welt. Und wie oft heißt es danach aber auch: Wie schön, wenn man wieder nach Hause kommt.

Für uns sind solche „Urlaubsreisen" heute nicht so ungewöhnlich. Bei Abraham war das ganz anders. Abraham besaß keine Landkarten und keinen Reiseprospekt. Abraham kannte wohl nicht einmal den Namen des Landes, in das er gehen sollte. Und Abraham ging nicht für ein paar Wochen weg für ein paar erholsame Ferientage, sondern er sollte nie mehr zurückkehren in seine Heimat. Er wusste noch nicht einmal: ging es in den Norden oder Süden, Osten oder Westen? Oh – das war schwer; das war richtig schwer! Es hieß einfach nur: „Geh aus deinem Vaterland in ein Land, das ich dir zeigen will..."

Bis heute staune ich über die Reaktion Abrahams, wenn es heißt (1.Mose 12,4): „Da zog Abram aus..." Das ist wirklich ein „starker Glaube", und ich bewundere diesen Glauben Abrahams! Das braucht ein unglaubliches Vertrauen zu diesem Gott. Abraham muss sich sehr sicher gewesen sein, dass er nicht in die Irre geführt wird oder in eine Sackgasse oder auf den berühmt-berüchtigten „Holzweg".

Im Grunde genommen ist das aber auch bei uns nicht so ganz anders als bei Abraham. Zwar haben wir mehr als Abraham unsere *eigenen* Pläne verfolgt. Wir hatten viele Ideen und wir haben über Lebensträume und Lebensziele nachgedacht.

Und irgendwann können wir auf einen relativ langen Lebensweg zurückschauen. Und erst im Rückblick können wir sagen, ob unsere Ziele auch gute Ziele waren. Ob sich der Weg gelohnt hat. Ob wir das Ziel überhaupt erreicht haben. Und ob es nicht vielleicht noch viel bessere Ziele gegeben hätte. Ich muss gestehen, dass ich mir in meinem Leben nicht immer ganz sicher war, ob meine Wege richtig sind. Das gab manch eine schlaflose Nacht, in der ich mir darüber viele Gedanken gemacht habe.

Mir hat dann immer ein ganz kurzes, klares Bibelwort geholfen. Da heißt es in Psalm 25 (Vers 3; LU84): *„Keiner wird zuschanden, der auf dich harrt.“* Das ist mir sehr wichtig geworden – gerade dann, wenn ich mir unsicher war, ob meine Entscheidungen richtig waren. Gerade dann, wenn der Zweifel kam. Gerade dann, wenn ich mir voller Sorgen dachte: Das könnte ein ganz großer Fehler gewesen sein.

Was für eine geniale Zusage ist das, die wir auch als Liedstrophe kennen: „Keiner wird zuschanden, welcher Gottes harrt! Sollt ich sein der Erste, der zuschanden ward?“ Und dann kommt diese wunderbare Formulierung: „Nein, das ist unmöglich, du getreuer Hort. Eher fällt der Himmel, eh mich täuscht dein Wort.“ Ich habe mir selbst diesen Satz oft gesagt: „Nein, das ist unmöglich!“ Ich weiß zwar nicht immer, wohin der Weg führt; ich weiß nicht immer, ob meine Entscheidungen richtig waren, aber ich weiß: Es ist unmöglich, dass ich zuschanden werde, solange ich mich im Glauben an meinen Gott halte.

Wie hat Abraham das gemacht, dass er seinen Weg gefunden hat? Und wie können wir das tun auf den Wegen, die noch vor uns liegen? Denn unsere Zukunft kennen wir ja noch nicht …

Ich stelle mir vor, wie oft Abraham sich auf einen kleinen Hügel oder auf einen Fels gestellt hat, um zu schauen, ob schon irgendwo ein Ziel erkennbar ist. Wie oft mag er gedacht haben: Irgendwo am Horizont, vielleicht auch schon hinter dem nächsten Hügel, könnte es sein. Wir können uns vorstellen, wie oft sein Blick nach oben ging zu den Sternen mit der erwartungsvollen Frage, ob es von dort wohl Wegweisung gibt. Wir können uns sogar ausmalen, wie oft er auf dem Weg einen Menschen (und manchmal sogar einen Engel) traf und ihn um

Führung und Wegweisung gebeten hat. Wie oft mag er sich müde auf seinen Wanderstab gestützt haben, bevor er neue Kraft bekam? Und ganz sicher wird Abraham auf dieser Reise oft nicht gewusst haben, woher er seine Wegzehrung, sein „tägliches Brot“, bekommen sollte.

Das Lied, das wir gehört (und vielleicht auch mitgesungen) haben, kannte Abraham natürlich noch nicht. Es ist ja erst entstanden, als er schon sehr lange nicht mehr lebte. Aber das Lied fasst das Leben und den Glauben von Abraham wunderbar zusammen, und wir dürfen es mitsingen und mit glauben:

Stern, auf den ich schaue; Fels, auf dem ich steh;
Führer, dem ich traue; Stab, an dem ich geh;
Brot, von dem ich lebe; Quell, an dem ich ruh;
Ziel, das ich erstrebe; alles, Herr, bist du.

Ohne dich, wo käme Kraft und Mut mir her?
Ohne dich, wer nähme meine Bürde, wer?
Ohne dich zerstieben würde mir im Nu
Glauben, Hoffen, Lieben; alles, Herr, bist du.

Gott hatte dem Abraham nicht versprochen, dass sein Weg leicht sein würde. Er hatte nicht gesagt, dass der Weg immer „schön“ oder bequem wäre. Und dass dieser Weg nicht ganz ungefährlich war, hat Abraham auch erlebt. Aber eine Zusage stand ganz groß über diesem Weg: Ich will dich segnen! Wo immer du gehst, wirst du gesegnet sein. Solange du glaubst, wirst du gesegnet sein.

Vor Jahren lernte ich eine Frau kennen, die war schon über 100 Jahre alt. Sie hatte in einem kleinen Häuschen auf dem Land in Rumänien ein sehr einfaches Leben geführt. Und als sie schon über 80 Jahre alt war, haben ihre Kinder ihr mehrere Reisen ermöglicht, von denen sie ein Leben lang geträumt hatte. Sie war auf Mallorca, in Spanien, sie war in Florida in den USA, und sie hatte sogar die Schönheit Kanadas erlebt. Aber am Ende ihres Lebens sprach sie nicht mehr von Florida oder Mallorca, sondern immer nur von ihrer „Stube“. Sie hatte immer ihre kleine Stube in diesem kleinen Häuschen in Rumänien vor Augen. Sie wollte nach Hause! Sie wollte heim! Florida, Mallorca und Kanada mögen wunderschön sein. Auch all die anderen großen Urlaubsparadiese dieser Welt mögen verlockend sein. Aber am Ende wollte die alte Dame einfach nur noch nach Hause.

Und wir spüren das in der letzten Strophe unseres Liedes, dass es am Ende aller Wege nach Hause gehen darf. Wie schön ist es, dass wir wissen dürfen, dass wir ein Zuhause haben. Wie wunderbar, dass auch uns gesagt wird: „Geh aus deinem Vaterland in ein Land, das ich dir zeigen will. Dort will ich dich segnen." Und wir dürfen sicher sein: Auf uns wartet viel mehr als eine kleine Stube.

Drum so will ich wallen meinen Pfad dahin,
bis die Glocken schallen und daheim ich bin.
Dann mit neuem Singen jauchz ich froh dir zu:
Nichts hab ich zu bringen; alles, Herr, bist du!

8. Nun ruhen alle Wälder

Text: Paul Gerhardt (1607–1676)

Musik: 15. Jh., Heinrich Isaac (um 1460–1517), geistlich 1505

1. Nun ruhen alle Wälder, Vieh, Menschen, Städt und Felder,
es schläft die ganze Welt;
ihr aber, meine Sinnen, auf, auf, ihr sollt beginnen,
was eurem Schöpfer wohlgefällt.

2. Wo bist du, Sonne, blieben? Die Nacht hat dich vertrieben,
die Nacht, des Tages Feind.
Fahr hin; ein andre Sonne, mein Jesus, meine Wonne,
gar hell in meinem Herzen scheint.

3. Der Tag ist nun vergangen, die güldnen Sternlein prangen
am blauen Himmelssaal;
also werd ich auch stehen, wann mich wird heißen gehen
mein Gott aus diesem Jammertal.

4. Breit aus die Flügel beide, o Jesu, meine Freude,
und nimm dein Küchlein ein.
Will Satan mich verschlingen, so lass die Englein singen:
Dies Kind soll unverletzet sein.

Andacht

„Feierabend"! So sagen wir, wenn die Aufgaben des Tages erledigt sind. Die Arbeit ist getan, die Aufregung lässt nach und die unterschiedlichen Geschäfte kommen zum Ende. Die Dämmerung setzt ein. Wie eine Decke legt sich eine friedliche Atmosphäre über das ganze Land – sogar die Natur wird still und ruhig zur Nacht!

In früheren Zeiten war es selbstverständlich, dass der sog. „Feierabend“ tatsächlich einen feierlichen Charakter hatte. In manchen Familien war das „Abendbrot“ die wichtigste Mahlzeit des Tages. Alle Familienmitglieder waren wieder vereint. In der kalten Jahreszeit brannte ein Feuer im Ofen, einige Kerzen gaben ein schwaches, friedliches Licht. Man erzählte sich vom Tag und sah dankbar zurück auf die getane Arbeit, auf das gelungene „Tagwerk“ und die Bewahrung auf allen Wegen.

Bei meinen Großeltern war es dann Zeit für die „Handarbeit“. Die Großmutter flickte die Wäsche, der Großvater saß am Ofen und hat Körbe geflochten, eine im Haus mitlebende Großtante strickte. Später am Abend wurde gemeinsam die Andacht gehalten mit einem Abschnitt aus der Bibel oder einem Andachtsbuch, mit einem Lob- und Danklied und einem gemeinsamen Gebet. In vielen Häusern gehörte der Abendsegen von Martin Luther oder ein anderes Segensgebet zum Tagesabschluss ganz selbstverständlich dazu und verlieh dem Abend einen feierlichen, andächtigen Charakter. Bei den Kindern war das „Gute-Nacht-Gebet“ eine Selbstverständlichkeit. Auch wir haben unzählige Male mit unseren Kindern gebetet: „Der Tag vergeht, es kommt die Nacht. Du, lieber Gott, hast auf uns acht. So schlafen wir ganz fröhlich ein bis zum hellen Sonnenschein.“ Inzwischen sind unsere Kinder erwachsen und sind selbst Eltern, und als wir sie einmal besuchten, hörten wir aus dem Kinderzimmer am Abend die vertrauten Worte: „Der Tag vergeht, es kommt die Nacht…“. Die nächste Generation lernt beten. Wie gut und wichtig.

Paul Gerhardt beschreibt in seinem Lied diese besondere abendliche, feierliche Stimmung: „Nun ruhen alle Wälder, Vieh, Menschen, Städt und Felder, es schläft die ganze Welt.“ Vieles von dieser andächtigen Stille mag in unserer Zeit verloren gegangen sein. Künstliches Licht und elektrische Geräte haben uns weitgehend unabhängig gemacht vom Rhythmus von Tag und Nacht. Die Hektik des Tages setzt sich am Abend unvermindert fort und macht diese Ruhe fast unmöglich. Kein Feuer im Ofen, keine Kerzen, keine Handarbeit, kein Lob und Dank. Meist läuft der Fernseher und hat die Andacht verdrängt.

Das Bedürfnis und die tiefe Sehnsucht nach dieser Ruhe und Besinnung über die wichtigen Fragen des Lebens gibt es aber immer noch. Wahrscheinlich sogar noch intensiver als in früheren Zeiten, wo die Tage noch viel klarer strukturiert waren. Da ist es eine schöne Möglichkeit, die Abendstille als echten Schatz wieder neu zu entdecken: Die Abendstille ist eine besondere Zeit mit unserem Gott! Nicht nur wir nehmen uns Zeit für eine Begegnung mit IHM, sondern ER schenkt uns diese Momente der Ruhe, des Dankens, des Lobes und der Anbetung. Ja, sogar in unserer Zeit ist das möglich und wird praktiziert. Was für ein Geschenk!

Das hat Paul Gerhardt wohl gemeint, als er gedichtet hat: „Ihr aber, meine Sinnen, auf, auf, ihr sollt beginnen, was eurem Schöpfer wohl gefällt."

Es finden sich noch andere bemerkenswerte Formulierungen in diesem Lied. In der 2. Strophe heißt es: „Wo bist du, Sonne, blieben? Die Nacht hat dich vertrieben, die Nacht, des Tages Feind." Aber was zunächst so klingt, als wäre Paul Gerhardt traurig über das Verschwinden des Sonnenlichts, entpuppt sich für ihn als Freude: „Fahr hin; ein andre Sonne, mein Jesus, meine Wonne, gar hell in meinem Herzen scheint." Das Sonnenlicht des Tages ist zwar wunderschön, aber Paul Gerhardt kann darauf verzichten, denn er kennt eine noch hellere Sonne: Jesus – ER ist das „Licht der Welt"! Er ist das wahre Licht, das alle Menschen erleuchtet, wie es im 1. Kapitel des Johannesevangeliums im 9. Vers heißt.

Es gilt auch und gerade dann, wenn es auch in unserem Leben sehr dunkel wird. Manche haben das nicht nur einmal erlebt, sondern viele Male, wie der Glaube an Jesus trösten kann. Wo gerade noch alles düster und hoffnungslos war, erscheint plötzlich ein Lichtschein, eine Hoffnung, eine Verheißung auf eine Lösung der Notlage. Wir dürfen Jesus vertrauen, wenn er uns verspricht: Du bist in der Dunkelheit nicht allein. Ich bin immer bei dir.

Dann verstehen wir umso mehr, was Paul Gerhardt in seinem Liedtext mit der „andren Sonne" gemeint hat.

Paul Gerhardt hat selbst äußerst viel Dunkelheit in seinem Leben erlebt. Ein Großteil seiner Lebenszeit war von Krieg und Krankheiten geprägt und er hat sehr oft an den Gräbern geliebter Menschen stehen müssen. Er hat hier also nicht nur ein stimmungsvolles Abendlied geschrieben, sondern ein Trostlied für Menschen, die – wie er – finstere Zeiten erleben müssen. Mit seinem Text wollte er Zuversicht vermitteln und mit jeder Strophe darauf hinweisen, dass Jesus allein derjenige ist, der helfen, heilen und Hoffnung schenken kann – mitten im Elend, im Jammer und in der Finsternis dieser Welt. Der Lichtschein, der Hoffnungsschimmer in dunkler Nacht.

Die 8. Strophe dieses Liedes ist die bekannteste. Mir ist sie seit Kindertagen vertraut. Den ganzen Rest des Liedes und seinen Dichter Paul Gerhardt kannte ich als kleines Kind natürlich noch nicht, aber diese eine Strophe hat mich durch meine ganze Kindheit begleitet. Und auch als erwachsener Mann darf ich sie noch immer singen – als ein wunderbares Gebet: „Breit aus die Flügel beide, o Jesu, meine Freude, und nimm dein Küchlein ein. Will Satan mich verschlingen, so lass die Englein singen: ‚Dies Kind soll unverletzet sein'." Ich vermute, dass Ihnen dieser Vers auch sehr gut bekannt ist und in Ihnen so mache Erinnerung an Ihre Kindheit wachrufen kann.

Und wenn jemand wieder einmal „Feierabend" sagt, dann wünsche ich Ihnen und mir, dass es mehr ist als nur das Ende eines langen Arbeitstages. Sondern dass es auch ein besonderer, feierlicher Moment wird, in dem wir nach oben schauen, zum Himmel, zu den Sternen und zu der „andern Sonne", die auch die tiefste Dunkelheit hell machen kann.

9. So nimm denn meine Hände

Text: Julie Hausmann (1826–1901)
Musik: Philip Friedrich Silcher (1789–1860)

1. So nimm denn meine Hände und führe mich
bis an mein selig Ende und ewiglich.
Ich mag allein nicht gehen, nicht einen Schritt;
wo du wirst gehn und stehen, da nimm mich mit.

2. In dein Erbarmen hülle mein schwaches Herz
und mach es gänzlich stille in Freud und Schmerz.
Lass ruhn zu deinen Füßen dein armes Kind;
es will die Augen schließen und glauben blind.

3. Wenn ich auch gleich nichts fühle von deiner Macht,
du führst mich doch zum Ziele auch durch die Nacht.
So nimm denn meine Hände und führe mich
bis an mein selig Ende und ewiglich.

Andacht

So nimm denn meine Hände und führe mich bis an mein selig Ende und ewiglich. Dieses Lied hat eine ganz außergewöhnliche Entstehungsgeschichte. Eine junge Frau hat es geschrieben, und ursprünglich war es gar nicht als geistliches Lied vorgesehen, sondern als ein Eheversprechen an ihren Verlobten.

Julie von Hausmann, wie diese Frau hieß, wurde vor etwa 200 Jahren geboren. Als junge Frau hatte sie sich in einen jungen Mann verliebt, der Missionar in Afrika werden wollte. Da Julie von Hausmann noch nicht volljährig war und ihre Eltern gegen diese Beziehung waren, musste sie in ihrer Heimat in Riga bleiben und konnte nicht mit ihrem Verlobten nach Afrika ausreisen. Nur per Post hatte sie Kontakt zu ihm, und die Briefe waren per Schiff wochen- und monatelang unterwegs, bis sie endlich am Ziel ankamen.

Doch kaum war Julie volljährig, reiste sie ihrem Verlobten nach Afrika hinterher. Mehrere Wochen war sie unterwegs, und sie freute sich sehr auf das gemeinsame Leben und den Dienst auf der Missionsstation.

In ihrem Gepäck – so heißt es – befand sich ein Gedicht, das sie für ihren Verlobten geschrieben hatte. Dieses Gedicht war ein feierliches Treueversprechen an ihren zukünftigen Ehemann. Julie versprach, ihm überallhin zu folgen, wohin sein Missionsdienst ihn auch immer führen mochte.

Mit großer Erwartung erreichte sie nach wochenlanger Reise ihren Zielhafen in Afrika, doch zu ihrer großen Enttäuschung war von ihrem Verlobten nichts zu sehen. So reiste sie ohne ihn zur Missionsstation weiter. Als sie dort ankam, folgte auf ihre Frage nach ihrem Verlobten betretenes Schweigen. Endlich erfuhr sie, dass er nur wenige Wochen zuvor nach kurzer Krankheit überraschend verstorben war. Der Brief mit der Todesnachricht war zwar in ihre Heimat abgeschickt worden, hatte sie aber nicht mehr rechtzeitig erreicht.

Eine tiefe Verzweiflung erfasste die junge Frau. Sie verstand nicht, warum Gott den Tod ihres Verlobten nicht verhindert hatte. Die beiden waren sich sicher gewesen, eine gemeinsame Berufung zu haben: Sie wollten Gott und Menschen dienen. Nach dem Tod ihres Verlobten quälten Julie viele Fragen: Hatten sie sich geirrt? Hatten sie den Ruf Gottes falsch verstanden? War ihr Glaube an sich vielleicht sogar eine Täuschung?

Julie blieb nichts anderes übrig, als die lange Rückreise in ihre Heimat anzutreten. Unterwegs auf dem Schiff nahm sie noch einmal das Gedicht, das sie für ihren Verlobten verfasst hatte, und schrieb es neu. Jetzt aber nicht als Treueversprechen für ihren zukünftigen Ehemann, sondern als ein Versprechen an ihren Gott. So entstanden diese Zeilen: „So nimm denn meine Hände und führe mich bis an mein selig Ende und ewiglich."

Jahre später hat irgendjemand dieses Gedicht von Julie von Hausmann entdeckt und eine passende, wunderschöne Melodie von Philip Friedrich Silcher dazu gefunden. Und es dauerte nur eine kurze Weile, da ging dieses Lied buchstäblich um die ganze Welt. Seitdem wird es gesungen – in Gottesdiensten, an Hochzeiten, bei Trauerfeiern und auch als Trostlied an unzähligen Krankenbetten. Unfassbar viele Menschen wurden durch dieses einfache Lied getröstet und haben durch Julies Worte neue Kraft und neues Vertrauen bekommen, ihren manchmal schweren Weg getrost weiterzugehen.

Das ist wirklich eine ganz sonderbare Lebensgeschichte: Eine junge Frau reist um die halbe Welt, um mit ihrem Verlobten als Missionarin zu arbeiten. Gemeinsam wollen sie Menschen das Evangelium verkündigen. Dann verstirbt der Mann, bevor sie ihren gemeinsamen Dienst beginnen können. Aber das Lied, das sie schreibt, tröstet und hilft vermutlich viel, viel mehr Menschen, als sie in der Missionsstation jemals hätten erreichen können.

Über 100 Jahre nach dem Tod von Julie von Hausmann erreicht ihr Lied noch immer die Herzen von Menschen. Sie ist zu einer Missionarin weit über ihren Tod hinaus geworden. Und wir können davon ausgehen: Die Geschichte ihres Liedes ist noch lange nicht zu Ende. Es wird vermutlich noch viele Menschen trösten und ihnen Mut machen.

Diese ungewöhnliche Geschichte macht deutlich, dass Gott uns manchmal auf eine sehr geheimnisvolle Weise durchs Leben führt. Es kann sein, dass er uns auf einen Weg schickt, der sich wie eine Sackgasse anfühlt – so wie es Julie von Hausmann erlebt hat. Sie wollte ihrer Berufung folgen und Missionarin werden, sie wollte im Glauben diesen Weg gehen – und dann war dieser Weg zu Ende, bevor er richtig angefangen hatte. Und wir würden gut verstehen, wenn Julie von Hausmann tief enttäuscht über diese sonderbare Führung Gottes gewesen wäre. Vermutlich hat sie gedacht, dass ihre Lebenspläne auf ganzer Linie gescheitert sind.

Aber Gott hatte etwas ganz anderes im Sinn. Stattdessen hat Gott gerade aus diesem Weg einen besonderen Segen gemacht. Jemand hat einmal gesagt: Wenn Gott uns etwas Besonderes nimmt, dann gibt er uns etwas Größeres dafür! Julie von Hausmann hat das erlebt: Sie hat vielleicht nicht für sich selbst etwas Größeres gewonnen, aber es sind unzählige andere Menschen auf diese Weise gesegnet worden.

Julie ist übrigens ein Leben lang unverheiratet geblieben. Ihr Treueversprechen, das sie zuerst für ihren Verlobten geschrieben hatte, hat sie gehalten. Was für ein beeindruckendes Leben!

10. Nun danket alle Gott

Text: Martin Rinckart (1586–1649)
Musik: Johann Crüger (1598–1662)

1. Nun danket alle Gott mit Herzen, Mund und Händen,
der große Ding tut an uns und allen Enden,
der uns von Mutterleib und Kindesbeinen an
unzählig viel zugut bis hierher hat getan.

2. Der ewig reiche Gott woll uns in unserm Leben
ein immer fröhlich Herz und edlen Frieden geben
und uns in seiner Gnad erhalten fort und fort
und uns aus aller Not erlösen hier und dort.

3. Lob, Ehr und Preis sei Gott, dem Vater und dem Sohne
und dem, der beiden gleich im höchsten Himmelsthrone,
dem dreimal einen Gott, wie es ursprünglich war
und ist und bleiben wird jetzund und immerdar.

Andacht

Unsere Kirchenlieder und Choräle gehören neben der Bibel zu den größten Schätzen, die wir als Christen haben. Selbst wenn wir nur eine Melodie leise vor uns hin summen, haben wir sofort die Klänge von Kirchen- und Posaunenchören und von Orgelmusik im Ohr. So oft haben wir es gesungen oder gehört: „Nun danket alle Gott!" Es gibt viele Varianten dieses Liedes. Bach, Liszt, Telemann, Mendelssohn-Bartholdy und andere Komponisten haben dieses Lied bearbeitet. Es existieren wunderbare Aufnahmen davon.

Ursprünglich war es „nur" als Tischgebet gedacht, aber schon bald wurde es zu einem Lob- und Danklied, das in ganz besonderen Situationen gesungen wurde: etwa, wenn eine böse Zeit vorüber war, wenn eine Krankheit überstanden war oder wenn ein Unglück gut ausgegangen war. Wir spüren diese Erleichterung, wenn jemand mit einem tiefen Seufzer sagt: „Gott sei Dank!" Selbst wenn dieses „Gott sei Dank" manchmal so schnell gesagt ist, merken wir: Es ist doch viel mehr als nur eine Floskel. Denn wir wissen nur zu gut: Wir verdanken unser Leben, wir verdanken unsere Gesundheit, wir verdanken unseren Wohlstand und unser Glück nicht einfach uns selbst. Sondern wir verdanken alles, was wir an Gutem erleben und erlebt haben, dem lebendigen Gott.

Wahrscheinlich kennen Sie dieses kurze Bibelwort aus dem Jakobusbrief (1,17a): *Alle gute Gabe und alle vollkommene Gabe kommt von oben herab, von dem Vater des Lichts.* Das gilt für die vielen kleinen Dinge, die uns das Leben schön und lebenswert machen. Das gilt noch mehr für die großen Geschenke, die unser Leben reich gemacht haben. Und es gilt erst recht für die schönsten und größten Glücksmomente, die wir erleben dürfen. „Alle guten Gaben, alles, was wir haben, kommt, o Gott, von dir!" Alles ist Gnade – das heißt, alles ist ein Geschenk. Und darum haben wir viele Gründe, in dieses wunderbare Lied einzustimmen: Nun danket alle Gott mit Herzen, Mund und Händen!

Natürlich – wir erleben auch anderes. Wir erleben Zeiten, die wirklich schwer auszuhalten sind. Wir kennen Situationen, da ist uns nur noch zum Weinen zumute. Da ist kein Platz für ein Lob- und Danklied, sondern da werden Klagelieder angestimmt. Da heißt es: *Aus der Tiefe rufe ich, Herr, zu dir* (Psalm 130,1). Auch das ist ein Gebet, mit dem wir zum Vater im Himmel kommen dürfen. Und auch der Liederdichter dieses Liedes wusste, dass das Leben nicht nur schön ist! In der zweiten Strophe hat er das angedeutet mit einer Bitte: „Der ewigreiche Gott woll uns bei unserm Leben ein immer fröhlich Herz und edlen Frieden geben und uns in seiner Gnad erhalten fort und fort und uns aus aller Not erlösen hier und dort."

Aber wie schön, wie gut ist es, wenn wir den Dank hinterher nicht vergessen. Wenn wir zurückschauen auf eine schwere Zeit oder nur auf einen Tag, der am Ende doch gut ausgegangen ist; der vielleicht sogar viel besser geworden ist, als wir erwartet haben. Ich habe mich selbst schon oft dabei „ertappt", dass ich morgens mit großer Sorge in einen Tag gestartet bin mit negativen Gedanken: „Das wird ein ganz schwieriger Tag!", „Das wird bestimmt schiefgehen!" oder: „Wie soll ich das nur schaffen?". Und dann erleben wir überraschenderweise, dass unsere Sorge ganz unnötig war, dass eben nicht alles schiefgegangen ist! Im Gegenteil: So vieles wird unerwartet gut. Manches wird sogar noch viel besser, als wir uns vorstellen konnten. Dann sagen wir vielleicht: „Oh, da ist mir ein riesiger Stein vom Herzen gefallen!" oder „Was für ein Glück!" Solche Erlebnisse fühlen sich richtig gut an. Erst viel später merke ich manchmal: Ich habe mich gefreut. Ich habe innerlich gejubelt. Ja, ich bin auch von Herzen froh und „dankbar". Aber gesagt habe ich es nicht. Meinen Dank habe ich nicht ausgesprochen – vor allem nicht vor dem, dem ich eigentlich ALLES verdanke.

Nun danket alle Gott mit Herzen, Mund und Händen! – Lob, Ehr und Preis sei Gott, dem Vater und dem Sohne!

Am meisten beeindruckt hat mich dieses Lied, als es von etwa 10.000 ehemaligen Kriegsgefangenen gesungen wurde. Es waren die letzten Gefangenen, die 1955 aus der Sowjetunion freigelassen wurden. Mit Bussen kamen sie damals im Durchgangslager Friedland an. Sie wurden sehnsüchtig erwartet – zehn Jahre nach Ende des 2. Weltkrieges. Tausende von Ehefrauen und Müttern und Kindern standen schon dort, um ihre heimkehrenden Söhne, Männer und Vater in

Empfang zu nehmen. Kinder, die ihre Väter noch nie gesehen hatten. Und dann standen diese Männer auf dem großen Platz – wie gewohnt in „Reih und Glied". Sie waren müde, abgemagert, ausgehungert, z.T. schwach und krank, aber unendlich froh, endlich nach Hause zu kommen. Und wie sie dort standen, begann plötzlich EINER zu singen, ein paar andere stimmten ein, und plötzlich entstand ein beeindruckender Gesang. Da war keine Orgel, kein Orchester, kein Posaunenchor, aber ein Gesang von 10.000 Männern – lauter „Mühselige und Beladene", die aber voller Rührung und Inbrunst sangen: „Nun danket alle Gott mit Herzen, Mund und Händen, der große Dinge tut an uns und allen Enden!" In diesem Moment konnte man spüren, wie eine unglaublich bedrückende Last endlich abfiel.

Ich denke noch an eine andere Situation, wie ich an einem Nachmittag von einem völlig verzweifelten Vater angerufen wurde. Sein Sohn, ein junger Student, lag bewusstlos in einer Klinik – weit entfernt in einer anderen Stadt. Die Ärzte rangen um das Leben dieses jungen Mannes. Niemand wusste, woran er erkrankt war. Die Eltern saßen zu Hause und ertrugen es nicht, ohnmächtig und allein zu sein, und baten mich, ob ich kommen könnte. Ich brauchte etwa eine Stunde auf der Autobahn und nahm noch einen lieben Freund mit. Und dann saßen wir den ganzen Abend und die ganze Nacht in diesem kleinen Wohnzimmer. Es wurde geredet, geschwiegen, gebangt und geweint. Es war so schwer auszuhalten. Wir haben Bibelworte gelesen, Psalmen und Trostworte, und zwischendurch immer wieder gebetet, gebetet und noch einmal gebetet.

Ich werde nie diesen Moment vergessen, als das Telefon klingelte und dem Vater schon nach wenigen Augenblicken die Tränen in den Augen standen. Tränen eines unglaublichen Glücks. Sein Sohn hatte die Nacht überstanden und war aufgewacht. Er war außer Lebensgefahr. Die Ärzte hatten die Ursache gefunden. Sein Leben war gerettet. Er war in Sicherheit.

An diesem frühen Morgen brauchte es nicht mehr viele Worte. Aber es brauchte einen Dank. Und das Dankgebet der Eltern nahm kaum ein Ende. Es war, als wollten sie Gott für alles danken, was jemals in ihrem Leben geschehen war. Als wollten sie allen Dank nachholen, den sie „vergessen“ hatten. Immer mehr kleine und große Details fielen ihnen ein, worüber sie sich freuten und es noch nie so deutlich gespürt oder gesagt hatten. Jetzt war der Moment, „Danke“ zu sagen. Dank für die Familie, für die Kinder, für alles Wohlergehen, für alle Gnade. Der Dank floss aus den Eltern einfach nur so heraus: „Nun danket alle Gott mit Herzen, Mund und Händen, der große Dinge tut an uns und allen Enden, der uns von Mutterleib und Kindesbeinen an unzählig viel zu gut bis hierher hat getan.“

Vielleicht fallen Ihnen nun auch einige Dinge ein, für die Sie im Moment dankbar sein können. Das dürfen auch vermeintlich kleine Wohltaten sein. Sie können dankbar sein für Ihr warmes Bett oder Besuch von der Familie, für die täglichen Mahlzeiten oder für die schönen Lieder, an denen wir uns freuen können. Gott freut sich darüber, wenn wir ihm von Herzen „Danke!“ sagen.

9. ANHANG

Fragebogen für die Biografie-Arbeit

Besonders hilfreich ist es, möglichst frühzeitig in der demenziellen Erkrankung so viele Informationen wie möglich über den Erkrankten zu sammeln und zu dokumentieren, um im weiteren Verlauf der Demenz über Namen, Ereignisse und Orte ins Gespräch zu kommen und durch die Stichworte unzählige Stränge der Lebensgeschichten zu erinnern und zu entfalten (und damit zu „aktivieren"). Es geht dabei nie um eine Korrektheit der Erinnerungen, sondern um den Erzählfluss über die eigene Biografie. Aus dem Erzählstrang lassen sich immer neue Abzweigungen entwickeln, die wiederum weitere Geschichten zutage fördern. Wenn der Erzählfluss stockt, macht das nichts. In diesem Fall lässt es sich lieber noch einmal zu einem Stichwort oder Thema zurückkehren, bei dem die Erinnerung noch gut verfügbar zu sein schien. Manche Ereignisse werden erst beim zweiten oder dritten Anlauf wieder lebendig – oder es entwickelt sich ein weiterer Verlauf des Erzählens.

Besonders wichtig sind angenehme und erfreuliche Inhalte. Wenn es negative Inhalte gibt, sollte der Begleiter unbedingt einfühlsam, ehrlich und wertschätzend (aber nicht abwertend oder verurteilend) darauf eingehen. Als Grundregel gilt dabei eine Vermeidung der

3 „**B**'s" (**B**elehren, **B**ewerten, **B**efehlen) und

3 „**K**'s" (**K**ritisieren, **K**orrigieren, **K**onfrontieren)!

Die Erhebung der Informationen erfolgt nach Möglichkeit nicht durch formale Abfrage der einzelnen Positionen, sondern wird nach und nach in mehreren Erzählverläufen und durch einfühlsames Nachfragen stichwortartig dokumentiert und in das Formular übertragen. Das einmal erstellte Muster-Formular lässt sich durch weitere Fragen ergänzen, die sich aus den Gesprächs- und Besuchssituationen ergeben.

Persönliche Daten:
- Familienname, Vorname
- Geburtsname
- Kosename in der Kindheit
- Geburtsdatum, Geburtsort

Eltern:
- Name der Mutter
- Geburtsname der Mutter
- Herkunft der Mutter
- Name des Vaters
- Herkunft des Vaters
- Bedeutende Ereignisse im Leben der Eltern
- Gab es noch Großeltern?
- Wer aus der Verwandtschaft war besonders wichtig oder beliebt?

Geschwister:
- Anzahl, Namen, Folge
- Gibt es „Lieblingsgeschwister" oder „ein schwarzes Schaf"?
- Sind die Geschwister verheiratet?
- Wo leben sie?
- Haben die Geschwister Kinder?

Ehepartner:
- Name des Ehepartners
- Herkunft des Ehepartners (Geburtsort, Beruf, Wohnorte)
- Zeit, Ort und besondere Umstände des Kennenlernens
- Datum und Ort der Heirat
- Wer waren die Trauzeugen
- Besondere Eigenschaften des Ehepartners
- Kosenamen des Ehepartners
- Besondere (lustige, „verrückte" und außergewöhnliche) Ereignisse in den Anfängen
- Wichtige Situationen, die miteinander erfolgreich bewältigt wurden

Kinder:
- Sind Kinder vorhanden?
- Wenn ja, bitte mit Namen, Berufen und Wohnorten angeben
- Ungefähres Alter der Kinder (zum Zeitpunkt der Befragung)
- Besondere Ereignisse während der Familienzeit

Enkelkinder:
- Sind Enkelkinder vorhanden?
- Wenn ja, bitte mit Namen angeben
- ungefähres Alter der Enkelkinder (zum Zeitpunkt der Befragung)

Kindheit des Erkrankten:
- Besondere Ereignisse während der Kindheit

- Wichtige Personen während der Kindheit
- Gab es besondere Freundschaften?
- Namen der Freunde
- Spitznamen der Freunde
- Gab es lustige „Streiche“ mit Geschwistern oder Freunden?
- Erinnerungen an die Schulzeit
- Besondere, schöne Geheimnisse aus der Kindheit (bitte vorsichtig erfragen und keine die Person belastenden Ereignisse ansprechen)
- Besondere Wünsche (Lebensträume) während der Kindheit

Schicksalsschläge, Verluste, schwierige belastende Ereignisse:
(möglichst nicht gezielt nachfragen, sondern nur beiläufig notieren, wenn sie unaufgefordert berichtet werden) (Krieg, Gefangenschaft, Vertreibung, Unfälle, besondere Todesereignisse, gesundheitliche Einschränkungen, schwierige Zeiten etc.)

Gewohnheiten, Lebensstil, Einflussfaktoren:
- Gab es besondere Kontakte zu Nachbarn?
- Namen der Nachbarn
- In welchen Orten, Städten, Ländern hat der Erkrankte in der Vergangenheit gelebt?
- In einer Wohnung, Haus oder Hof? Eigentum oder Miete?
- War der Demente gern in Gesellschaft oder eher ein „Einzelgänger“?
- Gab es Mitgliedschaften in einem Verein oder einer Gruppe?

Beruf:
- Gab es einen „Traumberuf“?
- Wie war der tatsächliche Werdegang?
- Gab es besondere „Lehrmeister“?
- Was war sein berufliches „Spezialgebiet“?
- Was hat er am Beruf besonders geliebt?
- Was haben die Kollegen an ihm besonders geschätzt?
- Hat der Erkrankte Hobbys, die er heute noch pflegt und denen er noch nachkommen kann?
- Gibt es noch verfügbare Geräte, Werkzeuge, Gegenstände, die mit dem Beruf verbunden sind?

Freizeitbeschäftigung:

- Hält oder hielt er sich gern in der Natur oder im Garten auf?
- Mag der Erkrankte Spaziergänge?
- Besteht eine Beziehung zu Tieren? Wenn ja, welche?
- Gibt es Lieblingssendungen / -filme?
- Gibt es eine Lieblingsmusik?
- Singt der Erkrankte gerne oder spielt er ein Instrument? Wenn ja, welches?
- Wie gestaltet er seine Freizeit?
- Liest oder las er gerne?
- Wenn ja, welche Art von Lektüre?
- Ging er früher gern ins Theater?
- Ging er früher gern ins Kino?
- Ging er früher gern in ein Restaurant?
- Ging er früher gern ins Konzert?

Sonstiges:

- Liebt oder liebte der Erkrankte besondere Düfte oder Gerüche?
- Gibt es persönliche Symbole oder Rituale?
- Gibt es besondere Familien-Anekdoten?
- Gibt es Bilder aus der damaligen Zeit?
- Gibt es eine Bindung an eine Kirche, Gemeinde oder Gemeinschaft?
- Gibt es wichtige Texte der Bibel (Taufspruch etc.), Liederverse?
- Welche Kleidung bevorzugt er?
- Hat er Lieblingsgerichte bzw. –getränke?
- Welche Lieblingsfarbe hat er?

Bei Ableben (nur zur Information, weniger für begleitende Gespräche):

- Soll ein (bestimmter) Geistlicher zum Abendmahl / zur letzten Salbung gerufen werden?
- Ist eine Erdbestattung, Feuerbestattung, Seebestattung gewünscht?
- Wer soll ggf. noch benachrichtigt werden?
- Wer hat diesen Fragebogen ausgefüllt?
- In welchem Bezug stehen Sie zum Erkrankten? Name, Vorname, Beziehung zur begleiteten Person, Adresse
- Weitere wichtige Bezugspersonen mit Kontaktdaten

Folgendes ergänzendes Arbeitsmaterial finden Sie zum Download unter: https://vertraut.bio.to/P01ek

Fragebogen für die Biografiearbeit
- als PDF zum Ausdrucken und Ausfüllen
- als txt-Datei zum selbst gestalten

Textblätter mit den Liedtexten der 10 Andachts-Lieder
- als PDF zum Ausdrucken und ggf. Laminieren
- als txt-Datei zum selbst gestalten

Abbildungen zu den Andachten
Zu jeder Andacht gibt es ein Foto als ergänzende Anregung zum Ausdrucken und ggf. Laminieren.

Videos mit allen Andachten
Jedes Video beginnt mit dem jeweiligen Lied (mit eingeblendetem Text zum Mitsingen) Im Anschluss hält der Autor die Andacht und endet mit einem Gebet und dem Vaterunser.

Playlist
mit instrumentalen Vor- und Nachspielen für gottesdienstliche Feiern (auf allen gängigen Streaming-Plattformen).

Weiteres Textmaterial
Eine Sammlung alternativer (Bibel-)Texte zu den Themen Besinnung, Sendung, Segen sowie weitere Liedvorschläge (Textblätter).

Hörbeispiele zur Begleit-CD „Vertraut – Lieder, die mein Herz berühren“

„Musik und Gesang sind für die meisten Menschen mit sehr starken positiven Stimmungen verbunden und können Erinnerungen lebendig werden lassen. Besonders alte und bekannte Lieder spielen eine besondere Rolle und wirken bei dementen Menschen sehr effizient.“
Norbert Rose

BEKANNTE CHRISTLICHE LIEDER –
speziell für Demenzkranke aufgenommen

Ideal zum gemeinsamen Singen!

Vertraute Texte und Melodien ermöglichen Demenzerkrankten ein positives Erleben und Erinnern. Das Album wurde **speziell zum Mitsingen für ältere Menschen konzipiert**. Es enthält Chor-Aufnahmen der bekanntesten christlichen Lieder und Choräle in bewusst tieferer Tonlage. Professionell arrangiert und produziert von Lars Peter. Die fachkundige Auswahl der Lieder erfolgte in enger Zusammenarbeit mit dem Autor Norbert Rose.

Eine wertvolle Hilfe für Angehörige, Betreuer, Fachpersonal in Heimen, Pastorinnen und Pastoren und für alle, die ehrenamtliche Besuchsdienste ausführen.

Alle Titel:

Lobe den Herren, den mächtigen König der Ehren • Großer Gott, wir loben dich • Geh aus, mein Herz • Welch ein Freund ist unser Jesus • Befiehl du deine Wege • Gott ist die Liebe • Stern, auf den ich schaue • Nun ruhen alle Wälder • So nimm denn meine Hände • Nun danket alle Gott

CD Nr. 940065
Lars Peter: Vertraut – Lieder, die mein Herz berühren
Mail: service@gerth.de • www.gerth.de

GerthMedien

Bibliografieverzeichnis

Buchholz, Thomas, Basale Stimulation in der Betreuung: Wegbegleiter für Menschen mit Demenz, Vincentz Verlag 2021

Buijssen, Huub, Demenz und Alzheimer verstehen: Erleben, Hilfe, Pflege: Ein praktischer Ratgeber, Beltz Verlag, 11. Aufl. 2019

Ebbinghaus, Hermann, Über das Gedächtnis: Untersuchungen zur experimentellen Psychologie, Hanse Books, 2017 (unter Zugrundelegung der Erstauflage 1885)

Eglin, Anemone, Tragendes entdecken, Spiritualität im Alltag von Menschen mit Demenz, TVZ Theologischer Verlag, 2008

Engel, Sabine, Alzheimer und andere Demenzen, Die Methode der einfühlsamen Kommunikation, Trias Verlag, 3. Aufl. 2021

Feil, Naomi, Validation in Anwendung und Beispielen: Der Umgang mit verwirrten alten Menschen, Ernst Reinhardt Verlag, 11. Aufl. 2020

Gatz, Sabine; Schäfer, Lioba, Themenorientierte Gruppenarbeit mit Demenzkranken, 3. Aufl., Beltz Verlag, 2012

Maslow, Abraham, Die Bedürfnispyramide: Menschliche Bedürfnisse verstehen und einordnen, 50minuten.de, 2018

Schmidt-Hackenberg, Ute, 10-Minuten-Aktivierung als Methode: Ergänzt um die Körpersprache der Dementen, Vincentz Verlag 2013

Watzlawick, Paul, Man kann nicht *nicht* kommunizieren, Hogrefe AG 2011

FSC MIX Papier | Fördert gute Waldnutzung FSC® C018236 www.fsc.org

Produktmanagement: Judith Müller, Christiane Vaubel

2. Auflage 2025
Bestell-Nr. 817008
ISBN 978-3-95734-008-5

Umschlaggestaltung: Benita Penner
Umschlagmotiv: Shutterstock
Foto des Autoren: © Paul Degrande
Illustrationen: Benita Penner
Satz: Maren Habla
Druck und Verarbeitung: Dimograf
Printed in Poland

www.gerth.de